VIE DE M. Louis RISSE

PRÊTRE DE L'INSTITUT

DES

FRÈRES DE SAINT-VINCENT DE PAUL

FONDATEUR ET DIRECTEUR

DE LA SOCIÉTÉ DES JEUNES OUVRIERS DE METZ

PAR

A. IMHOFF

DOCTEUR EN PHILOSOPHIE ET EN THÉOLOGIE

PRÊTRE DU MÊME INSTITUT

SOCIÉTÉ SAINT-AUGUSTIN
DESCLÉE, DE BROUWER & Cie
BRUGES
10, QUAI AU BOIS, 10

MAISON
SAINT-VINCENT DE PAUL
TOURNAI
12, RUE FRINOISE, 12

1925

VIE DE M. LOUIS RISSE

LOUIS RISSE
(1823-1885)

Photographie prise à Montigny-lez-Metz en août 1885

VIE DE M. LOUIS RISSE

PRÊTRE DE L'INSTITUT

DES

FRÈRES DE SAINT-VINCENT DE PAUL

FONDATEUR ET DIRECTEUR

DE LA SOCIÉTÉ DES JEUNES OUVRIERS DE METZ

PAR

A. IMHOFF

DOCTEUR EN PHILOSOPHIE ET EN THÉOLOGIE

PRÊTRE DU MÊME INSTITUT

SOCIÉTÉ SAINT-AUGUSTIN
DESCLÉE, DE BROUWER & Cie
BRUGES
10, QUAI AU BOIS, 10

MAISON
SAINT-VINCENT DE PAUL
TOURNAI
12, RUE FRINOISE, 12

1925

Conformément aux prescriptions du Saint-Siège je déclare
que toutes les fois que j'ai employé dans le présent ouvrage
ces mots : « saint, sainteté » ou autres analogues, je l'ai fait
sans vouloir en aucune façon préjuger des décisions de l'Église.

A. I.

LETTRE DE SA GRANDEUR Mgr PELT

ÉVÊQUE DE METZ

Metz, le 1er Novembre 1925

Lorsqu'en 1923, Metz célébra le centenaire de la naissance de M. l'abbé Risse, en des manifestations religieuses et civiles auxquelles la participation de toutes les autorités et de toute la population, et surtout la présence de son arrière petit-neveu, l'illustre général Mangin, donnèrent tant d'éclat, le désir s'exprima plus vif et plus unanime que jamais de voir revivre la douce physionomie du prêtre si populaire qui a fondé l'Œuvre des Jeunes-Ouvriers.

Ce désir vient d'être réalisé, et j'ai hâte de le dire, heureusement réalisé. M. Imhoff, prêtre de la Congrégation des Frères de Saint Vincent de Paul, dans laquelle était entré l'abbé Risse, a retracé la vie et l'activité du grand apôtre de la jeunesse ouvrière, qui fut en même temps un prêtre et un religieux modèle. L'auteur, qui l'avait connu personnellement, a recueilli avec un soin pieux dans les archives de la Congrégation, dont il était le gardien fidèle, tous les documents qui ont servi à ce travail. C'est grâce à cette riche documentation que nous apprenons à mieux connaître non seulement le cadre extérieur dans lequel s'est déroulée la vie du saint prêtre, mais surtout ses vertus, ses sentiments intimes, son âme, en un mot. Nous voyons et entendons ses sages directeurs et conseillers — les sulpiciens Galais et Le Hir, l'abbé Bureau, directeur de l'Institution Saint-Augustin, Mgr Chalandon, Mgr Dupont des Loges, et plus qu'eux tous, M. Jean Léon Le Prevost, fondateur des Frères de Saint-Vincent de Paul — donner au pieux abbé leurs avis et leurs encouragements, calmer ses craintes et l'aider à devenir un prêtre saint et un apôtre du peuple. Mais il nous est donné surtout de connaître par ses notes et résolutions de retraites, ce qui fut le fond de son âme, son zèle pur et désintéressé, son ardent amour pour les petits et les ouvriers, sa vie d'oraison et d'union à Dieu, sa mortification très grande, tout ce qui fut le principe et le mobile de cette vie si édifiante et si féconde.

Il m'eût été bien doux de pouvoir adresser mes remerciements et mes félicitations à M. Imhoff. Dieu l'a rappelé à Lui au moment même où il achevait son ouvrage et où l'impression en était commencée. Le divin Maître aura voulu lui décerner une récompense meilleure que tous les éloges humains.

La réputation de sainteté qui entoure la mémoire du père et de l'ami des ouvriers à Metz ne fera que croître et s'affermir par la connaissance plus intime de ses vertus. Les prêtres, les directeurs d'œuvres surtout, ne sauraient suivre de meilleur modèle : toute œuvre qui ne s'inspirerait pas des principes qui ont guidé M. Risse, est d'avance vouée à l'insuccès au point de vue moral et chrétien.

Celui qu'on a justement appelé le Saint Vincent de Paul de Metz sera-t-il un jour placé sur les autels et officiellement proposé à la vénération des fidèles et à l'imitation des prêtres ? C'est le secret de Dieu et ce serait témérité de prévenir le jugement réservé à l'Église. Mais rien ne paraît plus légitime que de concevoir cette espérance et d'en appeler la réalisation par nos vœux et nos prières.

† JEAN-BAPTISTE,
Év. de Metz.

PRÉFACE

Dans l'éloge funèbre qu'il prononça à Metz, le 18 janvier 1886, à l'église Sainte-Ségolène, M. le Chanoine Jacques applique à M. Risse ces paroles de l'Ecclésiastique (XLV, 4) : « *In fide et lenitate ipsius sanctum fecit illum.* — Dieu lui donna la foi et la bonté pour en faire un saint. » A l'exemple de son panégyriste, l'historien de M. Risse a pour principal but d'exalter sa vertu et de la proposer comme un modèle de sainteté.

La sainteté de M. Risse est celle d'un prêtre qui fut l'apôtre de la jeunesse ouvrière de Metz et créa dans cette ville une œuvre féconde en fruits de salut, œuvre durable, qui, après trois quarts de siècle, est encore en pleine prospérité.

C'est dans la vie d'un pareil prêtre que les Directeurs de patronages et de cercles ouvriers pourront puiser à leur vraie source les principes vivifiants qui feront d'eux aussi des apôtres, et, de leurs patronnés, de vrais et solides chrétiens.

« On nous demandera peut-être, disait-il, quelle est la source première, la cause efficace et essentielle du bien que les œuvres des jeunes ouvriers produisent sur les membres qui les composent. Je répondrai hardiment et sans l'ombre d'une hésitation, fort de l'expérience de 25 ans, fort de la méthode divine appliquée à près de 20.000 jeunes gens qui ont passé par nos mains depuis la fondation de l'Œuvre en 1849, expérience que nul ne pourra contester... : la foi et la fidélité aux pratiques religieuses... Si l'on réussissait un jour à nous faire bannir de nos salles et de nos maisons le crucifix et la prière, et de notre chapelle les instructions religieuses et les exercices de piété, disons le mot, nos confessions..., je me déclarerais radicalement impuissant à continuer l'Œuvre. J'irais chercher dans quelques contrées lointaines... des peuplades barbares et, avec l'aide de Dieu..., le crucifix à la main..., je me chargerais de les transformer et d'en faire une population de saints. »

Hélas ! les peuplades barbares ne sont-elles pas dans notre propre pays ? C'est pour les christianiser de nouveau que se forment tant d'œuvres. Mais ces œuvres ne seront fécondes que si elles se font à la façon de celle de l'abbé Risse... à la façon aussi de celles qu'établirent, au milieu du XIXᵉ siècle, nombre de prêtres vertueux et zélés tant séculiers que religieux ; les Le Prevost, les Planchat, les Hello à Paris ; les Timon-David à Marseille ; les Le Boucher à Angers ; les Peigné à Nantes ; les Bourdon à Rennes ; les Tridon à

Troyes, et tant d'autres amis du peuple, membres surtout des Conférences de Saint-Vincent-de-Paul.

C'est bien à juste titre que les Œuvres se réclament du Patronage de Saint-Vincent-de-Paul, qui a été l'apôtre par excellence du peuple. M. Risse l'avait pris pour modèle et mérita d'être appelé « le saint Vincent de Paul de Metz. » Il voulut être *Frère de Saint-Vincent-de-Paul*, c'est-à-dire membre d'une Congrégation entièrement vouée à l'apostolat du peuple. Il ajoutait par là à son caractère sacerdotal la perfection de l'état religieux. Il doublait ses forces et se fixait dans la voie qu'il avait choisie. Il enrichissait son expérience personnelle des fruits de l'expérience d'autres hommes d'œuvres. Il assurait à son entreprise des collaborateurs animés du même esprit que lui. Il l'établissait plus solidement, sous la conduite de Supérieurs éclairés et sages, se prémunissait contre les illusions auxquelles tout homme est exposé.

Frère de Saint-Vincent de Paul, apôtre et consolateur de la jeunesse, des ouvriers, des soldats et des pauvres, M. Risse le fut dans toute l'acception des termes. On le verra par le récit de sa vie.

La lecture de ce livre ne sera pas seulement utile aux hommes d'œuvres : toute personne pieuse y trouvera de l'édification ; les âmes consacrées à Dieu y apprendront à mieux pratiquer

les vertus de la vie religieuse ; les prêtres particulièrement y verront un modèle à imiter. M. Risse,
élève du Séminaire de Saint-Sulpice, est resté
toute sa vie fidèle aux enseignements de ses maîtres : sa jeunesse sacerdotale, durant son préceptorat et son aumônerie des orphelins, fut comme
un séminaire prolongé par ses correspondances
fréquentes avec ses anciens directeurs. Il puisa
également, surtout après son entrée en religion,
dans les trésors de spiritualité de la Compagnie
de Jésus, dont les membres étaient les prédica-
teurs les plus ordinaires de ses retraites de Communauté. Toujours il fréquenta à Metz le grand
séminaire et le collège Saint-Clément, pour y
faire ses récollections ou retraites particulières
sous la direction des Jésuites ou des Sulpiciens.

Ainsi alimentée, sa piété le conduisit aux plus
hauts sommets de la vertu et le rendit capable
de supporter avec vaillance les grandes épreuves ,
par lesquelles Dieu semble avoir consommé sa
sainteté.

On verra aussi en M. Risse un grand Français,
qui mérita, pour sa conduite durant la guerre
franco-allemande, d'être décoré de la Légion
d'Honneur et qui sut, malgré les habiletés de la
bureaucratie, conserver à son Œuvre, sous le
joug prussien, son caractère français. On ne lira
pas sans intérêt les chapitres qui racontent l'histoire de Metz en 1870 et la suppression de l'Œuvre

des Jeunes ouvriers en 1874, avec sa réouverture
en 1881.

Le lecteur pourrait s'étonner de voir paraître
cet ouvrage seulement après quarante années
écoulées depuis la mort de M. Risse. Il fallait
attendre la restitution de Metz à la France pour
parler librement, de ce grand patriote : le livre
n'aurait pas pu, sous la domination allemande
être lu des Messins, les premiers intéressés à
mieux connaître la vie de celui qu'ils vénèrent et
dont ils ont voulu donner le nom à la rue de la
Fonderie, pour en perpétuer le souvenir aux lieux
mêmes qui furent témoins de son apostolat et de
sa charité.

Le 20 décembre 1924,
fête du Patronage de Saint-Vincent de Paul.

CHAPITRE PREMIER

ENFANCE ET JEUNESSE

> *« Militia est vita hominis super terram. »*
>
> « La vie de l'homme sur la terre est une vie de soldat. »
>
> (Job, VII, 1.)

La Sainte Écriture, en plus d'un endroit, compare notre vie à celle du soldat. Couvert de la cuirasse de la charité et du casque de l'espérance, armé du bouclier de la foi et du glaive de la parole de Dieu, le chrétien marche à la conquête du ciel. Ceux qui ont connu M. Risse savent combien il s'était pénétré de cette pensée. Lorsqu'il annonçait la parole de Dieu, la plupart de ses comparaisons étaient empruntées à l'art de la guerre : un défaut était une place qu'il fallait emporter d'assaut, les moyens spirituels conseillés par les Docteurs mystiques étaient comparés aux travaux d'approche, l'examen aux tranchées, la prière et les sacrements aux canons ; il fallait commencer par ruiner les ouvrages avancés de l'ennemi, c'est-à-dire vaincre les tentations et éloigner les causes du péché. Puis, pour exciter le courage de ses auditeurs, il leur donnait l'exemple du soldat sur le champ de bataille, celui des saints et de Notre-Seigneur.

M. Louis Risse eut pour père Jean Martin Risse, Capitaine du Génie et Chevalier des Ordres de

Saint-Louis et de la Légion d'honneur, et pour mère, Adélaïde Gorcy. Il vint au monde à Metz le 12 janvier 1823 et fut baptisé à l'église Notre-Dame, en la fête de la Conversion de Saint Paul, le 25 du même mois. Fils de militaire, soldat par le caractère, ses vertus furent celles d'un guerrier ; le sang chevaleresque qui bouillait dans ses veines, en fit un vrai soldat de Jésus-Christ.

Il fut de bonne heure placé à l'Institut Saint-Augustin, fondé et dirigé par M. l'abbé Bureaux. Il y fit sa première Communion le 11 Avril 1834 et fut confirmé le 5 mai de la même année. Dès lors se révéla la générosité de sa foi. Quelques élèves plus légers se plaisant à taquiner sa piété : « Eh bien ! dit-il, je prierai encore mieux et davantage. » Dès lors apparurent les premiers germes de l'amour des pauvres, qui devait remplir toute sa vie. Il fut en effet admis, le 10 Décembre 1839, à faire partie de l'Association charitable des Élèves de l'Institut Saint Augustin. Au moyen d'offrandes et de cotisations annuelles, cette association se proposait de secourir les malheureux et de soutenir diverses œuvres de charité, spécialement l'Asile des jeunes orphelins et le chauffage des pauvres. Bientôt sa vive intelligence et sa piété le mirent au premier rang de sa classe. Ses maîtres lui décernent de brillantes récompenses et l'inscrivent au Tableau d'honneur. Il obtient les premières places aux concours. Ses condisciples le choisissent comme interprète de leurs sentiments au jour de la fête du Directeur de l'établissement :

« Vos lettres me rendent toujours heureux, mon cher Risse, écrivait M. l'abbé Bureaux le 9 décembre 1850, mais surtout à l'époque qui remet sous mes yeux des consolations bien douces et bien enivrantes, que je ne reverrai plus. Je ne puis avoir oublié ces émotions si vraies de la vie de collège, ces réunions qui formaient autour de moi une triple couronne d'élèves, qui se pressaient à l'envi pour entendre le condisciple, organe de leurs sentiments, et les paroles d'effusion du père de famille qui remerciait ses enfants. Vous aviez mérité alors d'être choisi pour interprète de la jeune communauté, et moi, dans ma satisfaction, je ratifiais au fond de mon cœur la justesse des suffrages.

« Vos souhaits de ce jour viennent donc raviver avec bonheur pour moi ce passé qui est déjà loin de nous. Ils me toucheraient vivement, n'importe de quelle bouche ; mais les vôtres, comme ceux de D. M***, ont cela de précieux qu'ils reçoivent de votre caractère sacerdotal un prix et une efficacité toute spéciale...

« En revenant de l'Allemagne, l'été dernier, j'ai rencontré en Alsace un habitant de Metz qui, en me parlant de Saint-Augustin, de notre vieille Maison Saint Augustin, m'a pris par mon faible. Quand elle n'aurait produit, me dit-il, que les deux bons et excellents prêtres que vous avez donnés au clergé de Metz, vous auriez suffisamment lieu de vous glorifier de votre œuvre... »

Le fondateur de l'Institut d'Éducation Saint-Augustin, prenant pour devise : « *Dieu, Les Parents, La Patrie* », s'était proposé de « procurer à Dieu des enfants fidèles, aux parents des fils qui les honorent, à la patrie, des citoyens dévoués. » Ses espérances furent dépassées ; la grâce de Dieu y fit germer des prêtres.

CHAPITRE II

SÉMINAIRE ET PRÉCEPTORAT

Reçu bachelier ès-lettres le 23 Août 1841, Louis Risse entrait au Séminaire Saint-Sulpice deux mois plus tard. « Adieu, cher Risse, lui écrivait alors son cousin Charles Mangin [1], voilà tout ce que je puis te dire. Nous ne savons pas grand'chose, nous autres, pauvres casernés. Rappelle-toi que, malgré la différence des carrières que nous embrassons, nous n'en serons pas moins bons amis. Toi, tu auras une vie douce et tranquille ; pour moi, elle sera bruyante, agitée, et, au lieu de respirer la fumée de l'encens qui élève si bien l'âme vers Dieu, j'aurai à respirer quelquefois la fumée de la poudre, qui élève l'âme d'une tout autre manière. Elle grise, elle fait tourner la tête ; l'on ne pense plus qu'à sacrifier la vie des autres et l'on méprise pour ainsi dire la sienne. Peut-être cependant viendra un jour où un pauvre officier du 50ᵉ de ligne, blessé et sur le point de passer l'arme à gauche, sera-t-il bienheureux de trouver dans un hôpital un ancien élève de Saint-Sulpice. »

Le prêtre et le soldat sont frères ; et, si leurs carrières sont différentes, elles ont aussi plus d'une ressemblance. « Il me souvient, raconte un des frères en religion de M. Risse, d'un pèlerinage que firent

---

1. Oncle du général bien connu ; il devint lui-même colonel et se signala en juin 1859, à la bataille de Montebello

les persévérants au Sanctuaire de Longpont [1].
M. Risse nous dit la messe dans la chambre des
reliques. Il fit une petite instruction empoignante
par son originalité et la manière énergique dont les
choses furent présentées. Nous étions des soldats...
Nous devions combattre courageusement, à l'exemple
des Saints dont les reliques nous entouraient...
Pour le moment, nous nous trouvions à l'*école d'application*... Nous devions passer par divers grades...,
arriver à être promus officiers, sous-lieutenants,
lieutenants, capitaines (sous-diacres, diacres, prêtres).
— Toute la hiérarchie sacerdotale et militaire fut
énumérée. — L'entrain de ses paroles, l'expression
de son visage, tout en lui parlait. Je remportai
de cette chaude allocution un désir plus grand de
marcher sur la trace des saints martyrs et de gagner
mes galons. »

M. Louis Risse aussi se mit résolument à l'œuvre
pour gagner ses galons. Il y était puissamment
secondé par les pieux et humbles fils de M. Olier.
A cette époque, M. Pinault faisait le charme des
récréations d'Issy ; les jeunes philosophes se pressaient autour de lui. M. Risse ne fut pas un des
moins assidus à écouter et suivre ses conseils. Lui
que l'on devait plus tard appeler le « Saint Vincent
de Paul » de Metz, prit pour base de sa formation
sacerdotale, ces paroles de M. Pinault : « Cherchons
à nous former sur le modèle des Saint Vincent de
Paul et autres Prêtres admirables qui, pleins de
l'Esprit de Jésus-Christ, font la consolation de ce
bon Maître et de sa divine Mère. Il faut donc viser,

---

1. *Persévérants* est le nom que l'on donne aux enfants qui aspirent
à devenir Frères de Saint-Vincent de Paul ; quand on les juge dignes
de recevoir un crucifix, signe de leur future consécration, ils deviennent *Petits-Novices*.

cher ami, à mener cette vie de piété continuelle dont il nous a donné l'exemple. » Et la voix énergique de son père selon la chair, complétait les enseignements du père spirituel. : « Ta maman et ta sœur t'ont beaucoup plaint de ce que tu étais logé au quatrième. Mais moi, qui sais que l'on doit autant que possible se garantir de la mollesse et de l'aisance, dans l'état que tu as embrassé, je les ai rassurées en leur faisant voir que tous les jeunes étudiants à Paris ne sont pas mieux logés, et souvent au sixième dans des mansardes et sous la tuile ; et que les prêtres, comme les militaires, ne doivent pas être délicats et difficiles, doivent au contraire se faire tout à tout et se contenter de ce qu'ils trouvent. »

La tonsure cléricale récompensa les premiers efforts du jeune séminariste le 21 mai 1842 et, le 23 décembre de l'année 1843, les quatre ordres mineurs lui étaient conférés par Mgr Affre. Dans l'intervalle, M. Risse était passé du Séminaire de philosophie à celui de théologie. Tout le portait à la piété : enseignements de ses maîtres et exemples de ses confrères pendant l'année, exemples et conseils de ses parents durant les vacances. Il était prêt à consommer son sacrifice par le Sous-Diaconat qu'il reçut le 1er Juin 1844. Quelques jours après son père lui écrivait :

« J'ai vu avec plaisir que ta dernière réception n'a pas été seulement une simple réception, mais que tu as été touché et que tu as senti l'importance des engagements que tu as contractés. Plus tu avanceras en savoir et en religion, plus tu apprendras ce que c'est qu'un prêtre et surtout un bon prêtre ; ses devoirs sont immenses. Que d'efforts, que de travail pour arriver au degré de vertu qu'on exige de lui. Il ne doit pas s'attacher exclusivement au

culte extérieur, mais encore plus au culte du cœur
ou intérieur, être plus vertueux aux yeux de Dieu
qu'aux yeux des hommes. Il faut se convaincre
qu'il n'y a pas de religion qui ne soit fondée sur la
probité ; et réciproquement la probité sans religion
n'est qu'une illusion. Sa religion doit être sublime,
embrasser l'humanité. En s'attachant seulement à
la pratique, on sacrifie le principal, l'essentiel pour
l'accessoire ; la foi sans les œuvres est une foi morte,
aimer Dieu et le prochain... » N'est-ce pas admirable
d'entendre un père donner de tels enseignements
à son fils ? Quoi d'étonnant ensuite que Dieu ait
comblé ce fils de ses grâces ?

L'épreuve pourtant, l'épreuve de l'âme ne fit
pas défaut au jeune sous-diacre. L'épreuve est une
caresse du bon Dieu, pour entretenir son amour
dans les âmes qui l'ont choisi pour époux. L'abbé
Risse avait une conscience délicate qui le portait
au scrupule, mais aussi, le stimulait à mieux aimer
Dieu. Ainsi trouvait-il en lui-même le réconfort qui
le soutenait dans sa faiblesse. Quelques lignes de
M. Galais, son directeur, expriment parfaitement
son état : « Je retrouve toute votre âme telle que je
l'ai connue si intimement au Séminaire. Ce sont les
mêmes dispositions, la même faiblesse, la même tendance au découragement, avec la même candeur,
la même simplicité et cette capacité d'amour qui
vous rendait si agréable à Notre-Seigneur, en vous
mettant à votre insu si avant dans son cœur. » Il
s'effrayait de trop vouloir « plaire au monde », de
ne pas avoir « cette vie pour Dieu seul, qui est le
fond essentiel de la sainteté » ; il aspirait après des
« rigueurs et des austérités qui apparaissaient à son
imagination comme le *nec plus ultra* de la sainteté »,
et il s'inquiétait de se voir faible et peu courageux.

Il s'en ouvre à M. Galais : « Je suis bien consolé des grâces que Notre-Seigneur vous fait, lui répond le digne fils de M. Olier, et de la confiance avec laquelle vous me manifestez vos doutes... Je vois que vous êtes toujours plus ou moins porté à vous inquiéter sans sujet.

» Vous devez toujours rejeter comme des tentations ce qui vous inquiète, et accueillir au contraire, comme autant de voix de Dieu à votre cœur, toutes les pensées qui vous portent à la confiance, à l'abandon, à la liberté. Je n'y mets point d'autre limite que la *vue évidente* du péché ou de l'imperfection. Tant que votre bon Maître ne dit pas *clairement* à votre cœur que vous allez trop loin, il faut agir avec une pleine latitude, et encore tâcher même de ne pas faire grande réflexion sur vous-même pour savoir où vous en êtes et si vous vous tenez toujours dans la limite. »

Le Seigneur récompensa la ferveur de M. Risse en lui accordant la grâce du diaconat, le 17 Mai 1845. C'était le prélude d'une nouvelle épreuve, qui devait l'empêcher, après les vacances, de rentrer au Séminaire Saint-Sulpice. — M. Galais en avait comme un pressentiment, lorsqu'il lui écrivait : « Il faudra que vous teniez avec courage aux règles et aux maximes du séminaire, ainsi qu'à ses exercices essentiels : car, comme je vous l'ai dit, ceux qui ont fait ces règles, n'ont pas travaillé pour la spéculation, ni eu en vue seulement les quelques années de l'éducation ecclésiastique, mais toute la vie des prêtres. Et ils n'y ont inséré que ce qu'ils ont cru nécessaire pour mener une sainte vie sacerdotale. Mais aussi, en suivant ces principes, vous serez sûr d'être à Dieu, et il n'est nullement nécessaire, ni même à propos, que vous aspiriez à des sacrifices extraordinaires,

ou à une austérité de vie qui n'est pas pour vous
dans l'ordre de Dieu. Souvenez-vous toujours qu'on
est plus ou moins saint, à proportion qu'on a plus
ou moins d'amour ; mais que l'amour n'a pas pour
unique expression, ni pour acte principal une dureté
envers soi-même qui fasse perdre la paix du cœur
et la sainte liberté. Il s'exprime aussi, ce saint amour,
par la confiance en Dieu, l'humilité, la patience et
la douceur, le zèle des âmes, etc., en un mot, par ce
qu'on appelle les petites vertus. Et je crois, cher ami,
comme je vous l'ai dit si souvent, que c'est la voie
où Dieu veut que vous marchiez. »

L'abbé Risse avait ainsi une règle de conduite
pour toute la vie. L'épreuve vint ; ce fut une extinc-
tion de voix. Les remèdes des médecins n'ayant
aucun résultat, il s'adressa au Prince de Hohenlohe,
le thaumaturge de l'époque. Son Altesse fit une
neuvaine du 7 au 15 octobre 1845 ; M. l'abbé Risse
devait en même temps réciter, matin et soir, trois
Pater et Ave en l'honneur de Saint Jean-Baptiste
(vox clamantis), [1] de Saint Jean l'Évangéliste *(tuba
Verbi)* [2], et de Saint Jean Népomucène *(martyr du
silence)*, et surtout le Psaume VIII. Aucune amélioration ne se fit sentir.

Mgr Dupont des Loges, Évêque de Metz, s'intéressait beaucoup au jeune diacre qui, à Saint-Sulpice,
lui avait servi la messe, durant la retraite préparatoire à son Sacre, fixé au 5 mai 1843. Il lui proposa
d'aller à Aix pour l'hiver. « Monseigneur a eu une
heureuse idée, écrivait à ce sujet M. Le Hir, en vous
proposant de passer l'hiver dans un climat plus
doux, et dans un séminaire où vous retrouviez
Saint-Sulpice. C'est la Providence de Dieu invi-

------

1. Voix de celui qui crie.
2. Trompette du Verbe.

sible qui se manifeste ainsi par des effets visibles sur nous. Oh ! qu'il est doux de s'y abandonner avec amour : *Diligentibus Deum omnia cooperantur in bonum* »[1].

Mais à Aix l'épreuve vint s'ajouter à l'épreuve. Écoutons M. Risse lui-même : « Je n'oublie pas la recommandation que vous avez bien voulu me faire dans votre bonté, de vous parler de ma position, et même avec détail. Je vous dirai donc qu'en ce moment je suis plus seul que jamais, le séminaire est vide ; plus la joie bruyante et le rire si franc des bons méridionaux ; seul, seul avec les directeurs de la maison. Il faut vous expliquer cette énigme. Un funeste fléau, la petite vérole, est venu fondre comme un vautour sur Aix : des milliers de victimes ont été atteintes, le séminaire surtout a été envahi. En peu de temps, six ou sept élèves malades, beaucoup souffrants ou fatigués des veilles, tous plus ou moins dans l'effroi, l'ordre de la maison troublé, les imaginations montées, surtout quand on vit l'un des malades, arrivé au paroxysme du mal, tomber dans un délire et des accès effrayants ; toutes ces causes ont déterminé Monseigneur, de l'avis du médecin, à renvoyer les élèves dans leurs foyers. La précaution n'était pas inutile, car plusieurs y tombèrent malades, et l'un d'eux y mourut, un jeune homme qui donnait les plus belles espérances, avec le caractère le plus charmant, celui qui m'avait témoigné le plus d'intérêt. Tout cela, vous le pensez, a jeté de la tristesse dans le Séminaire. Cependant Dieu soit béni, moi infirme, venant pour me guérir, je me trouvai le mieux portant de tous, disposé presque à soigner tout le monde. »

Et puis les troubles et les inquiétudes revinrent. Une lettre de M. Galais apporta la consolation dési-

---

1. Tout tourne à bien à ceux qui aiment Dieu (Rom. VIII, 28).

rée : « Je ne suis pas bien surpris de l'espèce de trouble ou d'ennui que vous avez éprouvé dans les commencements. Cela devait assez naturellement arriver dans un pays inconnu ; et puis c'est votre tendance, c'est votre petite croix habituelle. La vie un peu large qu'on vous a conseillée, était bien assez pour vous donner quelques troubles. Mais opposez-y toujours les mêmes principes, recourez aux mêmes moyens que je vous ai si souvent suggérés, comme je vois du reste que vous le faites. L'enfance chrétienne avec sa simplicité, abandon et docilité, voilà votre grand remède, et le point vers lequel vous devez sans cesse viser. »

Cette lettre était accompagnée d'une autre signée par plusieurs condisciples. L'abbé Risse avait été aumônier des pauvres et catéchiste. Ses confrères lui donnent des nouvelles de leurs œuvres et le consolent de son inaction forcée : « Vous aviez soif de servir Dieu et de procurer sa gloire. Qui l'a jamais mieux procurée que Jésus-Christ sur sa Croix ? Eh bien ! vous êtes sur la croix aussi, condamné à l'inaction apparente. Mais quelle action vous pouvez exercer par l'influence occulte et d'autant plus méritoire de la prière et de la souffrance chrétienne. Comme du fond de son cloître la Mère Agnès sanctifiait M. Olier avant de l'avoir jamais connu, vous pouvez nous sanctifier et par là avoir peut-être la meilleure part aux fruits de notre ministère. Puis il faut bien espérer qu'après avoir joué le rôle de Moïse sur la montagne, au moment marqué de Dieu, vous descendrez avec nous dans la plaine. »

M. Risse appelait de tous ses vœux ce moment où il pourrait combattre pour la cause de Dieu. Pour le hâter, il s'adressa une seconde fois au Prince de Hohenlohe : « Monseigneur, lui écrivit-il, sur le point de recevoir le divin sacerdoce, il vous est facile de comprendre la peine que j'éprouve d'être affligé d'une maladie de larynx qui m'a ôté depuis un an l'usage de la parole et qui peut-être pourra nuire plus tard à l'exercice de mon saint ministère. De plus, les remèdes employés en vain jusqu'ici mettent mes parents dans une gêne dont je désirerais les voir sortir. D'un autre côté, je connais le prix des souffrances, et je suis prêt, si Dieu le désire, à baiser encore quelque temps la croix que sa main aimable a posée sur mes épaules. Dans cette position critique, je viens donc confier le succès de la neuvaine que je vous prie de vouloir bien avoir la bonté de faire pour moi, je le confie à la sagesse et à la bonté de la providence toute paternelle de mon Dieu et à la volonté tout aimable et toute sainte de la douce Vierge Marie ma bonne mère. Elle jugera ce qui me sera le plus utile. » Il lui fut répondu que Monseigneur prierait pour lui tous les jours du 6 au 14 juin 1846 ; on lui recommandait de réciter surtout chaque jour trois *Pater* et *Ave* en l'honneur de Saint Blaise, Évêque et Martyr.

Les lignes suivantes de M. Galais nous font connaître le résultat de cette neuvaine : « Je joins quelques mots à la lettre de M. B..., pour vous marquer ma joie de votre guérison. Oh ! que vous faites bien d'en bénir la divine Bonté ; car il n'y a pas lieu de douter qu'elle ne soit intervenue d'une manière particulière dans votre guérison. Je suis néanmoins content d'apprendre que vous irez aux eaux d'Ems pour consolider votre larynx. Et puis voilà donc que cette douce Providence vous fournit un asile commode et convenable pour l'entier raffermissement de votre santé ! Je crois que les soins qu'elle a de vous, sont assez manifestes. » Cet asile, commode et con-

venable, était la demeure de la famille des Robert, où
M. Risse devait rester deux ans en qualité de précepteur des jeunes Ferdinand et Maurice des Robert.

Le séjour à Ems ne fut pas sans fruit ; un cœur
d'apôtre battait dans la poitrine du jeune diacre ;
on le voit par ces paroles de M. Galais, écrivant à
M. Risse : « Vous m'avez fait grand plaisir par la
narration de ce qui vous est arrivé à Ems. J'espère
que Notre Seigneur aura donné suite aux bonnes
paroles que vous y avez dites de sa part à ces âmes
dévoyées. Oh ! que je le remercie d'avoir fait sentir
à votre cœur quelque chose des douceurs de l'Apostolat ». Le discours prononcé par M. Risse le 3 décembre 1852, à la cérémonie de l'abjuration et du baptême de Mme Élisabeth de Seckendorf, nous apprennent ce que fut ce commencement d'apostolat :
« Il y a sept ans, sur la terre d'Allemagne, je vous
quittai en vous laissant ces quelques mots : « Demandez et vous recevrez, a dit le Sauveur ; prions sou-
» vent avec confiance et tout ce qui est juste et bon
» nous sera accordé. » Docile à notre parole, vous
avez prié et avec ferveur ; vous avez invoqué Marie,
la mère de l'Adorable Sauveur ; vous avez récité
cette prière admirable que l'on ne répète jamais en
vain : « Souvenez-vous, ô très pieuse Vierge Marie,
qu'on n'a jamais entendu dire qu'aucun de ceux
qui ont recours à vous, ait été abandonné. » Pendant
sept ans aussi, quoique séparé de vous par de grandes distances, tous les jours, après le saint sacrifice,
je répétais la même prière ; et j'avais confiance. »

Le pieux et zélé lévite était mûr pour le sacerdoce.
« Je crois, lui disait son Directeur, que Notre Seigneur
a voulu achever ou du moins avancer votre éducation sacerdotale. Il faut que vous compreniez un
peu par expérience la faiblesse du cœur humain,

afin que vous sachiez et que vous connaissiez comment vous y prendre pour conduire les âmes tentée :; quels dangers on y court, et avec combien de compassion et de charité on a besoin d'être traité. » D'autre part, la maladie l'avait initié à « l'esprit de sacrifice et d'amour de la croix qui est la propre grâce sacerdotale. »

Les précédentes ordinations lui avaient été conférées par Mgr Affre. Mgr Dupont des Loges l'ordonna prêtre le 19 décembre 1846, dans la Chapelle de la Congrégation de Sainte-Christine. « Il versa, suivant son expression, ses premières larmes de bonheur, depuis son sacerdoce, en offrant à Dieu son premier sacrifice » dans la chapelle des enfants de Marie au Sacré-Cœur ; M. l'abbé Chalandon, alors Vicaire Général de Metz, depuis évêque de Belley et Archevêque d'Aix, l'assista au saint autel.

« Vous voilà donc prêtre, mon cher ami, lui écrivait M. Galais, et je l'espère bien un bon prêtre, à qui Notre Seigneur ne fait cette première et incomparable grâce, que parce qu'il lui en réserve une suite d'autres, qui seront comme le développement continu de ce premier bienfait. Il vous a fait entrer aujourd'hui, non pas seulement dans l'adoption divine, mais dans son intimité et sa familiarité la plus entière : *Jam non dicam vos servos... vos autem dixi amicos, quia quæcumque audivi a Patre meo nota feci vobis* [1]. Vous n'avez plus rien à envier au bienheureux disciple, puisque Jésus repose aussi tous les jours entre vos mains et sur votre cœur ! Maintenant ce cœur comprendra-t-il bien avec quelle dilatation, avec quelle plénitude de confiance et d'amour, il doit aller à son bon Maître ? »

---

1. Désormais je ne vous appellerai plus serviteurs... mais je vous ai dits mes amis, parce que je vous ai fait connaître tout ce que j'ai entendu de mon Père (S. Jean, XV, 15).

Cependant M. Risse avait pris ses fonctions de
précepteur ; c'était un nouveau trait de ressemblance
avec Saint Vincent de Paul, qui fut précepteur des
enfants de Gondi. Élève de Saint-Sulpice, toute sa
vie il conserva bien avant dans son cœur l'amour
de ce séminaire et de ses directeurs. C'est donc encore
à Saint-Sulpice, à M. Galais qu'il demande une ligne
de conduite pour sa nouvelle position. M. Galais
lui conseilla à l'égard de ses élèves « un mélange bien
juste de fermeté et de douceur... Tâchez, dit-il, de
vous en faire aimer, c'est essentiel, et puis d'instiller
la foi et un grand respect de Dieu et de ce qu'il
ordonne... Peut-être trouveriez-vous des avis utiles
dans les œuvres de Fénelon. » Par rapport à son
entourage, « regardez-vous, lui dit son sage directeur,
comme très supérieur à tout ce monde-là, non par
vous même, mais par le caractère du sacerdoce dont
il a plu à Dieu de vous honorer, et en conséquence
portez sans cesse dans votre cœur des sentiments
de paternité affectueuse et forte à la fois, joignant la
réserve avec la bonté, et tâchant de ne vous jamais
familiariser *(caritas, castitas)* [1], mais de vous faire
au contraire respecter par la sainte gravité de vos
mœurs. » Pour lui-même, il lui recommande de ne
pas perdre la paix, de se servir de ses misères même
« comme d'escabeau pour se jeter dans le sein de la
divine miséricorde », et de ne pas tant se défier de
son propre jugement, car, dit-il, « Dieu vous a donné
un fonds de bon sens, auquel vous pouvez, quoique
modestement, vous fier avec sécurité. Vous ne vous
tromperez guère dans la conduite, surtout en suivant les premières vues de votre esprit, et celles que
vous avez quand vous êtes calme. » Enfin, à l'égard
du chef de la famille : « Il faut tâcher de gagner son

---

1. Charité, chasteté.

affection et sa confiance, afin que, malgré la différence d'âge, vous soyez pour lui comme un ami...
Travaillez à l'élever à la perfection de la paternité,
lui faisant comprendre qu'il est l'image de Dieu pour
ses enfants, qu'il en doit imiter la Providence toujours attentive jusque dans les moindres détails, etc...
En tout, je regarde comme très important que vous
soyez son homme de confiance... Mais il faut y travailler sans affectation ni empressement, attendant
cela de Dieu plutôt que de vos efforts. »

Avec de pareils conseils, l'abbé Risse ne pouvait
manquer de bien faire. « Enfant avec les enfants »,
il se donna entièrement à eux. Les notes journalières
fidèlement enregistrées, les comptes-rendus de chaque semaine, les règlements détaillés pour les jours
de l'année et le temps des vacances, les conseils
écrits, qui ont été conservés, témoignent du soin
qu'avait le précepteur d'accomplir son devoir jusque
dans les plus minutieux détails. Les prières et les
exercices de piété ne sont pas oubliés dans ces règlements ; et la parole de Saint Grégoire de Nysse :
« *Qui regula vivit, Deo vivit* », rappelle aux enfants
que « Vivre selon sa règle, c'est vivre selon Dieu »
et les aide à surnaturaliser toutes leurs actions.
Quand il fallait punir, l'abbé Risse savait le faire ;
le pain sec était le plus grand châtiment. Ses élèves
ne l'en aimaient pas moins, sachant bien qu'en cela
il n'agissait que pour leur bien. Ils le chérissaient
comme un père : « Vous êtes et vous serez toujours
mon plus grand ami, disait l'un d'eux, parce que
vous êtes le bon et respectable ministre de notre
aimable Sauveur Jésus. Je ne vous aime pas seulement comme un élève, mais encore comme un fils
chéri. » Quand ils lui avaient manqué de respect
dans un moment d'oubli, ils savaient lui en demander

pardon et solliciter même une pénitence : « Monsieur l'abbé, je vous demande pardon. Punissez-moi, car je le mérite. Mais ne le dites à personne. Laissez-moi rentrer, car je travaillerai bien, pour réparer par ma bonne conduite ce mouvement de colère. »

Un de ses élèves se préparait à la 1re communion : « Mon père, lui dit-il, voulez-vous, mon cher père, être gentil, voulez-vous être miséricordieux ? Pardonnez-moi toujours des caprices. O Dieu quand finirai-je ! Je demande pardon le matin et recommence le soir. Mais comment pourrai-je faire ma 1re communion ? Oh ! non, je la ferai excellente pour contenter Dieu et vous, cher père. Oui, oui, je vous le répète, malgré les fortes injures que je vous fais, prêtre vénérable à qui je dois beaucoup, je vous aime et vous aimerai toujours, toujours, toujours. » Et il prend une bonne résolution : « Mon Seigneur va bientôt me visiter. Je vais tâcher de rendre très pure la maison où je vais le recevoir. Pour qu'il y reste toujours, je tâcherai de la laver souvent, et ce sera par le sacrement de Pénitence. » C'est ainsi que M. Risse travaillait à faire des hommes et surtout des chrétiens solides.

Il était pourtant mal à l'aise au milieu du monde, il sentait son cœur s'amollir à son contact et n'éprouvait plus les mêmes attraits de la grâce ; la tristesse et l'inquiétude l'envahissaient. Il aspirait après le jour heureux où il lui serait donné « de fuir et d'aller retrouver la paix dans l'éloignement des créatures et les sérénités de la vie ecclésiastique. »

« Je pense, lui disait M. Galais, qu'une position de ministère est plus digne et meilleure pour vous qu'un préceptorat quelconque. — Ce que je désirerais bien instamment pour vous, si vous recouvrez votre liberté, ce serait qu'avant d'entrer dans de nouvelles fonctions vous vinssiez faire ici une bonne retraite ; pourvu que vous le puissiez matériellement, je crois que vous devriez compter pour rien la dépense. Quel bien ne serait-ce pas pour votre chère âme, de venir se retremper dans cette douce solitude, où vous avez reçu les premiers attraits de l'esprit clérical, où vous avez commencé à goûter Dieu, et où les arbres et les pierres même diraient tant de choses à votre cœur ! »

Il ouvrit son cœur à son Évêque, qui lui promit une place plus en rapport avec ses goûts et ses besoins. Le 6 novembre 1848, il reçut sa nomination d'Aumônier des Orphelins de la Providence. Précepteur, il avait appris à connaître les enfants, et s'était mis en rapport avec bien des familles qui devaient plus tard seconder son œuvre ; aumônier des Orphelins, il commençait réellement à être *Père de Jeunesse*.

A cette heureuse nouvelle, M. Galais s'empresse de lui écrire : « Quoique je fasse en ce moment ma retraite, je ne balance pas à l'interrompre un instant, pour vous répondre... Mettez-vous de suite à observer un bon règlement de vie, celui du séminaire, en l'adaptant à vos fonctions actuelles autant que la chose est possible : 3/4 d'heure d'oraison y compris la prière vocale, chapelet, visite, examen de conscience, lecture spirituelle au moins 1/4 d'heure, et dans les livres qu'on lit au séminaire. » Et puis il lui donne en post-scriptum la première des recommandations à faire aux hommes voués à la jeunesse : « Vous devez aussi bien prendre garde de ne pas vous affectionner trop aux enfants ; il y a là un autre danger ; peu de caresses, et toujours avec réserve. Méfiez-vous dès le commencement ».

CHAPITRE III

LES PREMIÈRES ANNÉES DE L'ŒUVRE
DE L'ENFANT-JÉSUS

M. Risse était enfin dans sa voie. A Saint-Sulpice,
son grand bonheur avait été de se dévouer aux
enfants les plus jeunes et les plus pauvres, sous la
direction de M. Timon-David, alors chef des Catéchismes et depuis fondateur et directeur de l'Œuvre
de la Jeunesse ouvrière de Marseille. Se rappelant la
parole de Notre Seigneur : « Laissez venir à moi les
petits enfants », il s'était plu à accueillir les enfants
qui abordaient les séminaristes en promenade et
à leur distribuer des images et des médailles, après
leur avoir fait réciter leurs prières. Maintenant
aumônier des Orphelins, toute une paroisse d'enfants lui est confiée : « C'est mon lot, ma vocation »,
dit-il.

Il songea à poser des bases solides à une vie qu'il
sentait devoir être la sienne jusqu'au tombeau.
Saint-Sulpice cette fois encore fut son conseiller.

M. Galais lui recommande la plus grande réserve
vis-à-vis des Religieuses qui dirigent l'Établissement :
« Je crois que vous devez travailler, comme vous
l'observez vous-même, à vous maintenir dans la
dignité convenable à votre ministère. Pour cela, il
faut ne vous livrer jamais au désir de plaire, ni à
la vaine joie qui engendre la familiarité, ni à la sen-
sibilité du cœur qui produit des épanchements où

l'homme se montre ; mais cultiver beaucoup la modestie, le saint recueillement habituel, (sans retomber néanmoins dans vos contentions passées), et une sérénité constante de l'âme autant qu'il dépendra de vous. Avec cela, votre jeunesse deviendra vieillesse, et ne vous empêchera pas de réussir dans votre ministère. » — Il lui trace ensuite sa ligne de conduite à l'égard des enfants : « Vous ferez bien aussi d'éviter l'empressement naturel, même à procurer le bien de vos enfants. Traitez-les avec douceur, tendresse paternelle, tempérée d'une sage fermeté. Mais point d'attache humaine à ceux même qui sont plus pieux, plus agréables, qui vous montrent plus d'attachement ; et puis point de caresses ou du moins très peu, et seulement dans les cas où cela paraît évidemment opportun. »

L'abbé Risse lui avait soumis un projet de règlement particulier : « J'approuve bien, dit-il, votre règlement, mon très cher fils. Il est fort bon et, en faisant cela avec une certaine assiduité, il est immanquable que la vraie ferveur vous reviendra, et je pense qu'elle vous est même déjà revenue. » Dans ce règlement, une partie du jour était réservée à l'étude: «Vous ne me dites point, observe M. Galais, à quoi vous travaillez, outre votre heure de théologie. Ayez toujours quelque ouvrage sur le métier, qui vous tienne l'esprit occupé. » Dans d'autres lettres, il précise davantage ses conseils au sujet des études :

« Vous avez raison de travailler à vos instructions et de les faire avec soin. Mais je crois qu'il faut aussi entretenir et développer vos connaissances en théologie. — Pour cela, je vous engage à entreprendre d'abord un traité, par exemple *Des actes humains*, à le diviser en ses parties principales de manière à en faire cinq à six dissertations. Puis vous les prenez une à une, par exemple *De la nature et des conditions de l'acte humain*. Vous lisez trois théologiens : un sévère (Antoine ou Collet), un plus large (S. Liguori, M. Gousset), et puis un intermédiaire (Billuart). Vous ruminez ces lectures dans votre tête, et puis ensuite vous écrivez, composant vous même, avec ces matériaux, un traité sur la matière, ayant soin de citer exactement vos autorités et de laisser beaucoup de blanc en marge, pour mettre dans la suite le résultat de vos lectures ultérieures. — Ce travail sur toute la théologie vous demanderait plusieurs années ; mais ce serait du temps bien employé. — Vous pourriez vous occuper aussi de droit canonique à peu près selon la même marche, et puis entremêler ces études par celle de l'histoire ecclésiastique, dont vous feriez de bonnes analyses. »

Un an plus tard, M. Galais revient à la charge : « Il est important que vous ne laissiez pas rouiller votre esprit. Je ne sais si vous avez commencé le plan d'études théologiques que je vous avais conseillé. Vous feriez bien de vous y mettre, mais aussi de consacrer une partie de votre temps libre à la composition. Faites des provisions pour le temps où vous manquerez peut-être de loisirs. Il ne serait pas mauvais non plus que vous entremêlassiez la lecture des principaux ouvrages intéressant la religion qui paraissent de nos jours, comme les *Études philosophiques sur le Christianisme de M. Nicolas*, les *Études critiques sur le rationalisme contemporain de M. de Valroger*, etc... Mais il faudrait être sévère dans le choix, car il en paraît beaucoup qui sont imbus d'assez mauvais principes, et votre esprit pourrait encore en être faussé. »

M. Risse se mit à l'œuvre et en reçut des félicitations : « Vos résolutions touchant l'étude me paraissent bonnes. Vous ne ferez pas mal de joindre à votre lecture habituelle de Carrières, quelques dissertations de Vence et de M. Glaire. Je vous engage à continuer l'étude de la théologie par écrit. »

Mais il y avait un écueil à éviter. Qui a connu intimement M. Risse, le voit une paire de ciseaux à la main, découpant des articles de journaux, des récits de faits édifiants, des renseignements sur diverses dévotions. Quelques orphelins l'entourent et collent dans des recueils les feuilles ainsi détachées. Ou bien, la plume à la main, le jeune prêtre copie de longs passages du livre qui est sous ses yeux. Les recueils et les volumes manuscrits (et quelle écriture !) s'entassent les uns sur les autres et forment une vraie bibliothèque. En directeur expérimenté, M. Galais modère cette ardeur : « Je crois qu'il est bon d'écrire et de faire des extraits ; mais néanmoins il n'y faut pas d'excès, autrement on dépense plus qu'il n'y a de fruits à espérer. »

Mais la nature entraîne M. Risse. Le vénérable M. Bureaux intervient : « Vous couriez, sans vous en apercevoir, à la destruction des heureux germes que Dieu a mis en vous et dont il vous demande la culture et le développement attentif et réfléchi. C'était depuis un certain temps ma conviction : votre temps, cette étoffe si précieuse dont la vie est faite, s'éparpillait en mille choses qui divisent et usent bientôt les forces de l'esprit ; et vous ressembliez, si je ne me trompe, à l'un de ces coureurs qui, dans le stade, aurait couru successivement de l'un à l'autre de ses rivaux, pour les gagner de vitesse, méconnaissant ainsi le secret de la victoire : *regarder le but et serrer de près la ligne droite qui y conduit.* Ainsi de nos travaux, surtout dans la première et la plus féconde époque de la vie. Malheur à nous si, dans notre ardeur encyclopédique, nous voulons embrasser trop de sujets ! C'est alors surtout qu'il faut redouter de se laisser envahir et déborder par la passion, je dirai mieux, par la manie des copies et des extraits.... Sachez donc limiter vos extraits et leur imposer des bornes infranchissables. De cette sorte, il vous arrivera de vous étendre moins en surface, mais plus en profondeur ; car vous vous réserverez un temps nécessaire pour plonger par la pensée, par la réflexion, dans le vif d'un sujet qu'on ne s'approprie jamais bien, en laissant prédominer la pensée d'autrui. C'est l'oubli de cette loi qui valut jadis le reproche de *Compilateur* à l'abbé Trubbe, l'un des plus laborieux littérateurs du siècle dernier :

> *Il compilait, compilait, compilait,*
> *Et rien oncques ne produisait.* »

M. Risse compila moins et produisit beaucoup. Ses manuscrits forment des recueils très complets de Catéchisme à différents degrés, de Réfutation des objections populaires, d'Instructions sur la Doctrine chrétienne, les Fêtes et les Évangiles. Il a également beaucoup écrit sur les œuvres, la vie religieuse et les constitutions et coutumiers de sa Congrégation.

Le zélé aumônier se donna tout entier à ses orphelins. Tous ne répondirent pas à ses soins, et son cœur en était désolé : « Il ne faut pas vous laisser abattre par le peu de succès que votre ministère obtient auprès de certaines âmes. Dieu ne vous tient pas moins compte de votre travail. Et puis, il vous donne bénédiction et consolation dans quelques autres. C'est là notre sort ordinaire ; ç'a été celui de Notre Seigneur lui-même, dans le temps de sa mission sur la terre...Je suis persuadé que vous faites **bien** ; seulement étudiez-vous à faire toujours de mieux en mieux, en vous appuyant sur Dieu plus que sur votre propre industrie. »

Un autre sujet de désolation était de voir les orphelins, ses orphelins, se perdre souvent après avoir quitté l'Établissement. On ne les y gardait que jusqu'à 18 ans. Abandonnés alors à eux-mêmes, ils se trouvaient très exposés. M. Risse leur offrit un asile, le dimanche soir, dans son modeste logement. Ils furent trois d'abord. La première réunion eut lieu le dimanche 10 octobre 1849. Le nombre augmenta.

M. l'abbé Chalandon, l'âme de toutes les bonnes œuvres de Metz, encouragea le jeune aumônier : « J'applaudis de tout cœur à ce que vous voulez faire pour les jeunes apprentis ; ce sera une œuvre extrêmement utile, et, si vous réussissez, votre vie aura été assez pleine. »

Bientôt s'ajouta la parole autorisée de M. Galais. « Je crois que l'œuvre que vous avez commencée et l'attrait que vous y ressentez, est de Dieu. — Je vous engagerais néanmoins, à cause surtout du développement qu'elle pourra prendre quasi malgré vous, d'aller trouver votre vénérable Évêque, de lui exposer le petit commencement de bien qu'il a plu à Dieu d'opérer entre vos mains, et vos petits plans ultérieurs ; en y ajoutant que vous ne venez pas pour lui demander une approbation officielle, mais pour connaître de sa bouche la volonté de Dieu... Vos petits plans sont bons. L'expérience d'ailleurs vous éclairera de plus en plus. Vous pourriez peut-être, pour acquérir quelques idées de plus, vous mettre en rapport avec un de vos anciens confrères qui est chargé d'une œuvre à peu près semblable, mais beaucoup plus avancée et développée. C'est M. Timon, qui est toujours plein de zèle et s'est bien maintenu dans l'esprit du sacerdoce... Il y a des œuvres de ce genre aussi à Paris. » Il le prémunit ensuite contre deux écueils où vont facilement se briser les hommes d'œuvres. « Prenez garde de ne pas vous laisser aller à des dépenses téméraires, ni à prendre des engagements pécuniaires au-delà de l'ordre de la Providence. — Quant à votre genre de vie personnel, je ne suis pas d'avis que vous abandonniez la régularité. Il faut savoir sans doute la sacrifier en certains cas exceptionnels. C'est alors quitter Dieu pour Dieu. Mais elle est indispensable à vous pour vous soutenir dans la piété, et par suite pour le soutien de votre œuvre. »

Une lettre fut bientôt envoyée à M. Timon-David, qui répondit à M. Risse en donnant de longs enseignements sur les œuvres de Marseille et l'engageant surtout à rendre ses enfants bien chrétiens et pieux. Il termine ainsi : « Je viens de vous donner des conseils... Bien des personnes vous en donnent et vous en donneront dans votre pays. Croyez-moi, *entourez-vous de conseils*, mais ne vous laissez pas *influencer*. Un père de jeunesse reçoit de Dieu des grâces suffisantes pour conduire une œuvre à sa guise. La meilleure œuvre n'est pas celle qui a les meilleurs usages, les meilleures conditions d'existence mais celle qui est bien conçue par son fondateur et exécutée selon *son idée*... La seconde chose que je voudrais vous dire, serait de ne pas vous *décourager*. Il faut vous attendre à être accablé de peines, d'ennuis, de soucis de toute sorte, impossibles à prévoir tous, mais tous déchirants pour un cœur qui se met avec bonne volonté à sa besogne. »

Cependant l'œuvre se développait Par l'entremise de M. l'abbé Bauchot, vicaire à Saint-Eucaire, d'autres jeunes gens du quartier s'adjoignirent aux orphelins. Le local, qui jusque là avait été un simple corridor, devint trop étroit, et M. Risse sacrifia sa propre chambre. Puis on envahit sa salle à manger. Il y eut un commencement d'organisation, un petit conseil et, après les jeux et la prière, le jeune aumônier disait un mot d'édification. En mars 1850, M. Risse saisit avec bonheur l'occasion de louer tout le premier étage de la maison, ainsi qu'une partie du bâtiment voisin.

Son zèle produisait des fruits admirables de salut et Dieu l'en récompensait en inondant son âme de grâces abondantes : « Je ne puis lire sans confusion les épanchements de votre cœur, lui écrit M. Galais, me sentant si incapable, pour ne rien dire de plus, de coopérer à l'action si visible de Dieu en vous. Mais je suis accoutumé depuis longtemps à ne pas considérer ce dont je suis capable, mais ce que Dieu demande de moi. Je vous dirai donc en simplicité ce que je pense de votre état et en quelles dispositions vous devez tâchez de vivre. — Votre état général est bon, et il est clair que la bonté incomparable de Notre Seigneur vous a fait une position et vous a donné des grâces qui sont l'effet d'une conduite toute d'amour envers votre âme. Vous avez là tout ce qu'il vous faut pour donner décharge, par un zèle utile, à la surabondance de votre cœur, et en même temps vous y avez tout le repos nécessaire pour goûter Dieu dans le recueillement et la fidélité aux exercices de piété. Il faut, mon cher ami, répondre de votre mieux à ce double dessein de Jésus sur vous. Tâchez donc d'être zélé d'une part, mais d'un zèle pur et surnaturel, et puis d'être homme d'oraison, de recueillement et d'union à Dieu en toutes vos œuvres. » Voilà bien M. Risse tel qu'il était, voilà comme devrait être tout homme d'œuvres.

Vers la fin de 1850, l'œuvre était assez nombreuse pour qu'on dût créer deux divisions, celle des moyens et celle des grands. En même temps, le besoin de ressources pécuniaires se fit sentir. La Providence allait-elle faire défaut ? « Je vous sais beaucoup de gré de ce que vous faites pour nos jeunes gens du dehors, écrit M. l'abbé Chalandon, Évêque nommé de Thaumacum et choisi pour coadjuteur par Mgr Devie, Évêque de Belley. C'est une mission pour laquelle Dieu vous a donné une grâce toute spéciale. Mais je m'unis à d'autres dont vous me parlez, pour vous défendre de faire des dettes. Il n'en faudrait pas davantage pour anéantir le bien que nous espérons de votre ministère. Cherchez adroitement à intéresser à votre œuvre quelques personnes charitables, inventez quelques souscriptions, quelque loterie, quelque moyen qui vous procure l'argent nécessaire ; mais n'allez pas en avant sans être sûr de pouvoir payer. Saint Vincent de Paul disait qu'il ne fallait pas enjamber sur les desseins de la Providence. »

Le cœur de M. Risse lui suggéra une belle pensée. Lisons ce qu'il en dit lui-même au chapître des ressources dans la notice sur son œuvre, imprimée en 1855 :

« 1° Pour unir par des liens réciproques de charité et de reconnaissance l'enfant du riche et le fils de l'ouvrier, l'Œuvre se soutient par des offrandes en argent ou en nature, faites surtout par les enfants ou les jeunes gens de la classe aisée, bienfaiteurs naturels d'une œuvre de jeunes ouvriers. Ils sont attachés à l'Œuvre sous le nom d'affiliés. Les personnes plus âgées qui veulent aussi lui prêter leur bienveillant concours, prennent le nom de protecteurs de l'Œuvre.

« 2° Ces offrandes ont lieu à deux époques principales de l'année : vers Noël ou le nouvel an, sous la forme d'étrennes à l'Enfant Jésus, en la personne des enfants pauvres ; et vers le mois de mai par une petite loterie dont ils font tous les frais, au moyen des billets qu'ils répandent dans leurs familles, et des lots dont ils l'enrichissent. Ce n'est que l'application d'un pieux usage des familles chrétiennes, qui habituent leurs enfants à faire de temps à autre la part du pauvre sur les cadeaux qu'ils reçoivent et à sanctifier ainsi tous leurs plaisirs par la bienfaisance.

« 3° La nature des offrandes est en rapport avec les besoins de l'Œuvre. Les offrandes en argent des bienfaiteurs et des jeunes affiliés sont destinées à couvrir les frais qu'entraînent la location, le chauffage et l'éclairage des salles de réunion, l'achat des jeux et des livres, enfin les secours à distribuer aux jeunes enfants adoptés par la Conférence. — On reçoit aussi toute offrande en nature, etc. »

Le mot de conférence vient d'être prononcé. Il s'agit de la conférence Saint-Vincent de Paul établie parmi les patronnés de M. Risse, à l'exemple des Frères de Saint-Vincent de Paul qui, dès l'année même de leur fondation (1845), dans leur premier patronage de Paris, bien connu sous le nom de Patronage de N-D. de Nazareth, avaient établi, parmi leurs jeunes gens, une « Petite-Conférence ». Ainsi les enfants des ouvriers s'intéressaient à plus pauvres qu'eux, imitant la générosité des enfants des riches à leur égard. C'est le passage à Metz, à l'automne de 1852, de l'abbé Planchat, le premier prêtre de l'Institut des Frères de Saint-Vincent de

Paul, qui initia M. Risse à cette institution si touchante [1].

M. Planchat revenait alors de Rome. Il visita l'Œuvre de M. Risse, parla avec tout son cœur aux jeunes gens, leur distribua des médailles bénites par Pie IX et les exhorta surtout à l'esprit et à la pratique de la charité. Leur rappelant l'amour héroïque de Saint Vincent de Paul enfant pour les pauvres, il les invita à former parmi eux une Petite-Conférence.

« Mettez vos aumônes en commun, leur dit-il, essayez, faites appel, imitez. Cela se fait déjà dans d'autres patronages ». De retour à Paris, où il était aumônier du Patronage de Grenelle, M. Planchat envoya bientôt par écrit le programme de sa petite Conférence, sa lettre se terminait ainsi : « Faites de même... Le Saint Enfant Jésus ne peut manquer de vous bénir. »

Dès lors l'œuvre s'appelait la société de l'Enfant-Jésus, et Noël était la fête patronale de cette société, que son fondateur se plaisait à nommer « la Sainte-Enfance de France. » Noël fut choisi pour inaugurer la petite Conférence. Écoutons M. Risse nous en faire un récit qui le peint lui-même tout entier :

« Pourquoi, me suis-je dit, les enfants du peuple, de l'ouvrier, que Dieu m'a confiés, n'auraient-ils pas eux aussi leur retraite ? La chose était difficile et nouvelle. Mais Jésus Enfant est le patron principal de nos petites réunions ; il fallait faire quelque chose pour célébrer dignement sa fête. Nous nous mettons donc résolument à l'Œuvre. Je fais prier

---

1. L'abbé Planchat fut massacré en haine de la foi par la Commune de Paris, le 26 mai 1871 Sa cause de béatification s'instruit. — V. *Le Prêtre du peuple*, ou *Vie d'Henri Planchat* par Maurice Maignen, Paris, Pierre Téqui, libraire-éditeur, 82, rue Bonaparte, 9e édition.

partout, je recommande ma retraite aux ferventes prières de la Communauté du Sacré-Cœur. Je vais me jeter aux pieds de mon Saint Évêque. Je lui demande de nous bénir ; il m'adresse de consolantes paroles d'édification. Et, dès 8 h. du soir jusqu'à 9 h. et de 6 h. du matin à 7 h., avant et après l'atelier, pendant trois jours, nos bons jeunes gens se rendent exactement aux exercices dans la Chapelle du bon abbé Michaux. Il fait nuit le matin, il pleut, il vente, on est harassé des fatigues du jour, mais qu'importe ! Pour Jésus Enfant on brave tout, on s'éveille de maison en maison, on soupe à la hâte, on se couche tard, mais on écoute avec un recueillement parfait, mais on prie avec ferveur, mais on chante les cantiques du Divin Enfant avec un entrain admirable, mais ces grands garçons de dix-sept ans se disputent l'honneur de me servir la messe en aube et en ceinture comme des enfants de chœur de paroisse. Dieu évidemment était au milieu de ces 130 à 150 jeunes hommes.

« Bientôt les revues, les confessions générales commencent. C'était le beau moment !... Que de bons propos ! Que de ferveur ! Dieu seul sait toutes les merveilles que sa grâce opérait à chaque instant. Mais surtout, le moment de la communion générale, à minuit, après une grand'messe chantée par eux-mêmes, fut rempli de l'émotion la plus touchante. Que j'étais heureux de distribuer le pain des forts à ces jeunes soldats de Jésus-Christ, qui allaient retourner dans l'arène et combattre encore avec courage contre le démon et le monde ! Jésus aussi devait être satisfait.

« Mais une dernière cérémonie, plus touchante encore peut-être, devait terminer la retraite. Ils avaient été si heureux avec Jésus, disaient-ils, qu'ils voulaient le voir, le conserver, l'aimer encore dans le monde. Ils se sont rappelé la parole du Divin Maître : « *Ce que vous ferez au plus petit des miens, je le regarderai comme fait à moi-même* » ; et ils se sont prosternés et engagés aux pieds de l'Enfant Jésus à former une *Petite-Conférence* pour l'assistance des enfants pauvres !...

« Aussi, le jour de Noël, quelle joie ! J'avais exposé à leurs regards un petit Enfant-Jésus dans notre salle de réunion : qu'il était beau de voir ces mains calleuses de l'ouvrier se plaire à prendre l'aimable portrait du Sauveur, le porter à leurs lèvres, le couvrir de leurs embrassements, et danser autour de lui, comme des fous je dirais, si la joie de la conscience n'avait pas été la cause de cette expansion naïve de bonheur !

« Oh ! que j'étais heureux ! je les serrais aussi tous dans mes bras ; ils étaient des enfants de Dieu purs et sanctifiés.

« On se réjouissait beaucoup de la première visite des enfants pauvres. Le petit président et un membre visiteur avaient été désignés par le Conseil pour porter trois bons de pain et une casquette neuve à un pauvre enfant de 11 ans, frère de cinq autres enfants aussi malheureux que lui. Et la délicatesse de leur charité, remarquez-la. Ce n'est pas une aumône qu'ils donnent, disent-ils, mais un pur encouragement à l'enfant, s'il se conduit bien : « Sois sage, petit, ou nous ne reviendrons plus ». Et l'enfant rougit ; il montre les bons billets de l'école et regarde avec de grands yeux ébahis ces jeunes amis, plus âgés que lui seulement de quelques années, qui lui font la leçon. Il croit voir en eux des dieux sauveurs ! Et les bons de pain, on les glisse sous une image ou à la dérobée dans la poche de la blouse, pour ne pas humilier. Le père et la mère attendris se rapprochent, les cinq autres enfants accourent ; et une médaille de Jésus-Enfant et une pieuse image brillent bientôt à la main de tous, et tous émus prient et bénissent. Oh ! je ne donnerais pas cette demi-heure passée au troisième étage dans un bouge infect pour tous les plaisirs de la terre, et ce n'est qu'avec des larmes dans les yeux que je puis y penser. »

La Petite-Conférence de l'Enfant-Jésus fonctionna dès lors très régulièrement et, en s'agrégeant à la Conférence de Metz, elle participa aux avantages spirituels accordés par le Souverain Pontife à la société de Saint-Vincent de Paul. Tous les ans aussi eut lieu, à l'approche de Noël, la retraite qui avait une première fois produit de si beaux fruits.

Dès 1853, M. Risse prit l'habitude, à laquelle il ne faillit jamais, de publier chaque année le compte-rendu de son œuvre. M. Bureaux l'en félicite dans une lettre du 14 septembre 1854 : « Je recevrai, dit-il, avec un intérêt particulier, mon bon ami, le petit recueil autographié dont vous m'annoncez la publication. Je ne puis pour ma part qu'applaudir à une aussi bonne pensée. *Ignoti nulla cupido*, et l'on peut dire aussi *nulla imitatio* [1]. Il ne faut donc pas, de nos jours surtout, où il faut reconstruire et réparer avec le plus de hâte possible, négliger les moyens de communication et de propagande aussi légitime. Publier, propager, c'est quintupler ses forces, c'est multiplier à l'infini son action. Les méchants ne le savent et ne le pratiquent que trop. Pourquoi donc n'userions-nous pas de leurs armes pour le triomphe de la vérité, pour le bonheur de la génération actuelle ? Courage donc. Oser et vouloir c'est vaincre. Tout prêtre est soldat. »

-----

1. De ce que l'on ignore, aucun désir... aucune imitation

L'Œuvre continuait à se développer sur le modèle des Patronages que la Providence suscitait dans les centres ouvriers, et selon l'esprit du « vénérable M. Allemand, fondateur de l'Œuvre de la Jeunesse à Marseille, qui résumait en deux mots pratiques, *jouer* et *prier*, tous les règlements de son Œuvre. » Pour en faire partie comme *membre actif*, il fallait «appartenir à la classe ouvrière, avoir atteint au moins sa seizième année, après avoir passé par la Maison des Orphelins et de la Providence ou être orphelin de père ou de mère, avoir une conduite régulière et édifiante, et pratiquer tous les devoirs du chrétien. » On admettait encore « les jeunes gens que leurs parents ne pouvaient pas suffisamment surveiller ni retenir le dimanche au foyer domestique par l'attrait d'une soirée agréable ; ils étaient dès lors comme assimilés à des orphelins. — Les plus jeunes n'étaient admis qu'après la première communion, dans la section des *aspirants*. »

La division des apprentis ou aspirants se réunissait « tous les dimanches, hors du temps des offices, c'est-à-dire après les vêpres et le catéchisme de persévérance des paroisses ; celle des jeunes ouvriers, tous les dimanches soir, de six à neuf heures ; et quelquefois aussi dans la semaine, le jeudi principalement. » Ils trouvaient des jeux, une bibliothèque et tous les agréments ordinaires des maisons de patronage. La séance se terminait par des avis, des récits intéressants ou instructifs, le chant de quelques cantiques populaires et la prière du soir en commun, avec l'examen de conscience des fautes de la semaine.

Nous avons déjà vu M. Risse correspondre avec M. Timon-David de Marseille. Il se mit en rapport avec d'autres Directeurs d'œuvres, afin de tâcher de profiter de leur expérience. Par-dessus tout il

accueillit avec empressement les ouvertures de
M. l'abbé Le Boucher, fondateur de l'œuvre de
Notre-Dame des champs d'Angers, qui se proposait
de publier un bulletin trimestriel des Œuvres, *Le
Jeune Ouvrier*. M. Risse lui écrit, le 11 Octobre 1856 :
« On vient de me remettre à l'Évêché un exemplaire
de l'excellente revue que vous vous proposez de
publier. Je ne saurais vous dire la joie qu'elle m'a
causée. » Et, après lui avoir tracé à grands traits
l'histoire de la Société de l'Enfant-Jésus : « J'étais
déjà heureux, ajoute-t-il, mais j'étais seul. Je souf-
frais de mon isolement. Il me manquait une direction
un encouragement, un *lien* en un mot, comme vous
le dites fort bien, avec les autres œuvres du même
genre qui avaient crû et prospéré, et qui pouvaient
par conséquent m'instruire par leur expérience. Vous
venez de remplir cette triste lacune, Monsieur l'abbé,
et je vous en suis réellement bien reconnaissant. »
Il lui promet ensuite sa collaboration ; et il fut
fidèle à sa promesse.

Le 2 août 1857, une circulaire était adressée par
M. Le Boucher aux Directeurs d'Œuvres : « Des
renseignements nous sont demandés chaque jour
sur les différentes œuvres fondées depuis quelques
années en faveur des Apprentis et des jeunes ouvriers.
Pour nous mettre en mesure de répondre à ces
demandes et de donner par la suite la liste générale
de ces Œuvres dans notre Revue, j'ai l'honneur de
vous adresser une série de questions sur l'œuvre de
votre ville ; je vous serai bien reconnaissant de me
retourner ce questionnaire avec les réponses dans le
plus bref délai. » M. Risse répondit immédiatement
et fort en détail à toutes les questions.

Un an plus tard, le 31 août 1858, se réunit à Angers
le premier Congrès des Directeurs d'Œuvres de jeu-

nesse. M. Risse ne fut pas le dernier à répondre à l'appel de M. Le Boucher, et sut mettre largement à profit tous les renseignements qu'il recueillit ainsi pour la direction de son œuvre. Il rapporta de ce Congrès un travail complet et très développé sur tous les points du programme, des questions proposées aux délibérations des membres de la réunion. Il participa également au Congrès qui se tint l'année suivante à Paris.

Dans ces assemblées, tous avaient été unanimes pour « demander comme conditions indispensables de vie, de prospérité et de durée, un *Directeur* exclusivement voué, ou à peu près, à son œuvre, ou du moins aidé par des coopérateurs intelligents et dévoués, une *Chapelle* pour les exercices religieux, et des *salles et des cours spacieuses* pour les jeux et les délassements de la jeune famille que le directeur rassemble autour de lui. »

Dieu ne fait pas les choses à moitié, sa Providence avait fait naître et grandir l'œuvre de l'Enfant-Jésus, elle devait bientôt lui donner les trois conditions indispensables de vie, de durée et de prospérité. L'abbé Risse pousse un cri de détresse : « La chaleur devient excessive dans notre local ; l'air s'épaissit et se vicie dans nos salles devenues trop étroites et dix fois incommodes ; plusieurs de nos enfants sont contraints de nous quitter dès huit heures, abattus et malades. Faudra-t-il donc repousser de mes bras plusieurs de ces chers amis et les exposer à l'entraînement des mauvais camarades, qui les guettent comme une proie ? Faudra-t-il fermer l'oreille à de nouveaux amis, qui nous demandent en grâce de les recueillir dans notre petite barque de secours et de les sauver des flots du vice qui vont les engloutir ? Quelle cruelle extrémité pour le cœur d'un père ! »

Et, après avoir fait appel aux hommes, il s'adresse avec une confiance entière à l'abîme infini de la miséiicorde, au Cœur de Dieu, et le conjure « lui qui avait multiplié miraculeusement les pains dans le désert, de lui fournir le moyen de reculer ses murailles, de multiplier pour lui l'espace, de permettre aux branches du petit arbre qui ne demande qu'à croître et qu'à grandir, de s'étendre et de se propager au loin. » Sa prière fut exaucée au delà de ses espérances.

Bientôt des propositions lui furent faites. Sans s'éloigner de ses orphelins et de la paroisse Saint-Eucaire qui avait abrité le berceau de l'œuvre et l'avait, suivant son expression, comme couvée pendant dix ans de sa tendresse et de sa sollicitude, il trouva, sur la paroisse Sainte-Ségolène, de vastes salles, un air pur, une maison isolée et paisible. L'œuvre quitta donc en 1858 son berceau de la rue Champé 35 et s'installa rue de la Fonderie 7, dans le beau local où elle se trouve encore[1]. Le nombre des jeunes gens s'accroît et se porte à près de 200 ; en même temps une amélioration sensible se produit dans la régularité de leur conduite : car, dans les vastes salles de la Fonderie tous « se récréent sous les yeux du Directeur ou de ses aides, et les espiègles cherchent en vain les coins et les recoins favorables à leurs petites malices. »

Mais, s'écrie M. Risse, « ce qui dans ce nouveau local, fait ma consolation plus que toute autre chose encore, et qui me manquait jusque-là, je l'avoue sans hésitation, c'est le petit oratoire destiné à raviver, à développer dans l'œuvre la piété, la religion, l'esprit de foi, qui est utile à tout, comme parle saint Paul ;

---

1. La rue porte maintenant le nom de l'abbé Risse.

qui est l'âme et la vie des sociétés, destinées à mourir de défaillance quand elles cessent de s'appuyer sur le bras puissant de Dieu : précieux arôme, a dit un penseur profond, qui seul peut les empêcher de se dissoudre et de se corrompre. Cet oratoire est placé à la portée de tous, près de la chambre du Directeur ; de pieuses statues de l'Enfant-Jésus, patron de l'œuvre, de la Vierge Marie, de Saint Joseph et de Saint Vincent de Paul, avec quelques fleurs, en font les seuls ornements. Une généreuse chrétienne... a fourni son petit autel, sa lampe, ses chandeliers, ses fleurs ; d'autres, ses couronnes et les nappes de son autel. Un chef d'atelier, dévoué corps et âme à l'œuvre, lui a donné deux lustres gracieux, et une corbeille ouvragée de prix. Un pieux curé des environs de Metz, notre ancien ami d'enfance, a bien voulu y apporter son goût, son adresse, son talent d'ornementation ; et, à peu de frais, il a pu faire, d'une chambre ordinaire, un lieu de paix et de recueillement, où l'on se sent tout naturellement porté à prier. C'est là que se fait la petite visite à l'Enfant-Jésus, en arrivant à la Société, avant de venir saluer le Directeur ; c'est là que, à certains jours, se fait la prière du soir, une courte lecture, que se chante un pieux cantique, ou se dit un mot d'édification et de bon conseil. Les veilles de fêtes solennelles, au milieu du silence complet de la maison, là se préparent les confessions pour la communion du lendemain. Tous les soirs, à sept heures et demie, par les soins des jeunes préposés des salles une lampe s'allume devant la statue du patron de l'œuvre, et l'huile qui y brûle en son honneur, est la pieuse offrande des membres de la société. » .

On le voit, ce n'était encore qu'un simple oratoire ; mais, provisoirement, l'œuvre des Militaires de la rue Marchant ouvrait, avec un empressement tout fraternel, sa vaste chapelle à la Société de l'Enfant-Jésus pour ses exercices religieux. L'abbé Risse pouvait donc attendre en paix l'heure de la Providence.

Il ne lui restait plus qu'une préoccupation ; écoutons-le épancher son cœur : « Je suis encore seul ! Il me faudrait un aide pour pouvoir faire marcher de front les deux œuvres que la Providence m'a confiées, l'œuvre des Orphelins et celle des Jeunes Ouvriers, qui est comme la suite naturelle de la première et le moyen le plus sûr de persévérance pour eux dans le monde... Une société de jeunes ouvriers entraîne avec elle tant de soins, tant de détails, tant de vigilance et d'industries pour amener ou conserver à l'œuvre une jeunesse si volage et si capricieuse, que tous les moments d'un Directeur sont, et au-delà, absorbés par ces préoccupations et cette surveillance de tous les instants. Si ses forces sont usées en partie par d'autres soins, ou si du moins il n'a pas d'aides sérieux pour partager le fardeau avec lui, pour le remplacer dans les salles quand la fatigue l'accable, ou que d'autres occupations pressantes ou la maladie le retiennent dans sa chambre, la surveillance, la discipline, l'ordre en souffriront nécessaire-glent, l'ivraie, c'est-à-dire le mal, et les abus se misseront insensiblement dans le champ du père de famille, avant que son œil ait eu le temps de les découvrir et sa main celui de les arracher. Les épis de la moisson s'échapperont de ses bras, parce qu'il aura trop embrassé ; il succombera peut-être avant l'âge à un travail au-dessus de ses forces ; et, avec sa paix, sa santé, sa vie même, peuvent s'évanouir les espérances que l'origine de l'œuvre avait pu faire concevoir pour l'avenir. Oui, il faut à une œuvre de jeunes gens un Directeur uniquement occupé de sa noble mission, qui puisse y concentrer toutes les forces, toute l'activité de son corps et de son âme ; ou du moins, encore une fois, des auxiliaires dévoués, qui multiplient le succès en se partageant entre eux les travaux. » Nous allons voir comment Dieu combla cette lacune si vivement ressentie par le zélé Directeur de la Société de l'Enfant-Jésus.

CHAPITRE IV

LA VOCATION RELIGEUSE

« Vive Jésus ! Mon bien Cher Père et vénéré Supérieur Général. — Dieu soit mille fois béni de la lettre si sage, si prudente, si pleine de la charité et de la condescendance du cœur de Saint Vincent de Paul. Je l'ai couverte de mes embrassements et j'ai remercié Dieu dans un transport indicible de joie et de reconnaissance. J'ai donc enfin trouvé, après 13 ans d'attente et de désir, la communauté à laquelle Dieu m'appelait ; des hommes humbles, modestes, disciples de l'admirable Vincent de Paul, dévoués corps et âme au peuple, aux jeunes gens, aux malheureux des villes. Je pourrai donc assouvir la soif qui me dévore depuis la sortie du Collège de Metz à 18 ans, et mon entrée à Saint-Sulpice jusqu'à ce jour, soif qui devient, cette année surtout, plus ardente de pauvreté absolue, d'abnégation complète, d'obéissance entière et parfaite pour plaire à Dieu, à une règle et à un supérieur. » Tel est le cri de joie qui s'échappait du cœur de M. Risse, et que cet ami des ouvriers et des pauvres consignait dans une lettre adressée, le 29 octobre 1860, à M. Le Prevost, fondateur et Supérieur Général des Frères de Saint-Vincent de Paul [1].

1. *Jean-Léon Le Prevost*, prêtre, fondateur de la Congrégation des Frères de Saint-Vincent de Paul 1803-1874), nouvelle édition, par Charles Maignen, prêtre de la même Congrégation. — Librairie Desclée, De Brouwer et C¹ᵉ, Lille-Bruges.

Depuis longtemps il était troublé, agité de droite et de gauche, comme ces corps en suspens qui cherchent leur équilibre. On pouvait lui appliquer, il s'appliquait lui-même ces paroles de Saint Paul aux Philippiens (I. 23-24) : « *Coarctor e duobus : desiderium habens dissolvi, et esse cum Christo multo magis melius ; permanere autem in carne, necessarium propter vos.* » [1]. Il hésitait entre deux partis : « le besoin de s'enfuir de Metz et de se plonger dans une solitude pour y faire son salut » le pressait de tout quitter pour ne plus vivre qu'avec Jésus-Christ ; son zèle pour le salut des orphelins et des ouvriers que la Providence lui avait confiés, le retenait au milieu du monde.

Des voix intérieures l'appelaient à la vie de règle, de piété, de prière des religieux ; et ses orphelins reprenaient d'un ton suppliant : « Père, si vous nous quittez, il n'y aura plus personne pour nous distribuer le pain de nos âmes ».

Une force invisible le poussait à « se mettre à l'abri derrière les saintes murailles » d'un couvent, « vers lesquelles il jetait des regards d'envie » ; la charité lui disait que ce serait faire « acte de déserteur » et « trahir son drapeau ».

Mille tentations, mille inquiétudes l'agitaient, le tourmentaient et le faisaient soupirer après le « Port du salut » qu'il entrevoyait dans la vie religieuse ; la charité lui criait : « Au large. Votre devoir est de vous jeter dans les flots pour arracher à tout prix ceux qui se noient. *Duc in altum.* » (Luc. V. 4).

De nombreuses traces de cette lutte intime se retrouvent dans la correspondance de M. Risse de

---

1. Je suis pressé des deux côtés : j'ai le désir de partir et d'être avec le Christ, ce qui est de beaucoup meilleur, mais il est plus nécessaire que je reste dans la chair, à cause de vous.

1852 à 1855. Ses amis, qui l'avaient précédé dans la vie religieuse, ses directeurs sont d'accord pour le dissuader de ses projets.

« Votre âme délicate et timorée s'effraie et se forge trop souvent des fantômes par ses découragements ; puis, dans cet état de langueur et de souffrance, vous vous tournez vers des projets de changement, comme ces voyageurs qui aspirent sans cesse à de nouveaux rivages, où ils pourront enfin jeter l'ancre et se reposer des agitations du navire, sur lequel ils avaient embarqué leurs espérances. Mais erreur, hallucination que tout cela ! Le rivage, la terre, vous la tenez ; et, au lieu de regarder au loin, vous avez autour de vous les plus justes raisons de calme et de fixité. Votre mission, vous l'avez reçue humblement, docilement, de la main de vos supérieurs ; vous ne vous êtes point ingéré, point proposé ; vous vous êtes soumis, tel est le premier signe de vocation. En second lieu, d'une manière bien manifeste, vous avez été appelé à faire le bien, et, par votre ministère, ce bien a déjà dépassé toutes les espérances. Enfin, à qui vous êtes-vous exclusivement dévoué, consacré ? Aux orphelins, que Dieu distingue et recommande en termes de prédilection dans nos livres saints. Et à qui encore ? Aux enfants du pauvre, aux familles d'ouvriers qui ont tant besoin de trouver un concours tutélaire pour ceux de leurs enfants qui touchent à l'adolescence et à ses périls, si redoutables à cette grande entrée dans la vie ! Quel beau, quel riche, quel fécond, quel magnifique ministère ! — Direz-vous après cela que vous avez besoin de vous enfuir de Metz ? de vous plonger dans une solitude pour y faire votre salut ? »[1]

L'abbé Risse aspirait après la vie de règle, de

1. Abbé Bureaux, 19 décembre 1852.

piété et de prière. M. Pinault lui répond par la lettre suivante, que nous livrons tout entière aux méditations des hommes d'œuvres :

« Vous pouvez certainement allier la vie de règle, la fidélité aux principaux exercices de la vie intérieure avec la vie active et employée au ministère extérieur qui vous est confié. Seulement, il faut incessamment demander à Dieu la grâce de lutter sans relâche pour régler, comme vous dites, la capricieuse liberté, et il faut joindre à la prière de continuels efforts pour soutenir cette lutte. Il est absolument possible que quelquefois vous ne trouviez pas un moment, dans toute la journée, pour votre oraison et *a fortiori* pour les autres articles de votre règlement. Ainsi Mgr de Belley assure que Saint François de Sales, pendant son séjour à Paris, fut tellement assailli d'affaires et de gens réclamant ses lumières, qu'il ne faisait pas son oraison. Mais ce sont là des cas plus ou moins rares ; et, communément parlant, on peut toujours faire ses principaux exercices de piété. J'avoue qu'il vous faudra pour cela bien de la résolution, bien des efforts et bien de la vigilance. Mais vous en serez bien dédommagé. Soyez surtout fidèle à l'examen de conscience, chaque jour et plutôt deux ou trois fois qu'une. Ceci est un exercice que l'on peut toujours faire quelque pressé que l'on soit, parce qu'il est court et qu'il peut se faire en allant et venant, quand on ne peut mieux faire. Quand nous apercevons dans ces examens tel ou tel exercice manqué, que cependant nous aurions pu absolument faire, alors prenons-en occasion pour redoubler nos prières auprès de Dieu, lui représentant notre faiblesse misérable, et le suppliant de nous donner la résolution et la fermeté qui nous manquent. C'est en joignant ainsi la prière à l'examen que nous accomplissons le précepte : « *Vigilate et orate* » [1] que Notre Seigneur nous a donné pour assurer notre salut. La prière que j'entends ici, n'est pas seulement à faire à la suite même de l'examen ou le lendemain à l'oraison, mais c'est une prière à faire à toute occasion, le matin, le soir, dans la journée en allant et venant, etc. : « *Oportet semper orare et non deficere* » [2]. Certainement que, quand saint François se vit réduit à laisser là son oraison et à peu près tout son règlement, il n'en était pas moins assidu à la prière et à la vigilance sur soimême. « *Vigilate et orate.* »

« Il faut profiter des jours et semaines où les affaires nous permettent de suivre notre règlement, pour faire nos provisions à l'oraison et dans nos visites au Saint Sacrement. C'est surtout dans ces deux exercices que l'on se remplit des manières de voir des saints, qu'on vide son cœur des goûts frivoles, vains ou sensuels, pour n'avoir plus de goût que pour les choses de Dieu, pour la piété et tout ce qui porte à la dévotion. C'est à force de revenir sur les considérations propres à dégoûter le cœur de toutes choses prises hors de Dieu, que les Saints en étaient venus au point où nous les voyons dans l'histoire de leurs vies. Ce qui distingue un saint d'un autre, c'est que la vie d'un saint est une vie de piété continuelle. S'il converse, ce n'est que de Dieu ou des choses pieuses ; s'il travaille, c'est par piété et avec piété ; s'il prend son repos ou son repas, c'est encore par piété et avec piété, et ainsi du reste. Oh ! quand on en est là, lors même qu'on n'aurait pas eu le temps de faire aucun de ses exercices, la journée n'en serait pas moins une journée sainte,

---

1. Veillez et priez (S. Mat. XXVI, 41).
2. Il faut toujours prier et ne jamais cesser (S. Luc, XVIII, 1).

une journée de prières, une journée toute en Dieu. Je parlais d'examen : examinons-nous souvent sur notre facilité à vaquer au profane, reprochons-nous la moindre curiosité toute humaine, le moindre goût aux conversations de rien, le moindre amusement pris par caprice, le moindre acquiescement à la fantaisie. Mais tout faire par piété et avec piété, c'est là l'« *ambula coram me et esto perfectus* » [1] : car, comme vous savez, ce serait mal entendre ce mot de l'Écriture, que de vouloir ne pas perdre la présence actuelle de Dieu : Saint Louis de Gonzague, pendant qu'il étudiait sa géométrie au collège, n'avait plus la présence de Dieu, mais il ne s'était mis à cette étude que par piété ; et l'habitude de piété que son cœur avait prise à force d'y vaquer aux moments loisibles, faisait que, pendant toute l'étude il était sous l'impression de l'amour de Dieu en Jésus-Christ, sans penser directement à cet unique trésor des fidèles. C'est à tel point que cette impression intérieure, se produisant au dehors, donnait à Louis étudiant toute l'attitude d'un jeune saint en prière. C'est donc dans l'habitude et les inclinations surnaturelles du cœur que tout réside, cher ami. Ainsi, demandez-les jour et nuit pour vous et votre bien dévoué en J. M. J. » [2].

M. Risse médita cette lettre admirable, et chercha désormais la solitude du cœur et non pas la solitude du désert. On ne comprend pas, d'ailleurs, comment une âme essentiellement militaire, comme la sienne, pût songer à quitter son poste de combat pour se mettre à l'abri derrière le mur d'un couvent. « En vérité vos défiances me font rire, lui écrit un ancien confrère de séminaire. Travailler du matin au soir

---

1. Marche devant moi et sois parfait (Gen. XVII, 1).
2. Juillet 1853.

pour le Divin Maître, sacrifier sur l'avis de ses directeurs son penchant pour la retraite, et se jeter à sa suite dans la mêlée pour férir d'estoc et de taille, prendre, en un mot, au sérieux, comme vous le faites, la parole : « *Amas me ? Pasce agnos meos* [1] ». Que voulez-vous davantage ? Quand bien même on recevrait quelques écorniflures, Dieu sait bien y porter remède. Que j'aime cette parole de Saint Ignace, que, s'il fallait choisir entre partir pour l'autre monde dès ce moment, assuré de son salut, et travailler plus longtemps sur la terre à la gloire de Dieu, avec l'incertitude à cet égard, il choisirait... quoi ?... Le P. Lainez, à qui il posa la question, choisit d'emblée le premier ; « et moi, le second », dit le Saint. Il savait bien qu'il n'y perdrait rien. » [2].

Fût-il d'ailleurs entré en religion, M. Risse n'y eût pas trouvé le « port du salut », le repos qu'il désirait tant : « *Non est aliquis ordo tam sanctus, nec locus tam secretus, ubi non sint tentationes vel adversitates.* — Il n'est point d'ordre si saint, de lieu si retiré, où ne se trouvent la tentation et la lutte » [3].

Enfin, en 1855, une retraite acheva de calmer l'âme de M. Risse et de le fixer pour toujours au service des ouvriers et des pauvres.

« Que Dieu est bon, s'écrie-t-il dans ses notes, de m'avoir enfin donné le dernier trait de lumière que j'attendais et que j'appelais depuis plusieurs années. Je l'avais entrevu les années précédentes mais, cette année, le bon P. Lefèvre ne m'a plus laissé de doutes ni d'hésitations : c'en est fait. La volonté de Dieu est claire et palpable. Tous ses ministres sont d'accord. Il me veut vivant comme un

---

1. Tu m'aimes ? Pais mes agneaux.
2. R. P. Braun, S. J., 5 sept. 1855.
3. Imit. I, 13, 2.

religieux dans le monde, je n'ai aucun motif déterminant de le fuir pour m'enfermer dans la solitude « *alius sic, alius vero sic* »[1]. Je puis même me sanctifier, comme tant de saints prêtres séculiers, même canonisés (Saint François de Sales). Le défaut ne viendrait pas, si je me perdais, de l'état, mais de mes dispositions personnelles et de mon infidélité à user des moyens de salut que Dieu me procure. Oh ! que mon cœur se dilate donc et respire, qu'il éclate et qu'il surabonde de confiance et d'amour. Dieu le veut, donc il me donnera tous les moyens requis pour la sanctification. Donc, je dois mettre de côté tous les scrupules, toutes les envies et jalousies, tous les regrets amers, les impatiences etc., qui me minaient. Je suis dans l'ordre, dans la paix, dans un état de Providence. M'y donner donc à corps perdu, sans jeter au loin des regards d'envie, sans porter mes bœufs ni ma charrue, dit Saint François de Sales, dans les champs éloignés ; cultiver et parfaitement cultiver avec zèle, courage, perfection cet humble champ qu'il me confie ! La Chartreuse ou la Trappe ne sont pas faites pour moi (trop actif), les missions sont au-dessus de mes forces, les collèges ne me vont pas. C'est là mon lot, mon lot béni de la Providence, dont je ne saurais trop la remercier et l'exalter. »

On remarquera que les aspirations de M. Risse à la vie religieuse, telle qu'il l'avait rêvée jusqu'ici, tendaient à le séparer des orphelins et des ouvriers que Dieu lui avait confiés. Il était donc de toute sagesse de repousser cette idée comme une tentation. En effet, dit le Sage au livre des Proverbes (XIX, 16) : « Celui qui néglige de suivre sa voie tombera dans la mort. — *Qui negligit viam suam,*

---

1. L'un ainsi, l'autre autrement.

mortificabitur ». Et Saint Vincent de Paul dit pareillement qu'il ne faut pas quitter sans raisons graves une position où l'on se trouve par l'ordre de son Supérieur, où l'on fait son salut au milieu des tentations et des traverses ordinaires de la vie, et où l'on sauve le prochain.

M. Risse se donna donc tout entier à son œuvre. Et voici que, par cette voie mystérieuse, la Providence qui semblait le fixer à jamais au monde, l'en détacha pour le conduire précisément à l'état religieux auquel réellement il était appelé.

Pendant deux ans, ses idées de vocation religieuse sommeillèrent. Mais une autre pensée ne cessa de le préoccuper : Avec un seul prêtre, son œuvre n'avait pas d'avenir. « Ah ! s'écriait-il, si un tiers-ordre de Saint-Vincent de Paul existait entre tous les directeurs d'œuvres de jeunesse ! »

Il existait déjà ce tiers-ordre, ou plutôt une Congrégation se formait, composée uniquement de Directeurs d'œuvres. Voici le tableau qu'en traçait, en 1854, le Bulletin de la Société de Saint-Vincent de Paul :

« Il y a quelques années, un membre de notre Société a rassemblé trois ou quatre confrères, disposés comme lui à se vouer corps et biens au service des classes laborieuses et souffrantes. Nos confrères, groupés sous le même toit, ont d'abord vécu de la vie de famille ; mais cette vie fut bientôt élevée à la vie de communauté. Sous la direction des hommes les plus éclairés en Dieu, nos confrères ont jeté les bases d'un institut régulier, composé de laïques, sans distinction de costume [1]. Ils ont soumis leurs

---

1. Comprenant aussi des prêtres, comme l'abbé Planchat. D'ailleurs son fondateur, M. Le Prevost, encore laïque, devint prêtre en 1860, quand les circonstances le permirent.

règles projetées à l'autorité ecclésiastique et ont reçu pouvoir de prononcer des vœux, sous le nom de Frères de Saint-Vincent de Paul. Nos Frères ne sont encore qu'une quinzaine ; mais, pendant que leur nombre hésite à s'accroître, l'esprit de leur Institut, à l'insu des hommes et sous l'œil de Dieu, se façonne providentiellement. Leur existence tout entière est consacrée aux œuvres de bien. Au matin, après la méditation, la prière et la messe, chacun se dispose à tracer son sillon dans le champ de la charité. Les uns se livrent aux œuvres du Patronage, les autres aux œuvres des Saintes-Familles ; ceux-ci se vouent à l'instruction des petits enfants qu'on appelle petits savoyards, quoiqu'ils soient nés en Auvergne ; ceux-là s'en vont de réduits en réduits porter le pain du corps et l'aumône de l'âme ; plusieurs enfin emploient toutes leurs puissances physiques et morales à diriger un asile de jeunes garçons pauvres, que nos confrères ont fondé sous le nom d'Orphelinat de Saint-Vincent de Paul. Au soir, tous rentrent au foyer de la famille, courbés sous le fardeau des bonnes œuvres ; ils sont épuisés par le labeur du jour, mais chacun, par esprit d'humilité et de charité, s'efforce de dissimuler sa fatigue. »

Les Frères de Saint-Vincent de Paul, voués entièrement aux œuvres, ne pouvaient manquer de prendre part au Congrès d'Angers en 1858. M. Risse y vint aussi, comme nous l'avons vu. Il y fit connaissance avec la Congrégation naissante. D'ailleurs une des questions proposées à l'étude du Congrès était celle-ci : « A qui doit-on donner la direction des Œuvres ? — Aux laïques ? — Aux membres des Conférences de Saint-Vincent de Paul ? — A la Congrégation des Frères de Saint-Vincent de Paul de Vaugirard ? — Aux Frères des Écoles Chrétiennes ? » Monsieur Risse étudia la question avec beaucoup d'impartialité. — Il répond presque affirmativement en faveur des Frères de Saint-Vincent de Paul. Mais il lui reste un scrupule : cette Congrégation est trop laïque, et le laïque n'a pas de lumière pour guider les âmes, il n'est pas assez instruit dans la science religieuse, ce qui l'expose à être tantôt trop large, tantôt trop sévère. Il y a pourtant des prêtres parmi eux, mais le Supérieur est un laïque. — La conclusion est qu'il faut fonder une nouvelle Congrégation, composée de prêtres et de laïques, unissant leurs efforts à des degrés divers, et obéissant à un Supérieur Général prêtre.

En attendant, M. Risse, qui éprouvait un vrai besoin de vie commune, jeta successivement les yeux sur deux autres Congrégations. Son ami de collège, M. l'abbé Donat Michaux, Directeur de l'Œuvre des Militaires de la rue Marchant à Metz, s'était donné avec son Œuvre aux Frères Oblats de Marie ; il songea à l'imiter. Mais les Oblats s'occupent surtout des Missions ; ils font la guerre en conquérants et n'ont pas cette vie du directeur d'Œuvre qui, comme un pasteur, veille sur les brebis enfermées dans son bercail ou, dans ses visites à domicile, fait la guerre de détail des guérillas. — Une autre Communauté souriait à l'abbé Risse, c'était la Congrégation du Sacré-Cœur de Jésus Enfant, fondée à Marseille par M. Timon-David et dont le but était « le soin spirituel des enfants du peuple. »

Cependant une voix intérieure le sollicitait sans cesse de s'unir à la Congrégation des Frères de Saint-Vincent de Paul ; M. Le Hir, un de ses anciens directeurs de Saint-Sulpice, l'y encourageait ; l'obstacle qui jusqu'alors l'avait fait hésiter allait bientôt s'évanouir. Écoutons ce que lui écrivait à ce sujet M. Le Hir, « ce prêtre si distingué et si modeste », comme l'appelle le vénéré Cardinal Guibert :

« Je vous félicite de tout mon cœur de la pensée que vous avez eue de vous adjoindre aux bons Frères de Saint-Vincent de Paul. Je suis persuadé que cette œuvre, comme toutes celles qui viennent d'une inspiration d'en haut, est destinée à prospérer sur la terre pour le soulagement d'un grand nombre de pauvres délaissés. Vous apprendrez avec plaisir, si vous ne le savez déjà, que M. Le Prevost, le supérieur, se prépare à recevoir les ordres. Ce sera, je n'en doute point, une sérieuse garantie de succès pour son œuvre. Il est bien vrai que tous les enfants de Dieu sont enrôlés dans une milice. Tous sont armés chevaliers par le sacrement de Confirmation. Mais c'est le sacrement de l'Ordre, avec la mission des Supérieurs ecclésiastiques, qui donne et confère la grâce de chefs, pour représenter Jésus-Christ, chef invisible et universel de cette glorieuse armée. Puissent les fidèles laïques en être toujours bien persuadés, et les prêtres montrer toujours un tel esprit de modestie, de dévouement, d'abnégation et de zèle, qu'ils ne donnent aucune prise à l'envie, que le démon cherche toujours à faire germer parmi les Frères ! » [1]

Le 27 septembre 1860 fut le jour où la lumière de la vocation apparut sans ombre à l'âme du Directeur de l'Œuvre des Jeunes-Ouvriers de Metz. En ce jour, il y avait deux cents ans que quelques prêtres, à genoux auprès d'un saint vieillard, lui demandaient une dernière bénédiction : « Monsieur Vincent, donnez votre bénédiction à votre famille de Saint-Lazare ! » Et le Saint, réunissant ses forces, lève la main et

---

1. Lettre du 2 mars 1800.

répond : « Dieu la bénisse ! » et il ajoute : « *Qui cœpit opus, ipse perficiet* ; Celui qui a commencé l'ouvrage l'accomplira. — Monsieur, et pour les messieurs de la Conférence ? — Oui. — Pour les Dames de la Charité ? — Oui. — Pour tous les bienfaiteurs et amis ? — Oui. » Et, après un quart d'heure d'agonie, sans convulsions ni efforts, son âme était retournée à Dieu. Il était mort dans son fauteuil, il demeura assis ; seulement, son visage prit un aspect de beauté vénérable, qui était comme un reflet envoyé du ciel par son âme bienheureuse.

Ce saint anniversaire fut célébré dans toute l'Église par un jubilé, accordé par le Saint-Père, qui commença le 18 septembre pour durer jusqu'au 4 octobre. M. Risse supplia Saint Vincent de Paul de vouloir bien aussi, à cette occasion, lui assurer une part aux bénédictions précieuses données le jour de sa mort. Saint Vincent agréa la prière de son zélé serviteur, en l'adoptant d'une manière spéciale pour son enfant.

« Depuis le 200ᵉ anniversaire de Saint Vincent de Paul, écrit M. Risse dans une lettre dont nous avons déjà cité les premières lignes en tête de ce chapitre, Dieu me donne des grâces et des lumières singulières, je ne rêve plus que communauté, que vœux, que détachement, et je sens au cœur un attrait et une joie suave que je n'avais jamais goûtée. » Cette lettre est adressée à M. Le Prevost, Supérieur des Frères de Saint-Vincent de Paul, et datée du 29 octobre 1860 ; nous voulons la citer tout entière, parce qu'elle est un reflet des sentiments de l'âme ardente du fondateur de la société de l'Enfant-Jésus, et qu'elle nous retrace toute l'histoire de l'union de cette Œuvre à la Congrégation des Frères de Saint-Vincent de Paul :

« J'ai été trouver notre Saint Évêque, continue

M. Risse. Il m'a accueilli avec une bonté toute paternelle et m'a extrêmement encouragé. Vous seriez assez bon, mon excellent père, pour me laisser dans la bonne ville de Metz, dans un diocèse qui manque de prêtres en ce moment. Nous serions auxiliaires des bons curés des paroisses. Nous nous occuperions des enfants, des jeunes gens, des malheureux loin de Dieu depuis 30 ans, comme le Père Bernard, le pauvre prêtre. Nous prendrions ce que d'autres ne pourraient ou ne voudraient pas prendre. J'ai justement dans ma maison une réunion dite du Chauffoir, où tous les hommes des bas-fonds de la société se réunissent ; mais ils n'ont pas un prêtre, une âme pour les comprendre, et, avec mes jeunes Frères, nous pourrions les instruire, les sauver. Quelle magnifique mission ! Comme Claver, esclave des prolétaires pour toujours ! Ah ! Monsieur le Supérieur, voilà le rêve de bien des années qui va se réaliser. Que je vous remercie. Ce n'est pas une vocation que vous aurez, mais, avant quelques mois, peut-être deux autres vocations ecclésiastiques et au moins trois, si ce n'est quatre vocations laïques, bons et fervents, jeunes gens, formés depuis onze ans dans l'œuvre et qui ne demandent qu'à se sacrifier avec nous pour la pauvre société si malade ! Quel bonheur !

« Je me soumettrai en tout à vos saintes règles, que j'aime déjà sans les connaître, car elles doivent être inspirées par l'esprit si parfait de Saint Vincent. Mais voilà ce que je compterais faire avec ma petite communauté, quand elle aura fait son bon noviciat à Paris, à Vaugirard. Le matin, exercices de piété comme dans les communautés les plus ferventes, puis travail, prière et études sans visites ni parloir. Vers le milieu du jour, au moment du dîner des ouvriers, la mission extérieure dans les ateliers, pour

courir après les brebis égarées, prendre les renseignements, etc. Après la prière au retour, de 2 h. à 4 h.
je suppose, l'après-dîner, mission intérieure, instruction des chiffonniers, des dévoyés, préparant les voies
aux prêtres, dans une des salles de l'œuvre. Et le
soir, après le souper, de 7 h. ½ à 9 h., mission dans
les salles pour les jeunes ouvriers, la crème des ateliers de Metz, qui se réunissent tous les soirs chez nous.
Voilà en quatre grands mots quelle serait notre vie
jusqu'à la mort, avec les trois beaux et grands vœux
du religieux. C'est, je crois, ce que vous faites avec
les œuvres de patronage et les Saintes-Familles.

« J'ai justement une vaste maison, bien aérée,
isolée, tranquille comme une Chartreuse avec un
petit jardin, porterie, parloir, etc. Le second peut
être converti en cellules ; ce serait le local de la communauté, au premier et au rez-de-chaussée, les
salles des jeunes gens. Un charmant petit oratoire
où pourrait très facilement se dire la Sainte Messe,
en attendant qu'une grande remise puisse se convertir en une vaste Chapelle pour ma chère jeunesse
et les pauvres du Chauffoir, avec leur prêtre à eux.
J'ai 18 ans de bail, l'espérance de l'achat. Quand je
serai religieux, l'or affluera ; seul, il n'y a pas d'avenir
à l'œuvre, et je le comprends. J'ai à côté, touchant
à ma remise, un jardin plus vaste et un local à acheter
15 à 18.000 frs. qui, je l'espère, m'arrivera et formera
une vaste cour de récréation pour ma jeunesse.

« Suis-je dans l'illusion, mon bon père, ou est-ce
bien là l'esprit de votre excellent Institut ? Vous
m'écrirez quelquefois, n'est-ce pas ? Vos douces
paroles m'ont fait tant de bien.

« Mais l'argent, dit Monseigneur ; vous n'avez
rien. — Non, j'ai tout donné. Je suis fils de militaire. Mais je compte sur Saint Vincent, et avant tout,

sur l'adorable Providence. Et puis, pauvre, on vit de peu. Et puis ma quête annuelle me rapporte de 7 à 8.000 fr. ; et puis un Frère ecclésiastique pourrait bien être aumônier de ma pieuse maison d'orphelins, avec 1500 fr. de traitement, et puis l'Œuvre du Chauffoir qui paiera son aumônier, et puis les messes, et puis les dons. Pas de raisonnements ; Dieu y pourvoira. Un saint jeune homme fort riche, qui a quitté le barreau pour se faire Capucin, mais que sa santé empêche de poursuivre son projet, peut et veut, je crois, s'adjoindre à nous. Et puis vous êtes si bon, si désintéressé, que cette parole m'a été au cœur ! Ah ! si les dons arrivent, je n'oublierai certes pas la Maison-Mère qui m'aura fait sortir des langes ! Et puis la faculté de ne faire que quelques mois de noviciat ; comme tout est facile ! Comme vous m'aplanissez les voies ! Voilà 13 ans que je laboure la terre des âmes de la jeunesse. Je suis presque un vieux routier. Malgré mes 37 ans, j'ai gardé pendant 15 ans mon saint règlement de Saint-Sulpice, à mon corps défendant, seul, sans cloches, sans admoniteur, avec la grâce de Dieu seule. Ah ! la vie de Communauté sera un bonheur pour moi. Mes trois années de Saint-Sulpice ont été des années d'or. Quand j'entre dans une communauté, mon visage s'épanouit, je change, je suis le poisson qui rentre dans l'eau. Ah ! bon père, avec la grâce de Dieu, malgré ma mauvaise tête, mon entêtement, ma vivacité et ma pétulance exagérée, ah ! je l'espère, vous aurez un fils, un enfant, un disciple bien souple, bien docile, bien aimant, bien dévoué.

« Ainsi donc, j'ai commencé le postulat. Je vais réunir toutes les semaines mes quatre postulants, prier Saint Vincent avec eux le soir, après le départ des autres, et les préparer plus directement, par une piété plus fervente, à leur noviciat. Mais, je vous en prie, indiquez-nous d'avance quelques exercices pour ne pas nous fourvoyer, livre de méditation, de lecture spirituelle, peut-être le petit Office de la Sainte Vierge, quelques conseils pratiques. Je serai heureux de me soumettre à tout, comme le dernier des postulants. Si je souffre, tant mieux, je mettrai tout au pied de la Croix. Je m'attends à des difficultés, à des obstacles ; vos frères peuvent régénérer la basse classe de Metz, le démon doit rugir. Tant mieux, Dieu sera avec ses enfants. Ah ! croyez bien que nous prions et que nous allons tous les jours prier pour notre bon père et sa sainte communauté. Je pense dans quelques mois, vers Pâques, ou avant peut-être, aller vous voir à Paris, vous amener quelques novices. Je viendrais 6 ou 7 mois après, faire mon noviciat, je ramènerais mon petit troupeau et nous commencerions l'Œuvre et la Communauté. Bien des vocations se préparent. Bon père, avant trois ans, je vous enverrai, pour Paris et les autres maisons, de nombreux novices, qui vous paieront un peu par leur dévouement de ce que vous aurez bien voulu faire pour la bonne ville de Metz.

« En attendant une seconde et bonne lettre et une direction, croyez bien au respectueux, mais aussi filial dévouement de votre futur enfant.

L'abbé RISSE.

« Priez bien pour la réussite de ces beaux projets. Sans Jésus nous ne sommes que des misérables. Je ne pourrai rien, moi et les miens qu'en celui qui me fortifie. »

M. Risse était donc enfin fixé dans sa vocation et son œuvre était définitivement fondée. A cette nouvelle, le vénérable Chanoine Bureaux ne peut retenir sa plume et s'empresse de le féliciter, de l'affermir dans ses projets : « Votre nouvelle communication, qui m'arrive à l'instant, est pour moi la plus haute sanction de votre œuvre, *Digitus Dei est hic* [1]. Et cela c'est mille et mille fois plus qu'une bourse de cent mille francs qu'on vous eût apportée. Suivez les inspirations d'en-haut, qui élèvent et consolident seules les édifices durables, marqués du sceau divin. Chantez donc les strophes de la jubilation. *Te Deum laudamus... te in æternum confitemur* [2]. Pour moi, pas le plus petit doute que vous êtes plus que jamais dans votre voie... » [3].

Il n'y avait plus d'hésitation possible. M. l'abbé Lantiez, membre du Conseil de la Congrégation des Frères de Saint-Vincent de Paul, vint à Metz dans les premiers jours de décembre, pour voir l'œuvre et conclure les derniers arrangements. La Divine Providence avait tout préparé ; aussi n'y eût-il pas de mission plus facile et plus courte que celle-là. L'abbé Risse remercia avec effusion M. le Prevost de lui avoir envoyé un homme avec lequel il avait passé des heures si délicieuses, et qui l'avait si bien compris.

Deux mois plus tard, le futur Frère de Saint-Vincent de Paul s'acheminait vers Paris, en compagnie de quatre jeunes ouvriers, membres de l'Œuvre, désireux de se consacrer à Dieu pour le service des ouvriers leurs frères. Il les offrit à M. Le Prevost comme les prémices de son œuvre, et revint à Metz pour attendre dans le calme et la paix de la confiance et de la plus entière soumission l'heure où Dieu l'appellerait à son tour. La vue de l'humble

---

1. Le doigt de Dieu est là.
2. Dieu, nous vous louons... nous vous confessons pour l'éternité.
3. Lettre du 14 novembre 1860,

communauté de Vaugirard l'avait à jamais affermi dans son dessein de s'unir à elle. Il y avait trouvé, comme il le dit dans ses notes spirituelles, le zèle, le travail, la piété, la condescendance, la pauvreté avec ses petites gênes, la pauvreté sentie, et non pas cette pauvreté où l'on ne manque de rien et où l'on retrouve un peu du confortable du monde, en un mot la croix du Sauveur. « La nature, ajoute-t-il, s'est révoltée un peu. Mais la grâce et le cœur m'ont dit que c'était là un vrai trésor... Et j'attends maintenant en paix et avec bonheur l'heureux moment où je pourrai tout de bon me former à cette vie. »

Cet heureux moment ne devait plus tarder. Mais auparavant, M. Risse voulut faire une retraite d'élection. Le désir lui en vint au cœur durant sa récollection habituelle de trois jours, au moment de Pâques, qu'il fit cette année au petit Séminaire de Montigny.

Il mit ce bon désir à exécution au commencement du mois de juillet de la même année. Voici le résultat de ses salutaires réflexions tel qu'il l'a lui-même consigné par écrit.

RÉSUMÉ DES RÉSOLUTIONS JOURNALIÈRES QUE J'AI PRISES PENDANT MA RETRAITE, OU FORMULE DE MON ÉLECTION POUR LA VIE RELIGIEUSE DANS LA COMMUNAUTÉ DES FRÈRES DE SAINT-VINCENT DE PAUL, A VAUGIRARD.

Le 5 juillet 1861, jour du Sacré-Cœur, dans la maison des RR. PP. Jésuites de Saint-Clément, à Metz.

Euge serve bone et fidelis, intra in gaudium Domini tui [1].

---

1. Courage, bon et fidèle serviteur ; entre dans la joie de ton Seigneur (S. Mat. XXV, 21).

Prélude

« Doux Jésus ! En ce moment où, sur l'ordre de mon Directeur, je vais résumer tous les motifs nombreux et puissants que vous avez daigné m'inspirer à tous les instants de cette bienheureuse retraite et qui me déterminent, à n'en pas douter, à quitter la vie séculière, à me quitter moi-même et les créatures, à renoncer à tout et à me dégager de tout, pour embrasser la vie religieuse, vous faire un sacrifice, un holocauste complet de mon corps, de mes biens, de ma volonté surtout, ô divin et excellent Maître, ô Dieu et Seigneur de mon âme, je ne puis comprimer, en commençant, un sentiment vif et ardent de la plus tendre reconnaissance.

« Toute ma vie et à tous les instants de ma vie, vous avez été pour moi, malgré mes ingratitudes et mes infidélités innombrables, le père, l'ami, la mère la plus tendre et la plus empressée. Vous m'avez réellement couvé et maintenu à l'ombre de vos ailes divines, comme vous l'avez dit de Jérusalem ; et je dois m'écrier aujourd'hui et jusqu'à la mort : « *Gratias Deo super inenarrabili dono ejus ! — Quid retribuam Domino, pro omnibus quae retribuit mihi ?*[1].

« Vous m'avez donné des parents chrétiens et vigilants, un père sévère, qui a gardé mon enfance des amis pervers et de la corruption. Élevé dans une pension chrétienne, j'ai eu le bonheur de vous recevoir saintement au jour de la première communion. Vous avez continué à me garder dans les années si périlleuses du collège... Loin de m'abandonner à

---

1. Grâces à Dieu pour sa largesse inénarrable ! Que rendrai-je au Seigneur pour tout ce qu'il m'a accordé ? (II Cor. IX, 15 ; Ps. CXV, 12).

ma faiblesse, vous avez envoyé sur ma route un ange,
ma sœur, qui, dans le cadeau qu'elle m'a fait d'un
livre parfait, *Jésus-Christ parlant au cœur du jeune
homme*, a opéré dans mon cœur une conversion
sérieuse et solide [1].

« Ce premier élan de retour et de ferveur, sans
que j'aie en aucune manière mérité tant de faveurs
de votre part, vous l'avez récompensé en m'appelant au sacerdoce. Années pures et saintes de mon
séminaire, ah ! je ne vous oublierai jamais ! J'ai
trouvé là le paradis, l'image de la vie religieuse, un
pur et suave bonheur dans l'obéissance absolue et
parfaite, dans une chasteté intègre et entière, dans
la pratique même de la pauvreté. (Mes parents
étaient dans la gêne pour moi.)

« ... Dans vos desseins d'amour, vous me confiez
l'éducation des enfants riches, après m'avoir confié
à Paris l'éducation des enfants pauvres dans les
catéchismes, pour me préparer de loin au beau ministère que vous me destiniez... Votre main divine me
gâte encore comme un enfant de choix et de prédilection. Vous poussez la bonté jusqu'à me donner
votre propre ministère, le ministère des hommes,
des pauvres, des enfants : « *Evangelizare pauperibus
misit me. — Sinite parvulos venire ad me* [2] »... Vous
me donnez la facilité de suivre ce qui avait fait
mes délices à Paris, une règle fixe et stable, image
imparfaite de la vie religieuse. J'ai du temps pour
prier, pour lire, pour travailler. Je ne m'occupe
aucunement des choses temporelles Je suis en
pension chez ma mère ; je puis me sevrer de toute

---

1. Conversion seconde, qui affermit dans le bien ; la conversion
première est celle du pécheur qui revient à Dieu et sans doute
M. Risse n'en eut jamais besoin.

2. Il m'a envoyé pour évangéliser les pauvres. — **Laissez les**
enfants venir à moi (S. Luc, IV, 18 ; S. Marc, X, 14).

visite mondaine et inutile ; là je trouve dans une famille chrétienne, un délassement suffisant... Vous m'inspirez de consacrer mes soirées et mes dimanches aux jeunes gens de la classe ouvrière. Vous me donnez une sainte passion pour cette œuvre, un aliment pur et saint à mon activité exubérante.

« Votre bonté ne se lasse pas. Elle m'appelle à Angers, elle me fait connaître les saints Frères de Saint-Vincent de Paul. Elle fait naître en mon cœur ou ravive un désir de vie religieuse en germe en mon âme depuis longtemps... Il est encore vague, indéterminé. Mais je sens vivement mon isolement et mon impuissance, la nécessité absolue d'être plusieurs pour sauver notre chère jeunesse et me sauver moi-même...

« Les désirs de sainteté et de perfection grandissent dans mon âme. Je suis effrayé de prier si peu et si mal, de travailler si peu et si mal, d'être débordé par la besogne et de me trouver seul avec mon impuissance, écrasé par un fardeau que je ne puis plus porter. — Votre grâce souffle alors au cœur de quatre jeunes ouvriers... Pour eux, je me mets en rapport avec les bons Frères de Vaugirard et, un jour après les fêtes de Noël (26 décembre 1860), vous daignez me parler vivement et clairement au cœur. — Je sens, à n'en pas douter, la touche de la grâce. Je vois en un tableau complet ma communauté future, le règlement et la vie de cette communauté. — Je crie, j'appelle, j'aspire. — Je fais part de mes impressions au Supérieur Général. Il m'ouvre ses bras et son cœur ; et puis... je retombe dans mes ténèbres, mes sécheresses, mes angoisses, mon agitation fébrile, mes troubles, mes misères — Mon cœur était pourtant blessé. Sans cesse je pensais à Paris, souvent j'écrivais à Paris. Le mot de Frère de Saint-Vincent de Paul faisait battre délicieusement mon cœur. Malgré moi, tout convergeait vers ce but. Je préparais et disposais instinctivement tout ce qui devait réaliser ce grand dessein. — J'ouvre mon cœur à mon saint Évêque ; il daigne m'encourager, me faire espérer. Il croit y voir la volonté de Dieu, il m'engage à la prière, à la patience. Mon Directeur me dit la même chose. Mes anciens Directeurs de Paris accueillent avec joie ma proposition. Vous daignez même, ô Jésus, briser l'obstacle le plus puissant à mes yeux, l'affection de mes parents, en éclairant, dirigeant et inclinant leur cœur. Vous me donnez chez moi le moyen de briser les obstacles matériels, de vider la maison de tous les étrangers qui l'occupaient. — O Jésus ! je ne fais qu'effleurer le récit de votre tendresse et de vos bienfaits innombrables.

« Donc en ce moment, au pied de mon crucifix, après la célébration de la sainte messe, en présence du Cœur de Jésus percé pour mon amour, en présence de Marie, de Saint Joseph, de Saint Vincent de Paul et des Saints Anges, après la méditation des deux étendards qui me fait m'attacher pour toujours à Jésus-Christ, après la méditation surtout des diverses classes d'hommes qui appartiennent à Notre Seigneur, le délai n'est plus possible, le doute n'existe plus, je dois prendre le grand remède, aller à la source même du mal, arracher la racine maudite de l'arbre, et prendre cette grande, cette décisive résolution et détermination, qui va assurer mon bonheur, mon salut, le salut de l'œuvre, et tendre à la plus grande gloire de mon Jésus.

« D'après le conseil et même sur l'ordre de mon Directeur, organe de Dieu à mon égard : « *Qui vos audit, me audit* » [1], je formule ainsi mon désir de me consacrer bientôt et le plus tôt possible à Notre Seigneur, pleinement, généreusement et entièrement, dans la vie religieuse, chez les Frères de Saint-Vincent de Paul, en me conformant en tout, pour le lieu, le temps et la manière, au bon vouloir de Jésus : « *Non mea voluntas, sed tua fiat !* » (2).

MOTIFS DE MA DÉTERMINATION

« Ils sont innombrables. Je ne consigne que les principaux, qui ont fait le plus d'impression sur mon cœur...

« 1er *motif : l'obéissance.* — Dieu parle. Il est le Maître, mon Créateur... Que suis-je ? Néant, créature, esclave, pour dire non ?

« Il m'appelle : le cœur me le disait confusément depuis longtemps ; mon Évêque et mes directeurs de Metz me le disent, le Supérieur et les Directeurs de Paris me le disent ; les besoins de l'œuvre qui ne peut plus se soutenir sans communauté, me le disent ; mes imperfections, mes misères, ma mauvaise nature non domptée et matée, et qui a besoin du frein religieux, me le crient ; ma retraite surtout, Jésus qui a parlé, non une fois, mais cent fois à mon cœur, comme mes résolutions de chaque jour en font foi, me le disent...

« 2e *motif : la reconnaissance.* — Je l'ai dit, je l'ai vu : j'ai été un enfant gâté par Jésus... Prévenu de cet attrait de grâce pour la vie parfaite, quelle faveur immense ! quel privilège ! Je donnerais tout mon sommeil, tous mes membres, tout mon sang, une

---

1. Qui vous écoute, m'écoute (S. Luc, X, 16).
2. Que ce ne soit pas ma volonté, mais la vôtre qui se fasse (S. Luc, XXII, 42).

vie entière de prison, la chaîne au cou, le boulet au pied, au pain et à l'eau, sur un gril de feu, que je ne donnerais que la millionième partie de ce que je dois pour acquitter ma dette de reconnaissance. Ah ! merci, mon Jésus, de ce que vous vous contentez de si peu...

« Jésus, je vous offre de grand cœur mes biens, mon corps, mon âme, mes sens, tout ce qui m'appartient : « *Dominus pars* » [1]. Tout vous appartient déjà ; je ne vous rends que ce qui est à vous : « *Depositum custodi* » [2]. Oh ! que tout sera mieux gardé et sauvé par vous.

« *3e motif : la pénitence.* — Oh ! Jésus, uni à vous, victime innocente du Calvaire, je vais être prêtre, victime, immolé avec vous : « *Si compatimur, ut et conglorificemur. — Adimplo quae desunt passionum Christi in carne mea* » [3].

«... Tous les Saints, tous les missionnaires ont souffert et se sont mortifiés pour les âmes. Donc je n'en ferais pas encore assez, si toute ma vie était vouée aux larmes, à la Trappe, aux cilices, aux disciplines sanglantes.

« Merci, ô Jésus, de ce que vous me demandez si peu... De grand cœur je veux donc la pauvreté..., la chasteté religieuse (la clôture, le parloir, la fuite des visites et des dîners inutiles...) ; mille fois je veux l'obéissance pour expier mes vains caprices, mes colères, mes irritations, mes emportements...

« *4e motif : le désir de la perfection.* — J'ai toujours été frappé de ces paroles de la sainte Écriture :

---

1. Le Seigneur est mon partage (Ps. XV, 5).
2. Prenez en garde mon dépôt (II Tim. I, 14).
3. Si nous souffrons avec Jésus, c'est aussi pour être glorifiés avec lui. — Je complète dans ma chair ce qui manque aux souffrances de Jésus-Christ (Rom. VIII, 17 ; Col. I, 24).

« *Sancti estote, quia ego sanctus sum — Estote per-
fecti, sicut et Pater vester caelestis perfectus est —
Qui sanctus est, sanctificetur adhuc* » [1]. J'ai toujours
eu soif et faim, une soif et une faim ardente de faire
la volonté de Dieu complètement et parfaitement,
et de me sanctifier réellement dans la force du terme,
jusqu'à ne pas laisser dans mon cœur une seule fibre
qui ne soit tout imprégnée de l'amour de Dieu et
dégagée de toute affection terrestre. Eh bien ! l'occasion, les circonstances se présentent d'être parfait.
Puis-je hésiter à suivre le conseil de Jésus et à devenir le plus parfait possible, afin de plaire davantage
à Jésus et de le glorifier davantage ? « *Si vis perfectus esse, vende quae habes* [2] ». « Laissez-là vos filets,
votre père, a-t-il été dit aux Apôtres ; laissez aux
morts le soin d'ensevelir leurs morts — *Sequere me* [3]
— Celui qui aime son père ou sa mère plus que moi,
n'est pas digne de moi, n'est plus mon disciple ».
Oh Jésus, n'étant plus embarrassé des biens de ce
monde, des rapports avec le monde,... des caprices
de ma volonté,... ne voyant que Dieu, ne voulant que
Dieu, ne cherchant et ne faisant en tout que l'adorable volonté de Dieu manifestée par ma règle, je
suis saint, je suis parfait, je plais à Jésus, je le dédom-
mage de tant d'outrages qu'il reçoit partout et sans
cesse. O délices ! O bonheur !

« *Melius facit* », a dit Saint Paul [4]. Je fais mieux
par les vœux ! Cela me suffit. »

Il nous faut abréger cette citation déjà longue et

----

1. Soyez saints, parce que je suis saint. — Soyez parfaits comme
votre Père céleste est parfait. — Que celui qui est saint, se sanctifie
encore plus (Lévit. XI, 44 ; S. Mat. V, 48 ; Apoc. XXII, 11).

2. Si vous voulez être parfait, vendez tous vos biens (S. Mat.
XIX, 21 .

3. Suivez-moi (S. Luc, XVIII, 22).

4. Il fait mieux (I Co . VII, 38)

ne donner le développement que des motifs ayant un caractère plus spécial.

Le 5ᵉ motif que donne M. Risse de son élection, est *l'imitation de Jésus-Christ* ; le *6ᵉ motif, le zèle des âmes* ; le *7ᵉ motif, la pensée de la mort et de l'enfer.*

Reprenons la citation :

« *8ᵉ motif : le côté faible de mon âme.* — ... Plein d'orgueil, d'amour-propre, de recherche personnelle, quel bonheur quand le moi sera anéanti et perdu dans la communauté ; quand je pourrai plus facilement me cacher sous le nom d'un autre ; quand je serai forcé de m'habituer à *plier* sans raisonner, et à vaincre mon caractère pour maintenir la charité et la bonne harmonie entre tous, brisant ma volonté sous le joug de l'obéissance : « *Quae placita sunt ei facio semper* » [1].

« Enfin je suis agité, troublé, impressionnable à l'excès. Le règlement mettra de l'ordre dans mes occupations. Le noviciat excitera et règlera l'activité naturelle et excessive. La division du travail me laissera plus de temps pour les exercices et par conséquent me donnera plus de facilité pour les faire avec calme et douceur, dans la suavité du Saint-Esprit : « *Supportantes invicem. — Discite a me quia mitis sum et humilis corde* » [2].

« Oh ! précieuse possession de moi-même qui me manque totalement, j'aurai le bonheur de t'avoir : « *In patientia vestra, possidebitis animas vestras* » [3].

Dirigé par un Supérieur, j'arriverai à cette prudence, à cette discrétion, à cette sagesse, à ce calme que je ne connais pas : j'aurai doublé mes forces.

---

1. Je fais toujours ce qui lui plaît (S. Jean, VIII, 29).

2. Vous supportant les uns les autres. — Apprenez de moi que je suis doux et humble de cœur (Col. III, 13 ; S. Mat. XI, 29).

3. Dans la patience, vous posséderez vos âmes (S. Luc, XXI, 19).

« *9e motif : le bien de l'œuvre.* — Dieu, sans que je l'aie cherché, m'a confié l'œuvre de la jeunesse. Le motif du salut des âmes des jeunes ouvriers m'a seul guidé. Mon Évêque a approuvé et encouragé mes premiers efforts. L'œuvre a grandi ; sans aides, elle ne peut se soutenir. La surveillance n'est plus possible ; et, sans surveillance, l'agglomération des jeunes gens est dangereuse et peut conduire aux excès. Je réponds donc devant Dieu des âmes qui vont se perdre. « *Vœ soli !* » Malheur à celui qui est seul ! »[1]. L'adjonction de simples laïcs ou de prêtres libres est impossible ou imparfaite. Je l'ai essayée douze ans sans pouvoir y parvenir. Il me faut des hommes de dévouement, et il n'y a pas de dévouement complet et entier sans les principes chrétiens, sans la consécration parfaite à Dieu par les trois vœux. Si ceux qui m'entourent aiment l'argent, le plaisir ou leur volonté propre, ce sont des obstacles au bien et non plus des moyens . Il faut de plus des hommes formés de longue main à ce ministère difficile, brisés au noviciat, habitués au train de ces œuvres. Il me faut les Frères de Saint-Vincent de Paul, mélangeant l'élément laïc et le sacerdotal qui est indispensable aux œuvres d'ouvriers. Je les ai vus, je les connais, toute ma sympathie est pour eux. Les résultats qu'ils obtiennent dans les œuvres, montrent que Dieu est avec eux. Mgr l'Archevêque [2] les bénit et les encourage ; tous les saints prêtres parlent de même. Mais il y a une condition essentielle à leur possession ; je dois être un des leurs. Donc Dieu, voulant la fin, veut les moyens ; donc Dieu m'ordonne de m'adjoindre à eux et commande ma vocation.

---

1. Eccle. IV, 10.
2. Le Cardinal Morlot, Archevêque de Paris.

« Oh ! alors, par la division des forces, on peut admettre plus de jeunes gens. Les membres deviennent plus fervents, mieux surveillés ; des vocations plus nombreuses naissent et grandissent, des traditions s'établissent, l'avenir est assuré pour l'œuvre à Metz. Ce n'est pas le bien d'un moment, c'est le bien qui se perpétue indéfiniment, et non un château de cartes renversé par le premier coup de vent. Quelle joie pour un cœur sacerdotal de répandre le feu du zèle que Jésus est venu apporter sur la terre et qu'il veut voir brûler tous les cœurs ! Quand je n'aurais à attendre de ma détermination que peines, embarras, sacrifices, angoisses, douleurs ; par ce motif pur du bien des âmes, ô mon Jésus, je l'accepte encore et l'embrasse. Je l'exécuterai coûte que coûte et contre tout.

« 10e *motif : le bien général de l'Église.* — Il y a une grande lacune. L'enfant de l'école est abandonné dès l'apprentissage et fuit Dieu et l'Église. Les Frères de Saint-Vincent de Paul veulent remplir cette lacune, garder cet enfant, le faire encore prier et communier, l'attirer par des jeux pour le sanctifier ; ensuite apporter un remède à la plaie, à la gangrène des ateliers, reformer des ateliers chrétiens, créer des arches de salut pour les enfants des campagnes qui viennent dans nos villes ou pour les jeunes gens qui voyagent. Ils sont peu ; la moisson est abondante. Quel motif pour un cœur sacerdotal de venir à leur secours pour éteindre l'incendie, de seconder leurs efforts, de mettre ensemble avec eux le peu de bonne volonté que j'ai au cœur ; de participer avec peine et effort à ce douloureux enfantement d'une œuvre de Dieu dans l'enfance, en faisant à Dieu, pour le bien de l'œuvre, le sacrifice des consolations plus abondantes que l'on goûte dans un de ces ordres

anciens dont la règle et les traditions sont toutes
faites, qui ont la gloire de posséder des saints canonisés... ; et de se jeter en aveugle dans les bras de
Dieu..

« Ah ! garder à Jésus des hommes, former des
chrétiens, arracher au démon des jeunes gens, la
proie ordinaire et habituelle de Satan, les garder
purs, intacts, saints, tout à Dieu : ô tâche difficile,
mais tâche noble, digne d'exciter l'ambition d'une
âme sacerdotale ! Empêcher la foi et les mœurs de
défaillir !

« O Jésus, vous garder des amis et des enfants ;
paître, comme Pierre, les agneaux : « *Pasce agnos
meos* » [1] ! Je le veux et je l'accepte de grand cœur.

« *IIe motif : la plus grande gloire de Dieu.* — « *Ad
majorem Dei gloriam* [2] », c'est la belle maxime de
Saint Ignace. Servir Dieu, le faire servir et aimer,
plaire à ce doux Sauveur si oublié, si outragé ; lui
former des adorateurs ; oh ! c'est le motif de la charité
pure, de la charité parfaite, de la reine des vertus.
Oh ! mon cœur se fend d'amour quand il songe à ses
bienfaits, à la croix, au Calvaire. Je dois donc rendre
amour pour amour, et, quand vous me demandez si
je vous aime, je vous réponds : mais oui, je vous
aime. — Eh bien, pais mes agneaux, consacre toute
ta vie à paître mon troupeau et la partie la plus
difficile et la plus précieuse, la jeunesse ; ce sera là
l'amour *effectif* et *crucifié* que je demande de toi,
ta grande pénitence. — Oh Jésus ! le faire, et le faire
pour toujours, et le faire plus abondamment, plus
efficacement, plus saintement, dans la vie religieuse.
Oh ! que j'accepte de grand cœur cette proposition,
à la vie, à la mort, ô Jésus, et pour toujours. S'il

---

1. Paissez mes agneaux (S. Jean, XXI, 15, 16).
2. Pour la plus grande gloire de Dieu.

faut *souffrir*, s'il faut *mourir*, s'il faut être *attaché à la croix*, je suis prêt, ô Jésus ; soutenez-moi seulement de votre grâce et faites-moi atteindre le port : « *Eamus et nos ut moriamur cum eo* [1] ». C'est alors seulement que j'accomplirai parfaitement le grand précepte, que j'aimerai Dieu de tout mon cœur... »

Comme *12ᵉ motif*, M. Risse dit le charme qu'il aura à vivre sous le patronage spécial de *Saint Vincent de Paul*, à faire partie de sa famille.

Il trouve un *13ᵉ motif* dans le *bonheur intime du cœur* que donnent les faveurs réservées par Dieu à ses plus fidèles serviteurs et l'espérance mieux assurée de la gloire du paradis.

Enfin son dernier et *14ᵉ motif* est, dit-il, « *la décision de mon Directeur*, le P. P... d'une sainteté et d'une expérience consommées, le Père spirituel de la communauté des Pères Jésuites, et celle du Père Recteur, le P. S..., qui a décidé de tant de vocations. Oh ! que sa parole me va au cœur. Il n'y a plus à en douter : « *qui vos audit, me audit* [2] ». Il est pour moi l'organe de Dieu. Je n'ai rien caché ; j'ai ouvert mon cœur ; j'ai lu mes résolutions et mes motifs d'élection. Il me dit : « Ils viennent de Dieu, ils sont purs ; votre vocation pour moi est certaine. Plus de doute, vous êtes réellement appelé par Dieu. » O parole suave, qui chasse toute crainte et toute inquiétude. Dieu m'appelle. Il me donnera donc tous les secours qui me seront nécessaires. Ah ! j'ai pleine confiance maintenant, ô bon Maître, « *in verbo tuo laxabo rete* [3] », à vous tout entier, sans partage et pour toujours ! »

---

1. Allons-y nous aussi pour mourir avec lui (S. Jean, XI, 16).
2. Qui vous écoute, m'écoute (S. Luc, X, 16).
3. Sur votre parole, je lancerai le filet (S. Luc, V, 5).

M. Risse termine ainsi son élection :

OFFRANDE ET PRIÈRE

« J'ai été heureux et je suis heureux, ô Jésus, comme au Thabor — et, si je n'écoutais que la paresse et la lâcheté naturelles, je dirais : « *Bonum est nos hic esse* [1] », dressons-y trois tentes pour toujours ! Mille fois merci de tant de faveurs non méritées.

« Je voudrais, comme les Apôtres au jour de l'Ascension, vous dire : « Restez avec nous, *mane nobiscum* » ; je voudrais ne pas vous quitter et rester les yeux sur vous, vous contemplant, jouissant du bonheur de votre présence, goûtant vos chastes délices.

« Ah ! vous ne le voulez pas, Jésus. Je ne suis pas encore au ciel pour jouir, mais sur la terre pour travailler, agir, sauver des âmes, acheter et conquérir mon ciel, faire pénitence de mes iniquités.

« Le lot des Chartreux et des contemplatifs n'est pas mon lot. Prêtre et bientôt religieux, je dois vous glorifier, mais vous glorifier aussi par la conversion des âmes, et unir ainsi les deux lois de la charité, Dieu et le prochain : aidant celui-ci par tout moi-même, par mes prières, mes pénitences, ma vie d'étude, de prédications, de confessions, de directions, de conseils, vie pénitente et laborieuse s'il en fût jamais ; et ainsi vouant à vous et aux âmes, comme Saint Vincent de Paul, mon esprit, mon âme, mon corps, mon temps, mes travaux, toute ma vie.

« Vous me dites : Que fais-tu là, homme oisif, à regarder le ciel ? Va travailler, prêche, agis, comme

---

1. Il nous est bon d'être ici (S. Mat. XVII, 4).

j'ai fait, en parcourant la Judée... Conquiers la couronne.

« O Jésus, je ne dois savoir qu'obéir. Bientôt j'aurai la solitude et le noviciat pour me préparer à un ministère plus étendu et plus laborieux encore (communauté, pensionnaires).

« En attendant, daignez recevoir l'offrande que je vous fais de ces deux mois de labeur et d'inquiétude. Ah ! faites que, dans ces embarras, je n'agisse que pour vous ; je garde mon âme, mon recueillement, ma paix, mon union avec vous ; que je n'agisse jamais que pour vous. Aplanissez les difficultés, prenez le gouvernail ; divin pilote, dirigez ma faible nacelle, conduisez-la au port. — Oh ! j'ai confiance, Bon Père, que vous ne m'appellez pas, que vous ne me tendez pas les bras pour les retirer ensuite et me laisser tomber. Vous ne donnez pas un scorpion à l'enfant qui vous demande un œuf ; et, quand je veux me donner tout à vous, ce n'est pas le moment pour vous de me repousser, de m'écraser, de me délaisser. Horrible et affreuse angoisse de le penser ! Non je suis plein d'espoir, vous êtes et vous serez à la vie, à la mort, mon Sauveur et mon Jésus.

« O Marie, étoile de la mer, dirigez aussi ma nacelle ; soyez ma boussole, sauvez votre enfant.

« O Joseph, l'ami des ouvriers et de ceux qui les aiment, soyez mon patron, mon ami spécial, mon protecteur, moi l'enfant de votre tendresse.

« O Vincent de Paul, dont je veux plus parfaitement imiter la vie en entrant en communauté pour me livrer aux mêmes œuvres que vous, dans les villes, ô soyez aussi mon patron, mon protecteur spécial. Nous suivons vos voies, nous aimons vos maximes.

« Doucement et avec Dieu. Tout par amour, rien par force.

« Je me jette en aveugle dans les bras de Jésus, à la vie, à la mort, tout à son amour.

« *In te, Domine, speravi, non confundar in aeter-num* [1] ».

---

1. C'est en vous, Seigneur, que j'ai mis ma confiance ; je ne sera pas éternellement confondu (Dernier verset du *Te Deum*).

CHAPITRE V

LE NOVICIAT

La Congrégation des Frères de Saint-Vincent de Paul a commencé, en l'année 1845, par quelques hommes, simples laïques, qu'un vif attrait pour les œuvres de zèle et de miséricorde avait rapprochés et qu'une même pensée avait frappés simultanément, savoir : que ces formes diverses, empruntées de nos jours par la charité pour attirer et gagner les âmes (institutions populaires, patronages, cercles, conférences, réunions pieuses, etc.), semblent bien réellement selon les vues de la divine Sagesse ; mais que, manquant généralement d'agents libres et dégagés pour les soutenir, elles languiraient bientôt impuissantes, si Dieu ne suscitait des âmes déprises de tout bien terrestre qui s'appliquassent uniquement à les développer et à les affermir. Après avoir fortifié en eux cette conviction par la prière et par des méditations répétées auprès des reliques du grand apôtre de la charité, Saint Vincent de Paul, ils se déterminèrent à s'en ouvrir au Pontife qui gouvernait alors le diocèse de Paris, Mgr Affre de glorieuse mémoire. Le Prélat les accueillit avec bonté, leur déclara que leur pensée était bien de Dieu, et les autorisa à se réunir pour en commencer l'exécution. Le 1er mars 1845, sous les auspices de Saint Joseph, l'humble artisan de Nazareth, ils s'installèrent dans la maison du Patronage des apprentis de la rue du Regard, connue depuis sous le nom de N.-D. de Nazareth.

Quelques jours après, le 3 mars, Mgr Angebault, Évêque d'Angers, directeur spirituel de l'un des premiers membres de l'Institut naissant, vint à Paris consacrer la première pierre de la fondation. Devant la châsse de Saint Vincent de Paul, découverte à sa demande, il offrit le Saint Sacrifice et communia les trois premiers Frères de Saint-Vincent de Paul. L'un d'eux, M. Le Prevost, ordonné prêtre plus tard, le 22 décembre 1860, quelques mois avant l'entrée de M. Risse dans la Congrégation, resta dès lors le chef de la famille [1].

Bientôt, les trois nouveaux frères acceptèrent une autre maison qu'on leur offrit à Grenelle, rue du Commerce. Là, sans abandonner leur Œuvre, à laquelle ils venaient vaquer chaque jour, ils pouvaient le matin et le soir s'initier au recueillement et à la régularité, dont ils sentaient impérieusement le besoin. C'est là que, le 15 octobre 1849, Mgr Sibour, successeur de Mgr Affre, les autorisa à établir chez eux une chapelle et à y conserver le Très Saint Sacrement. Deux membres nouveaux se joignirent à cette époque, à la petite communauté ; l'un d'eux était le premier prêtre de la Congrégation, M. l'abbé Planchat, qui plus tard versa glorieusement son sang dans les massacres de la rue Haxo, pour la cause de la religion.

Dès l'année 1851, l'Institut fut assez nombreux pour qu'on pût prendre à Paris une grande maison, et y établir un orphelinat où furent admis, moyen-

---

1. Les deux premiers compagnons de M. Le Prevost étaient M. Clément Myionnet, dont l'autobiographie a été publiée à la librairie Letouzey et Ané, et M. Maurice Maignen qui devait être, avec Albert de Mun, fondateur de l'Œuvre des Cercles Catholiques d'ouvriers. La Vie de Maurice Maignen par V. de Marolles est épuisée ; une nouvelle édition beaucoup plus complète est en préparation.

nant de très modiques pensions, de jeunes garçons de la classe ouvrière privés de leur père ou de leur mère. Cet établissement, fort agrandi depuis, a été transféré en 1854 dans un local acquis à Vaugirard par la Congrégation, et dans l'enceinte duquel fut installée dès lors la Maison-Mère.

Au moment où M. Risse embrassa la vie des Frères de Saint-Vincent de Paul la Congrégation avait déjà l'apparence d'un corps solidement constitué. Elle comptait près de cinquante membres, dont sept étaient prêtres. Elle dirigeait à Paris l'orphelinat de Vaugirard, le Cercle des Jeunes Ouvriers, dit du Montparnasse, avec les patronages de Notre-Dame de Nazareth [1], de Saint-Charles et de Notre-Dame de Grâce à Grenelle. En province, elle avait deux établissements, à Amiens et à Arras.

Rome n'avait pas encore approuvé la nouvelle communauté ; mais Nosseigneurs les Archevêques de Paris et les Évêques d'Angers, d'Amiens et d'Arras lui témoignaient la plus grande bienveillance. Mgr Angebault d'Angers était vraiment pour elle un père. Mgr Sibour avait désigné M. Dedove, Chanoine et Vicaire Général comme conseiller et protecteur de la Congrégation pour le diocèse de Paris. Son Éminence le Cardinal Morlot, successeur de Mgr Sibour, en maintes circonstances, lui prodiguait les témoignages de son affectueux et généreux intérêt.

Tel était l'Institut auquel M. Risse allait se donner pour toujours.

Il arriva à Vaugirard le lundi 9 septembre 1861. Soldat libre et isolé jusque-là, il allait s'enrôler sous

---

1. L'aumônier de Nazareth était le P. Hello, frère d'Ernest Hello, l'écrivain bien connu ; ce fut, avec M. Risse, l'un des modèles les plus accomplis des aumôniers de patronages ; sa Vie se trouve à la librairie Desclée.

la bannière de Saint Vincent de Paul et trouver
dans une compagnie régulière, la force que donne la
discipline et le nombre. Mais il lui fallait d'abord
subir la période de l'instruction, le noviciat. On
l'abrégea en faveur d'un vieux soldat qui avait déjà
fait ses preuves. Dès son arrivée, il écrivit à M. l'abbé
Bureaux : « Priez pour que je profite parfaitement
de tant de grâces, de tant de faveurs dont je suis
si indigne ; que je fasse en cinq mois ce que d'autres
doivent faire en un an, et que je revienne à mon
œuvre instruit, sanctifié, détaché de tout, brûlant
d'amour pour Dieu et pour mes frères, et prêt à me
sacrifier tout entier, avec de fervents auxiliaires, plus
que jamais sur le champ de bataille des œuvres.
Car c'est la devise de ces MM. de Saint-Vincent de
Paul, le travail, le travail, et encore le travail pour
Dieu et ses frères, se dépenser et mourir au poste de
l'action comme Jésus-Christ ».

Il lui en coûte de quitter son œuvre de Metz ; le
repos est pénible à son activité : « Du wagon lancé à
toute vapeur à Metz, je retombe au calme plat et à
l'immobilité du rocher. Mais j'en avais bien besoin.
Je m'en trouve bien. Dieu veuille que je profite parfaitement de ce calme, de cette solitude, de ce paradis
terrestre malgré ses rigueurs [1] ».

Les épreuves ne lui manquent pas ; mais il aime
sa nouvelle vie, il aime sa communauté : « De petites
difficultés sont venues les premiers jours me mettre
quelque peu à l'épreuve. Mais, Dieu soit loué ! les
petits nuages commencent à se dissiper. Je commence à
connaître cette humble et modeste, mais si simple,
si charitable, si fervente communauté. Je l'aime
comme on aime un enfant au berceau avec ses fai-
blesses et ses imperfections, mais aussi avec sa bonne

____

1. Lettre à sa sœur.

volonté et les charmes et l'entrain de son âge. Je l'aime, parce qu'elle aime Dieu, la Vierge Immaculée, Saint Joseph et Saint Vincent de Paul ; parce qu'elle aime les pauvres, les humbles, les orphelins, les enfants, les ouvriers, et que mon cœur bat parfaitement à l'unisson de son cœur. Je l'aime, parce que je trouve dans ces excellents Frères laïcs des hommes humbles et dévoués, pleins de déférence et de respect pour leurs Frères revêtus du Sacerdoce et pour leur caractère sacré, et tout prêts à nous aider dans les villes, comme de fervents auxiliaires, à sauver des âmes et à les conserver à Jésus-Christ. Je l'aime enfin, parce que son Supérieur Général, M. Le Prevost est un Saint, d'une prudence et d'un tact parfaits, d'une bonté et d'une piété d'ange. Hier, à l'occasion de la fête de Notre-Dame de la Salette, il arrachait des larmes de tous nos yeux, à la messe, quand il nous parla avec son cœur de cette bonne Mère. Voilà pourquoi je suis parfaitement heureux dans ma petite cellule [1] ».

Aimant sa famille religieuse, il se pénètre de son esprit : « A mesure que j'avance, je comprends mieux l'esprit de ma chère communauté, esprit d'abaissement, d'anéantissement, de simplicité, de pauvreté, de souffrances, de sacrifice, d'abnégation entière et parfaite, de dévouement entier et absolu aux pauvres, aux orphelins, aux enfants et aux ouvriers... Oh ! que Saint François aurait aimé notre pauvre noviciat de Vaugirard. La porte est vermoulue, à peine close, les terrains ne sont pas encore clos... La maison des orphelins est simple, mais neuve et a deux étages. Le noviciat, lui, n'a pas d'étage ; nous logeons tous au rez-de-chaussée. Les cellules sont petites et étroites... La chapelle est digne, mais simple... Au réfectoire,...

---

1. Lettre à un ami.

le régime de l'ouvrier, qu'il est dans l'esprit de la communauté de reproduire autant que possible, devant évangéliser l'ouvrier... Il n'y a pas d'office de nuit ; mais on veille tard le soir et on se lève de grand matin. Il me semble voir à chaque pas l'esprit de pénitence et de mortification [1] ».

M. Risse était bien dans sa vocation, dans l'état où Dieu voulait le sanctifier. Aussi éprouva-t-il bientôt la paix, la joie spirituelle que Dieu sait toujours donner à ceux qui accomplissent fidèlement sa sainte volonté. Dès le 26 septembre, il pouvait écrire à son vénérable Évêque : « En ce moment, Monseigneur, après les quinze premiers jours d'épreuve, mon affection pour cette sainte communauté ne fait que croître et grandir tous les jours ; et j'ai hâte de venir me jeter avec empressement en esprit à vos pieds et de baiser avec respect, mais aussi avec une tendre et filiale reconnaissance, cette main paternelle qui a daigné me bénir si affectueusement à mon départ. Si j'étais près de Votre Grandeur, je ne sais si je pourrais retenir des larmes de joie et de suave consolation, en pensant aux grâces et aux bienfaits que le cœur divin de Notre-Seigneur a daigné et daigne à tout instant encore m'accorder ».

Mgr Dupont des Loges lui répondit en l'encourageant à l'acquisition des vertus solides pendant la courte durée de son noviciat : « Votre lettre, mon cher abbé, m'a causé une bien douce consolation. J'ai béni Dieu, sans en être surpris, des grâces abondantes qu'il a déjà répandues sur vous, et par lesquelles il s'est pressé, en quelque sorte, de vous dédommager du sacrifice que vous lui avez fait en quittant Metz temporairement, afin de vous donner plus entièrement à lui. Votre noviciat sera court, il est vrai ;

---

1. A un autre ami.

mais si, comme je n'en doute point, vous allez droit au solide et à l'essentiel de la vie religieuse, qui est l'humilité et l'abnégation, vous ferez beaucoup de chemin en peu de temps ; et, quand vous nous reviendrez, vous serez, entre les mains du céleste ouvrier, un instrument utile *ad omne opus bonum paratum* [1] ».

Mais, pour bâtir le solide édifice des vertus, il faut tout d'abord en creuser les fondements par la retraite et l'examen. M. Risse fit sa retraite avec les autres membres de la Communauté, du 13 au 19 octobre. Le prédicateur était le R. P. Bertrand S. J., missionnaire au Maduré. Voici le résumé que fit M. Risse pour son usage manuel, des impressions et des résolutions qu'il avait développées dans ses feuilles de retraite :

« *Si quis vult post me venire abneget semetipsum, et tollat crucem suam quotidie et sequatur me* [2] ».

La croix et l'esprit de sacrifice

« 1° *Donation entière. Motifs.* — J'ai compris, ô mon bon Jésus, dès le commencement de la retraite, que je n'avais qu'un *devoir* à remplir en ce monde, qu'un seul moyen d'opérer mon salut et ma sanctification, de gagner le ciel et même de goûter un vrai et pur bonheur ici-bas, le bonheur du cœur : c'était de me détacher de moi-même et de toutes les créatures, pour n'aimer que mon Sauveur et mon Dieu, en ne faisant en tout et partout que son adorable *volonté* ; puisqu'il est mon Souverain Maître et Seigneur, mon Créateur et mon Père, dont les immenses

---

1. Prêt à tout bon travail (II Tim. II, 21). — Lettre du 6 octobre 1861.

2. Si quelqu'un veut venir à moi, qu'il renonce à soi-même, porte sa croix tous les jours et me suive (S. Luc, IX, 23).

bienfaits réclament une réciprocité parfaite d'amour et de dévouement.

« Surtout qu'il a ajouté à ses innombrables bienfaits celui de me séparer du monde, de briser tous les obstacles et de me faire parvenir à la sainte solitude du *noviciat*, où je puis me sanctifier à loisir ; sur la terre des Saints, dans la maison de Dieu, et sous l'œil de son infinie et divine Providence. Qu'il en soit mille fois et à jamais béni !

« 2° *La sainteté.* — J'ai donc conçu et renouvelé le désir *général* de ne chercher en tout et partout que l'adorable volonté de Dieu, pour l'embrasser et la suivre avec amour répétant souvent avec Saint Paul : « *Domine, quid me vis facere* [1] ? » O Jésus, je suis votre homme à jamais : « *Tuus sum ego, salvum me fac* [2] »...

« Oui, à l'exemple de *Saint Louis de Gonzague*, je veux pleurer toute ma vie les fautes de la vie passée, et veiller sur mon cœur de manière à ne plus commettre désormais une seule infidélité délibérée, comme lui. A l'exemple de *Sainte Catherine de Sienne*, je ne veux pas accorder le moindre consentement au plus léger mouvement de la nature ou des sens ; je veux en avoir même une horreur profonde. Je veux, comme *Sainte Thérèse*, sinon faire le vœu, au moins la promesse de tendre au plus parfait, de ne plus agir que par un principe d'amour et pour vous plaire. Je veux enfin arracher de mon cœur, comme *Saint François de Sales*, la plus petite fibre qui ne serait pas entièrement imprégnée de votre pure et divine charité.

« 3ᵉ *Obéissance — Règlement.* — Mais, pour *préciser* davantage ma résolution, et ne pas rester dans un

---

1. Seigneur, que voulez-vous que je fasse ? (Actes, IX, 6).
2. Je suis vôtre, sauvez-moi (Ps. CXVIII, 94).

vague qui ne produit pas de résultats assez fructueux dans la pratique, selon le conseil si sage et si prudent qui nous a été donné par notre bon Supérieur, et, pour appliquer à mon temps de noviciat les bons sentiments que la retraite a excités dans mon cœur, je prends la résolution de concentrer toutes les forces de mon esprit, de mon imagination, de mon cœur, de mon corps, de mon être tout entier, dans les saints *exercices* de mon noviciat, dans le saint *règlement* qui m'a été tracé, sûr de faire ainsi parfaitement par *l'obéissance*, l'adorable volonté de Dieu : « *Vir obediens loquetur victoriam* [1] » ; sûr de ressembler à Jésus, et de lui plaire sans cesse et en tout, à son exemple : « *Erat subditus illis* [2] ». Je suivrai donc, malgré les objections que me présente sans cesse le démon, ponctuellement et à la lettre, à la lettre, à la lettre, comme parle Saint François, tous les points et articles du règlement *général* de la maison et de mon règlement *particulier* : « *Qui regula vivit, Deo vivit* [3] », a dit Saint Grégoire de Nysse. Seulement, comme je trouve un grand attrait naturel dans cette vie de règle et de ponctualité, je tâcherai de n'agir ainsi que parce que Dieu le veut, et pour lui plaire...

« 4º *La paix et la douceur*, à l'encontre de l'empressement, défaut d'où vient l'activité propre. — Tout n'est pas encore fait par là. Il faut surtout que j'aille au cœur de la place, à l'âme ; que je constate les défauts, que j'arrache les obstacles qui s'opposent au règne de Jésus dans mon âme, au règne des vertus et de la divine charité. C'est le point essentiel que notre digne supérieur nous a encore indiqué, se vaincre : « *Violenti rapiunt illud* [4] ». Je le savais ;

1. L'homme obéissant chantera victoire (Prov. XXI, 28).
2. Il leur était soumis (S. Luc, II, 51).
3. Qui vit de la règle, vit de Dieu.
4. C'est par la force qu'on l'emporte (S. Mat. XI, 12).

mais le prédicateur de la retraite, et mon confesseur pour le moment, me l'a répété ; le grand obstacle au bien en moi est l'inquiétude, la défiance, la contention, la tristesse et le resserrement du cœur, le trouble, l'agitation, l'empressement, l'excès d'activité et de vie qui a sa racine dans l'orgueil. Et il m'a donné pour pratique journalière la possession de moi-même ; « *dominium mei* », le calme, la paix, la confiance, une sage lenteur dans les paroles, dans la marche, dans les actions, en tout moi-même, afin de me posséder toujours moi-même, vivant comme un enfant de paix, de confiance et d'amour, sous l'œil et sur le sein de mon bon Père céleste. « *Beati mites..., beati pacifici*[1] ». — J'ai vu ce matin, dans la méditation des deux étendards, que le démon n'était que trouble, confusion, agitation, orgueil, et que Jésus n'était que paix, calme, humilité et patience. Oh ! mon choix est fait...: « *Non in commotione Dominus*[2] »...

« Ah ! Jésus, vous qui calmez d'un mot la mer et les flots agités, venez seulement à mon secours, dites aussi un mot, et il se fera en moi un grand calme.

« Mais je demande un miracle, je suis téméraire. Mon directeur m'a dit encore que c'était une affaire de temps et de patience : « *In patientia vestra possidebitis animas vestras*[3] ». Je veux donc faire tout ce qui sera en moi, *prier* surtout beaucoup ; ne me rien pardonner ; en faire l'objet de mon examen particulier, me punir le soir, quand j'aurai manqué à ma résolution... m'humilier profondément, quand je me serai oublié ; puis supporter cependant avec

---

1. Bienheureux les doux, bienheureux les pacifiques (S. Mat. V, 4, 9).
2. Le Seigneur n'est pas dans l'agitation (III Rois, XIX, 11).
3. Vous posséderez vos âmes dans la patience (S. Luc, XXI, 19).

indulgence cet enfant gâté et rebelle, ramener doucement et calmer ce cheval fougueux qui s'est emporté ;
ensuite, par un retour doux, amoureux et confiant,
jeter un regard de tendresse à mon Jésus, lui montrer ma plaie, pour que ce charitable médecin la
panse et que cette brebis blessée et endolorie puisse
revenir néanmoins pleine de confiance au bercail,
portée sur ses divines et miséricordieuses épaules.

« 5° *L'humilité.* — Voilà pour l'extérieur. Mais,
dans la retraite, on m'a recommandé d'aller à la
racine, à la source du mal. La source, la cause de mes
agitations et de mes troubles, vient du misérable
orgueil qui remplit mon âme. Je ne suis pas effrayé
de ces terribles paroles : « *Superbis resistit. — Qui se
exaltat, humiliabitur. — Initium omnis peccati est
superbia* [1] ». Je n'ai pas compris que Satan n'était
qu'orgueil, et tout réprouvé avec lui. Je n'ai pas
encore médité l'admirable parole de Jésus : « *Discite a
me quia mitis sum et humilis corde* [2] ». J'oublie sans
cesse, que je ne suis qu'un échappé de l'enfer, qu'actuellement, sans la grâce, je serais capable des dernières
ignominies. Ah ! Jésus, je promets donc encore,
comme tous les Saints me le disent, avec Marie, de
m'anéantir sans cesse en moi-même devant vous :
« *Semetipsum exinanivit* [3] » ; de me dire sans cesse
la « servante du Seigneur », de renoncer fidèlement
à toutes ces vaines idées de l'orgueil, qui ne sortent
que de l'enfer, et qui ne sont inspirées que de Satan.
J'accepterai avec joie toutes les humiliations ; j'en
chercherai l'occasion...

---

1. Il résiste aux superbes. — Celui qui s'élève, sera humilié. —
L'origine de tout péché est l'orgueil S. Jacques, IV, 6 ; S. Luc, XIV,
11 ; Eccli. X, 15).

2. Apprenez de moi que je suis doux et humble de cœur (S. Mat.
XI, 29).

3. Il s'est anéanti lui-même (Phil. II, 7).

« 6° *La mortification intérieure et extérieure.* —
« *Tantum proficies, quantum tibi ipsi vim intuleris* [1] ».
Cet oracle de l'Imitation me fait comprendre que je
dois prendre une bonne résolution relative à la mortification, à l'esprit de sacrifice, à l'amour de la
croix et de la souffrance. J'appellerais volontiers
cette retraite, la retraite de la *croix.* Bientôt Frère de
Saint-Vincent de Paul et devant mener une vie
toute de dévouement et d'abnégation, j'ai besoin
d'être formé de longue main à cette divine école,
d'être habitué à marcher dans le chemin royal de la
croix. Voilà pourquoi j'ai eu cette semaine moins de
dévotion sensible. Malgré mes efforts, j'ai dû sans
cesse combattre contre l'abattement et la mollesse,
contre la tiédeur et la somnolence. Voilà pourquoi,
dès le commencement de la retraite, la pénitence du
réfectoire m'a parlé d'instruments de pénitence et de
mortification dans les repas [2]. Déjà mon saint Évêque
m'avait écrit que l'essentiel de la vie religieuse consistait dans l'abnégation et l'humilité. Saint Vincent de
Paul, par la bouche de notre bon supérieur, m'avait
.crié « que le véritable feu de l'amour divin consistait
dans l'amour de l'humiliation et de la souffrance, et
que tout le reste n'était que fumier ». Jésus me dit
dans l'Évangile que « si on veut être son disciple, il
faut se renoncer soi-même, porter sa croix et le
suivre ». Saint Paul : « *Qui sunt Christi, carnem suam
crucifixerunt cum vitiis et concupiscentiis* [3]... » Et
puis je comprends bien que, si j'ai offensé Dieu, si
je suis plein d'orgueil, si je suis si agité et si hors de

---

1. Tu avanceras dans la mesure où tu te feras violence.

2. Allusion aux pratiques de pénitence, que chez les Frères de
Saint-Vincent de Paul, durant les retraites, on tire au sort au déjeuner du matin.

3. Ceux qui sont du Christ, ont crucifié leur chair avec leurs
vices et leurs mauvaises inclinations (Gal. V. 24).

moi, si mes exercices de piété sont si imparfaits,
c'est que j'ai horreur de la gêne et de la souffrance ;
c'est que je ne veux pas m'imposer quelque sacrifice,
ni me faire violence. Oh ! Jésus, avec votre grâce, je
veux donc m'exercer à la vie de sacrifice ; je veux
accepter avec joie et baiser avec amour toutes les
croix qu'il vous plaira de m'envoyer, toutes les
contrariétés, les malaises, les douleurs qui pourront
survenir. J'entrerai un peu aussi dans la voie des
mortifications volontaires que je connais si peu, tout
en me laissant diriger en tout par le prudent directeur qui connaît la faiblesse de mon temperament
nerveux, mon irascibilité, mon caractère sensible à
l'excès et impressionnable, et je tâcherai d'être
patient, de répéter souvent : « *Pati et contemni pro
te* [1]. — *Beati qui lugent... Beati qui persecutionem
patiuntur* [2] » ; puissant moyen de faire pénitence et
de me préparer dignement à la profession religieuse,
que j'entrevois déjà, comme l'aurore de mes noces
heureuses, qui me détacheront de tout pour m'unir
à jamais à mon divin Époux.

« 7º *La Prière.* — Enfin on nous a recommandé deux
points essentiels : nous vaincre et prier... Oh ! bon
Jésus, si le noviciat est établi pour tant réformer en
moi, oh ! à toutes ces réformes que je viens de vous
promettre, je joins avec bonheur la réforme dans la
piété et la prière ; dans mes exercices de piété si
inattentifs, si languissants, si tièdes et si morts, et
qui pourtant me sont si indispensables dans la vie
agitée et dangereuse du monde que je vais retrouver.
Oh ! « *sine me nihil potestis facere* [3] », avez-vous dit.

----

1. Souffrir et être méprisé pour vous.
2. Bienheureux ceux qui pleurent... Bienheureux ceux qui souffrent persécution (S. Mat. V, 5, 10).
3. Sans moi, vous ne pouvez rien faire (S. Jean, XV, 5).

Sans vous je ne puis rien, et sans prière je n'ai pas la grâce. Oh ! Jésus, je veux donc devenir un homme d'oraison et de prière. Je veux m'unir sans cesse à vous, penser souvent à vous, vivre de recueillement en votre sainte présence, être pieux en tout, comme on me l'a dit à Saint-Sulpice : « *Pietas ad omnia utilis est* [1]... »

« Mgr de Ségur m'a rappelé cette parole : « *Manete in me, et ego in vobis* [2] ». Pensant sans cesse à Jésus vivant dans mon cœur, m'unissant sans cesse à lui, cherchant toujours à lui ressembler pour participer à sa vie divine et devenir un autre Christ... je m'exercerai au calme, à la paix, à la lenteur, surtout dans l'acte de la prière, l'oraison, la sainte messe, le bréviaire, le rosaire, etc.

« Alors je pourrai tout en celui qui me fortifie et, appuyé sur le bras du Dieu tout-puissant, je serai invincible. Oui, j'accepte le combat avec courage... Amen ».

Au noviciat, comme en toute sa vie, nous retrouvons toujours en M. Risse le soldat de Dieu, qui combat contre le démon, le monde et ses passions, pour gagner le royaume du ciel. Il termine ses notes de retraite par cette conclusion pratique : « Je ne retirerais de mon noviciat que la connaissance et l'amour de l'oraison, que j'aurais admirablement profité de mon séjour ici, car, c'est pour la vie, l'*heure d'oraison du matin bien employée sauvera tout* ».

Notre novice se mit avec ardeur au travail qu'il venait de se tracer durant sa retraite. Le temps était court ; il n'en perdit pas une minute, comme on le voit par son règlement de cette époque. Il n'oublie pas que le Frère de Saint-Vincent de Paul unit la

---

1. La piété est utile à tout (I Tim. IV, 8).
2. Demeurez en moi, et je demeurerai en vous (S. Jean, XV, 4).

vie active à la vie contemplative. A la pratique de la piété, base nécessaire de toute vie religieuse et même simplement chrétienne, il ajoute l'étude des œuvres. Une part est faite à l'examen de ce qui existe à Metz et à Paris, une part aux projets d'avenir pour le perfectionnement de son œuvre des Jeunes ouvriers.

Son dimanche s'ouvre par la messe qu'il dit aux orphelins et l'homélie qu'il leur fait. La journée se continue par des visites aux diverses œuvres de Paris.

Un de ses anciens maîtres, M. l'abbé Bureaux, qui s'intéressait vivement à sa vocation, lui écrivit alors pour attirer son attention sur la portée sociale des œuvres ouvrières catholiques. Ce fut là, on ne peut en douter, une source de réflexions bien utiles pour l'encourager et l'éclairer dans leur direction :

« Les lettres que vous m'écrivez de votre noviciat, me remplissent l'âme de joie, mon bon et bien cher enfant. Je vous y vois tout heureux, tout prévenu des grâces et des bénédictions qui vous appellent à être l'élu du Seigneur dans l'accomplissement de ses desseins pour la régénération de la bonne, sainte et si charitable ville de Metz, déjà si prospère par le succès des œuvres fondées pour la plupart en faveur de la classe ouvrière. C'est qu'en effet, mon cher ami, c'est là, c'est à ce point de vue, c'est dans cette direction toute spéciale que se résume l'avenir de notre chère France.

« La passion des jouissances sensuelles, qui ont la place dominante à l'époque, étourdit, il est vrai, les classes aisées de la société, et les empêche d'entendre les bruits sourds qui avertissent les hommes attentifs sur les destinées que nous présage, avec une sorte d'effroi, la fin du XIXe siècle. C'est là aussi ce

qui rend plus laborieux et moins efficace ce travail
des âmes chrétiennes se rapprochant, se confondant,
se soutenant l'une l'autre, comme aux beaux jours
de l'Église naissante. Et cependant le peuple est là,
qui se dresse de toute la fierté des allures impa-
tientes que lui ont données un peu plus d'instruction
d'une part, un peu plus de soif des jouissances maté-
tielles de l'autre, dont il réclame sa part. Et partant
il y a un malaise indéfinissable, non justifié pleinement sans doute, mais existant, mais réel.

« A cela, qu'opposer de mieux que votre œuvre,
que la tunique et le bouclier dont elle va bientôt
vous couvrir, en vous relançant dans les champs de
bataille où se prépare, pour le repos ou la douleur
des générations nouvelles, la victoire ou la défaite, le
triomphe du bien ou l'empire déchaîné du mal ?
Mais, si je vous vois avec bonheur engagé dans la
sainte milice du grand Vincent de Paul, le guide des
nouveaux combattants ; c'est, vous le dirai-je, c'est
tout particulièrement parce que vous êtes prêtre, et
qu'il m'est démontré à moi que le caractère sacerdotal doit couvrir à tous ses degrés la direction d'une
telle œuvre. Oui, il faut plus que jamais que le
prêtre descende dans la rue, et qu'il y tende la main
aux ouvriers ; sinon il y en aura d'autres, et Dieu
sait dans quelles intentions exclusives, pour ne pas
dire répulsives de la religion.

« Regardez bien en face l'esprit du siècle, sa marche, ses tendances ; n'est-ce pas le *laïcisme* qui s'avan
ce en bataillons serrés, qui cherche à envelopper le
prêtre et à l'acculer sur les marches de son presby-
tère ? Que dis-je ? Sa pensée manifeste n'est-elle point
de le reléguer au fond de nos églises, et de l'y tenir
bloqué, de telle sorte qu'un beau jour le Pontife
Suprême, le Pape lui-même, ne pourrait plus se mon-

trer au peuple hors du temple qu'après avoir déposé sa blanche soutane en l'appendant au porte-habit de la sacristie de Saint-Pierre du Vatican ? En d'autres termes : *le peuple par les laïcs exclusivement*, voilà un ordre du jour donné et contre lequel nous protestons.

« Nous voulons avoir notre place au soleil, car c'est le Soleil de justice, qui ne peut mieux rayonner que par notre présence au milieu des ouvriers ; que par le souffle de nos poitrines, par la sueur de notre front, par les paroles débordées de nos âmes ; par la sainte vocation de toutes les puissances spirituelles, dont nous sommes ou serons armés en faveur d'une cause qui est la cause du rétablissement de la morale, de l'apaisement des esprits, de la satisfaction légitime des corps, la cause du chrétien et la cause de Dieu. Quelle belle œuvre ainsi comprise ! quel beau triomphe, quel magnifique avenir [1] ! »

Cependant le jour approche où M. Risse va, par les vœux de religion, se consacrer définitivement et d'une manière plus complète à cette grande œuvre pour laquelle il est si bien préparé. Le noviciat avait été court ; mais tout ce que M. Risse avait fait à Metz avant d'y entrer, était un noviciat préparatoire qui devait d'autant abréger le noviciat actuel, sans le rendre moins productif. — Le 27 décembre, fête de Saint Jean l'Évangéliste, patron de M. Le Prevost fondateur et supérieur de la Congrégation, avait été choisi pour la cérémonie des vœux. Il s'y prépara par une neuvaine qu'il consacra à Marie, en la commençant, le 19 décembre, par un pèlerinage et la célébration de la Sainte Messe à la chapelle de Notre-Dame de Lorette, au Séminaire d'Issy, berceau de

---

1. Lettre du 2 décembre 1861.

son éducation cléricale. En même temps, son Évêque vénéré, qui avait toujours eu pour lui une affection spéciale, lui envoyait sa bénédiction en ces termes : « C'est aux pieds de l'Enfant-Jésus que je porterai tous mes vœux, afin qu'il accepte pleinement votre consécration, et qu'il verse dans votre âme son tendre amour pour les pauvres, appelés les premiers à la Crèche ».

La veille du grand jour arrive : la grâce inonde son cœur, il est prêt à faire entièrement son sacrifice ; mais, dans le sentiment de son indignité, il réclame encore des prières :

« A la veille de me consacrer tout entier à Notre Seigneur, écrit-il à un ami, dans la personne des pauvres, des enfants, des orphelins, des ouvriers, dans la Congrégation bénie des Frères de Saint-Vincent de Paul, je sens le besoin de vous envoyer un mot du cœur, pour recommander à vos pieuses prières mon oblation de demain. On a choisi à bon droit le vendredi 27, fête de Saint Jean l'Évangéliste, un des patrons de la communauté et l'apôtre de la sainte et pure dilection, le modèle le plus parfait pour nous. C'est donc demain le jour de mon union ineffable avec Jésus par les trois vœux de la religion. C'est demain que je pourrai dire dans une sainte ivresse : « Mon bien-aimé est à moi, et je suis tout à lui — *Dilectus meus mihi, et ego illi* [1] ». Oh ! je serai vraiment, comme le Saint Apôtre, celui que Jésus aime, puisque je me donnerai à lui tout entier, mon corps, mes biens, mon âme, ma volonté : « *Quem diligebat Jesus* [2] » ; puisqu'il me comble de ses caresses et de ses plus signalées faveurs. Oh ! que n'ai-je

---

1. Cant. II, 16.
2. Celui que Jésus aimait (S. Jean, XXI, 7).

répondu comme j'aurais dû le faire, plus pleinement et plus parfaitement à de telles avances ! Mais je suis cependant plein de confiance. Il s'intitule avec amour : « *Pater pauperum* », le père des pauvres. Je suis bien pauvre par moi-même ; mais il est mon père, et un père bien tendre, bien riche, bien libéral ! Et puis on a tant prié pour moi ! Oh ! continuez, je vous prie ; et demain, en particulier, ayez un souvenir spécial ».

Le moment solennel approche et fait battre le cœur qui est près de se donner à Dieu : est-ce la crainte qui l'agite, à la pensée d'une défaillance possible ? Non. « *Hilarem datorem diligit Deus* [1] », s'écrie M. Risse. « Je veux aller me jeter et me perdre dans le cœur si aimant du bon Jésus, comme Saint Jean. Je veux m'abandonner entre ses bras. Il est fort, il est puissant, il est fidèle, il ne me laissera pas tomber. Je dois être un enfant plein de confiance et d'amour, comme au jour de ma première communion et de mon sacerdoce, avec la simplicité et la naïveté d'un enfant. Je lui donne tout ce que j'ai ; il me donnera bien davantage encore. De toute éternité, il m'a préparé cette douce et précieuse faveur. Je vais vivre comme le poisson dans l'eau, dans les bras et sur le sein de cette divine et paternelle Providence : « *In te, Domine, speravi, non confundar in æternum. — Ego sum, nolite timere* [2] ».

Enfin le sacrifice est fait : « Tout est consommé ! écrit le nouveau profès. J'étais chrétien ! J'étais prêtre ! A tant de bienfaits et de faveurs, le divin Jésus, dans sa tendresse ineffable vient d'en joindre un nouveau. Je suis un membre de sa société choisie,

---

1. Dieu chérit celui qui se donne avec allégresse (Cor. II. IX. 7.)
2. J'ai espéré en vous Seigneur, je ne serai pas confondu pour toujours. — C'est moi, ne craignez pas. (Ps XXX, 2 ; S. Jean, VI, 20).

je suis un enfant tout de prédilection, je suis religieux, lié à lui pour toujours, par trois nouveaux liens
d'amour ! Je suis Frère de Saint-Vincent de Paul [1] ».

Il raconte lui-même l'ordre de la cérémonie et
retrace ses émotions :

« Tous nos Frères de Paris étaient présents, tous
ont pu mêler leurs larmes de joie et de bonheur aux
miennes, tous ont pu me serrer dans leurs bras et
m'appeler leur frère. Je pleurais comme un enfant,
quand, à genoux, un cierge à la main, prosterné dans
le sanctuaire, ce bon Supérieur, du haut de l'autel,
me rappelait mes obligations et les sacrifices que
j'allais faire, mais aussi le bonheur et les récompenses
qui allaient suivre ; quand il m'appelait du doux
nom de fils, et m'engageait à la confiance et à un
saint abandon. J'ai arrosé de mes larmes la formule
si simple, mais si énergique dans sa brièveté, et si
pleine de choses, dont je vous envoie une copie [2].
Qu'il m'était doux, à la suite du divin Sauveur, et
de l'Apôtre de la charité, Saint Vincent de Paul, de
m'engager au service des pauvres, des enfants, des
orphelins et des ouvriers, et de m'unir à une Congrégation de frères, d'amis, de compagnons d'armes si
dévoués et si tendrement aimés.

« Quand j'eus baisé la terre en signe d'acceptation
de tous les mépris, de toutes les humiliations, de
toutes les ingratitudes qui vont souvent payer une

---

1. A sa sœur.

2. « Je, Louis Risse, désirant marcher à la suite du divin Sauveur,
fais le vœu de garder, pendant une année, la pauvreté, la chasteté
et l'obéissance.

Je m'engage également par vœu à me consacrer, durant le même
temps, au service des pauvres, dans la Communauté des Frères de
Saint-Vincent de Paul.

Dominus pars haereditatis meae et calicis mei : tu es qui restitues
haereditatem meam mihi. »

vie de sacrifice et d'abnégation, le bon Père me tendit les bras. Je m'y précipitai avec bonheur ; je me croyais à la place de l'apôtre que Jésus aimait, reposant sur la poitrine du divin Maître. « Courage et confiance, ô mon fils, me dit-il ; allez maintenant embrasser vos frères ». Et les larmes coulèrent de nouveau. Oh ! je n'en avais pas peur. Mais la bonté du Sauveur Jésus à mon égard fondait mon cœur ; et je pleurais de joie, de bonheur et d'amour. Puis une voix pure et pieuse, la voix d'un jeune Frère ecclésiastique, ancien enfant de la maîtrise de Saint-Sulpice, entonna le « *Dominus pars...* » et le beau verset du Psaume « *Ecce quam bonum et quam jucundum habitare fratres in unum*[1] » ; et puis les invocations à nos Saints Patrons, aux Cœurs sacrés de Jésus et de Marie, à Saint Joseph, à Saint Vincent de Paul, à Saint François de Sales, à Saint Jean ; puis le *Magnificat*. Je ne pleurais plus, j'étais fortifié et heureux. Je ne craignais plus les combats de l'avenir. Je ne suis plus seul. J'ai trouvé la milice sainte qui me convenait ».

Alors, le nouveau Frère de Saint-Vincent de Paul explique ce qu'il est devenu :

« Chaque ordre a une vertu spéciale à reproduire. Pour nous, ce n'est pas la pénitence extraordinaire du Trappiste, ni l'oraison continuelle du Chartreux, ni la pauvreté absolue du Franciscain, mais bien le zèle, la charité fraternelle, l'amour des âmes des pauvres, de l'enfant, du délaissé, comme la Sœur de Saint-Vincent de Paul s'attache aux soins de leur corps. Telle est la vertu qu'on nous recommande sans cesse, et tout doit lui céder. Le dimanche même, comme le soldat en campagne,... on abrège tous les exercices de piété. C'est le jour du combat et de la

---

1. Voyez comme il est bon et doux à des frères d'habiter ensemble (Ps. CXXXII, 1).

bataille. Il ne s'agit pas, me disait-on, de jouer alors, vis-à-vis de Dieu, le rôle de courtisan. Il faut agir, il faut combattre. Et le lundi ensuite est un jour de retraite, de repos, de réflexion, de solitude afin de se retremper dans la foi et la prière. Toute la semaine, on prépare, par l'étude, la prière et la pénitence, la journée de la mission, la journée du dimanche.

« Rien ne sera changé, ni à mon nom, ni à mon extérieur. Amis du bon clergé des paroisses, coadjuteurs de son zèle, voués aux mêmes ministères, nous nous rapprochons de lui le plus possible, et nous ne cherchons à nous distinguer que par une déférence et une abnégation de nous-mêmes plus grandes. Tel est notre esprit propre [1] ».

1. A M. l'abbé Bureaux.

CHAPITRE VI

LES FRÈRES DE SAINT-VINCENT DE PAUL
A METZ

Durant l'absence de M. Risse, grâce au zèle d'un jeune prêtre, M. l'abbé Freschard, et au dévouement de M. Faivre, président du conseil central de la société de Saint-Vincent de Paul à Metz, l'Œuvre avait continué sa marche accoutumée. La lettre suivante de M. Faivre, tout en donnant des nouvelles de la Société de l'Enfant-Jésus, apprend ce que l'on y pensait de la détermination de M. Risse, et ce que l'on attendait de l'arrivée des Frères de Saint-Vincent de Paul.

« Vous savez si l'Œuvre à laquelle vous vous consacrez me tient au cœur, et si je désire qu'elle trouve de saints et courageux ouvriers. Dès que j'ai eu connaissance, dans le temps, de l'établissement de votre Congrégation de Vaugirard, j'ai bien auguré de l'avenir ; il m'a semblé que Dieu jetait un regard particulier de compassion sur son pauvre peuple des ateliers. Aussi, avec quel profond sentiment de joie et d'espérance ma pensée vous suit-elle dans cette sainte maison ! Avec quelle émotion ai-je parcouru, ces jours derniers, tous les coins et les recoins de celle qui vous attend à Metz ! Il me semble, à considérer tout cela, que la cause de Dieu est gagnée parmi nous.

« Profitez donc bien, cher abbé, de votre séjour sous le toit béni qui abrite M. Le Prevost et vos pieux confrères ; imprégnez-vous de l'esprit tout vangélique qui les anime, et rapportez-nous en quelque parfum : vous n'ignorez pas combien nous en avons besoin.

« Je vois avec plaisir que là on vous parle paix, calme, abandon, confiance, et qu'on veut faire de vous un homme d'autorité douce, ferme, patiente. Votre ardeur est un don de Dieu d'un inestimable prix ; mais il faut, pour qu'elle produise tous ses fruits, qu'elle soit contenue, et qu'elle ne nuise pas à la gravité aimable et pieuse dont les Directeurs l'Œuvres ont surtout besoin. Je crois que vous avez à côté de vous, sous ce rapport, un modèle parfait ; tâchez de nous en rapporter une vivante image. Nous vous copierons à notre tour, et tout ira mieux.

« Je n'ai pas pu assister à la fête de rentrée de vos jeunes gens,... mais je les ai vus dimanche, d'abord à la Conférence de l'Enfant-Jésus, que j'ai présidée, puis encore le soir pendant la récréation, où j'ai dit un petit mot à votre place : j'avais choisi pour sujet l'*obéissance*. Malheureusement, j'ai été un peu long. Les jeunes gens d'ailleurs n'étaient pas très nombreux. On se sent encore un peu des vacances et surtout de la prolongation des beaux jours.

« Le lendemain, premier lundi du mois, nous avons eu la réunion accoutumée de Nazareth ; la soirée a été bonne, quoique nous n'eussions ni M. Thiel, ni M. l'abbé Germain. C'est aussi un peu vacances de ce côté-là. Enfin voici l'hiver qui approche, et qui n'arrivera que trop tôt pour les pauvres ; mais du moins sera-t-il favorable aux Œuvres : c'est l'hiver que fleurit la fleur de charité.

« Je suis content de votre jeune abbé, quoiqu'il n'ait peut-être pas encore toute l'indulgence dont il faut user avec la jeunesse. Sa présence dans la maison produit bon effet.

« Enfin, mon bien cher abbé, nous voici dans le deuxième mois depuis votre départ, et nous entrevoyons déjà dans le lointain le jour où vous nous arriverez. Votre exil aura donc un terme, et vos enfants ne seront pas toujours orphelins. D'ici-là, tranquillisez-vous bien sur notre compte. Les choses n'iront pas assurément comme si vous y étiez, mais nous veillerons à ce qu'elles n'empirent pas, et Dieu aura l'œil sur votre petit troupeau. Puis, quand vous serez de retour, on regagnera le temps perdu.

« Occupez-vous seulement de vous ; c'est l'affaire maîtresse du moment : le reste à la garde de Dieu !

« Remerciez bien M. Le Prevost de son aimable attention pour moi, et offrez-lui mon respect le plus affectueux. Quoique je ne l'aie jamais vu, il me semble que je le connais. A défaut des corps, les âmes se rencontrent, et l'on est quelquefois amis, sans avoir échangé ni une parole ni seulement un regard.

« A Dieu, mon bien bon et bien cher abbé ; si, dans le cours de votre journée si remplie et si saintement occupée, il y a une toute petite prière de reste, faites-m'en l'aumône, de mon côté, je ne vous oublie pas [1] ».

Les jeunes gens de l'Œuvre n'oubliaient pas non plus leur père et aspiraient après son retour. Le 31 décembre 1861, ils lui écrivent :

« Nous ne saurions laisser passer ce jour de l'an, cette fête de famille pour tous, sans aller saluer notre père, l'embrasser de cœur et lui exprimer les plus vifs sentiments de notre gratitude. Encore quelques jours seulement et nous aurons le bonheur de vous revoir, de vous posséder ; et c'est alors que nous pourrons vous exprimer notre vive joie, notre affectueuse reconnaissance, et que nous échangerons

---

1. Lettre du 11 octobre 1861.

mutuellement les vœux les plus sincères pour votre consolation au milieu de vos chers jeunes gens... Cher Directeur, soyez béni mille fois ! Oh ! puissent nos cœurs répondre désormais à la sainte affection que le vôtre leur porte ». La suite de la lettre apprend qu'à la messe de minuit une centaine de jeunes gens se sont approchés de la sainte table à l'intention de leur Directeur.

Le retour de M. Risse, devenu Frère de Saint-Vincent de Paul, était comme la dernière pierre de fondation de son œuvre. M. le Chanoine Germain, bientôt après Vicaire Général de Metz, exprimait cette confiance, lorsque, parlant de la Congrégation des Frères de Saint-Vincent de Paul, il disait : « Elle a, ce me semble, ce cachet de simplicité et d'humilité qui rappelle Saint Vincent de Paul, et qui est en même temps la meilleure garantie de stabilité et de succès, selon la politique habituelle de la Providence qui choisit ce qui est petit, ce qui n'est rien, pour faire de grandes choses [1] ».

Aussi, dans les premiers jours de janvier 1862, avec quelle joie cet excellent ecclésiastique ne salue-t-il pas le retour prochain de M. Risse : « Que Dieu soit béni, mon cher ami, le sacrifice est consommé et plus que jamais vous allez être l'instrument de ses bontés et de ses miséricordes envers l'intéressante jeunesse de nos ateliers ! Dieu, qui avait déjà si largement béni vos efforts, va répandre sur vos travaux de plus abondantes bénédictions encore. Venez, hâtez-vous, nous vous attendons avec impatience. Vous trouverez peut-être quelques ruines à relever, mais vous aurez tôt fait, vous et vos bien-aimés compagnons, que nous saluons d'avance bien cordia-

---

1. Lettre du 18 octobre 1861 à M. Risse.

lement ; vous aurez tôt fait de réparer ce que nos mains inhabiles ont laissé tomber [1] ».

Les bénédictions épiscopales ne manquaient pas à M. Risse en cette circonstance. Elles avaient hautement autorisé sa détermination généreuse, elles le félicitaient maintenant de son sacrifice et en auguraient le plus bel avenir pour son œuvre : « Mon bon ami, écrivait Mgr Chalandon, devenu archevêque d'Aix, je prends une grande part à la résolution que vous avez prise et mise à exécution, et je demande à Dieu qu'il bénisse cette belle vocation de dévouement à la jeunesse [2] ». Et Mgr de Metz : « C'est aux pieds de l'Enfant-Jésus, disait-il, que je porterai tous mes vœux, afin qu'il accepte pleinement votre consécration, et qu'il verse dans votre âme son tendre amour pour les pauvres, appelés les premiers à la crèche. J'aurai grand plaisir à vous revoir dans la première quinzaine de janvier, et à vous réitérer, mon cher abbé, l'assurance de mon paternel et affectueux attachement en Notre-Seigneur [3] ».

C'est le 12 janvier 1862, anniversaire de sa naissance (1823), que le nouveau Frère de Saint-Vincent de Paul quitta la douce retraite de Vaugirard, pour se retrouver deux jours après à Metz, combattant sur la brèche. Mais il n'y était plus seul. Désormais il appartenait à une compagnie disciplinée et lui-même avait sous ses ordres des soldats prêts à se sacrifier comme lui pour le salut des ouvriers. Deux membres laïques de la Congrégation des Frères de Saint-Vincent de Paul l'accompagnaient, M. Georges de Lauriston [4] et M. Luzier.

---

1. Lettre du 7 janvier 1862.
2. Lettre du 2 janvier 1862.
3. Lettre du 24 décembre 1861.
4. M. Georges Law de Lauriston, neveu du maréchal de France

Les forces du Directeur de l'Œuvre de la Jeunesse étaient ainsi triplées. Que dis-je ? L'expérience d'un Institut religieux chargé depuis près de vingt ans d'œuvres diverses en faveur de la classe ouvrière, la haute direction d'un Supérieur Général sage et éclairé, le conseil de Frères qui avaient longuement étudié l'organisation des grandes œuvres de Paris, et surtout la vie religieuse, la vigueur surabondante d'une Congrégation encore guidée par ses fondateurs, allaient décupler, centupler les forces de cet homme de bien et le rendre capable d'apporter à sa belle œuvre les améliorations qu'il n'avait pu réaliser dans l'isolement où il s'était précédemment trouvé.

Sous la noble bannière du héros de la charité, Saint Vincent de Paul, M. Risse et ses compagnons se mirent en devoir de marcher à l'assaut des âmes des ouvriers.

Ils creusèrent d'abord leurs tranchées, s'avançant à l'abri du rempart de la vie religieuse. Jésus était avec eux pour soutenir leur courage : « Dans une longue visite, à jamais bénie, le 19 février 1862, au milieu de bien des encouragements, Monseigneur l'Évêque voulut bien permettre d'ériger un véritable

---

de ce nom, ancien receveur des finances à Arras, était un homme d'œuvres expérimenté qui, après avoir, tout en restant d'abord dans le monde, prêté son concours à l'abbé Halluin, d'Arras, avait embrassé la vie religieuse des Frères de Saint-Vincent de Paul. C'était l'un des meilleurs collaborateurs du P. Le Prevost et des plus aptes à imprimer à la Communauté de l'Enfant-Jésus de Metz ce caractère spécial des Maisons des Frères de Saint-Vincent de Paul, où l'on voit prêtres et laïques former une famille unie dans sa diversité et rivaliser de ferveur dans la pratique de la vie religieuse aussi bien que de zèle dans l'exercice de l'apostolat. Après être resté à Metz un peu plus de deux ans, il fut rappelé à Paris, puis alla à Rome se consacrer aux Cercles militaires des défenseurs de Pie IX. Il fut jusqu'à la fin un sage conseiller pour les supérieurs généraux de son Institut et mourut plein de jours et de mérites à Paris le 2 décembre 1883. A Paris, son zèle s'était exercé surtout dans les Patronages Saint-Jean du Gros-Caillou et Notre-Dame de Grâce de Grenelle

autel avec son tabernacle, dans l'ancien oratoire ; et, le 11 mai ,un de ses Vicaires Généraux, M. l'abbé Masson, bénit le nouveau sanctuaire de l'Enfant-Jésus ». Dès lors Jésus présent au Saint Sacrement fut le « véritable chef » de la nouvelle communauté, suivant l'expression de M. Le Prevost, et M. Risse fut « son représentant ».

Ainsi forts du secours de Dieu, ils marchèrent en avant et, dans cette première année, grâce à leurs efforts, « près de trois cents jeunes gens ou enfants traversèrent l'œuvre, et y trouvèrent un asile sûr, où, loin des occasions et des dangers qui semblent se multiplier tous les jours sous leurs pas dans le monde, ils purent, sans se corrompre, se récréer agréablement et sans dépenses ». Contemplons le tableau d'une journée de dimanche esquissée par la main de M. Risse : « A cet avantage immense, que l'on ne comprend quelquefois pas assez, de fournir à un jeune homme l'occasion de passer une journée pure et innocente, quand tant d'autres la consacrent au désordre et au mal, nous en avons joint un autre : nous n'avons pas oublié que jamais l'agréable ne doit être préféré à l'utile parmi nous. Voilà pourquoi la matinée a été sanctifiée, après l'assistance aux offices des paroisses, par des *avis sérieux* et la *prière*, par des leçons utiles. L'après-dîner, le chant des vêpres et une instruction appropriée à leur âge et à leur position sont venus encore déposer dans les cœurs de nos jeunes gens l'amour de Dieu, du devoir, de la religion et de l'Église. La soirée, après les jeux, s'est terminée par de nouveaux avis, des communications intimes avec le Directeur de l'Œuvre, quelques lectures instructives ou édifiantes, la prière encore et un retour sérieux de l'âme sur la semaine qui vient de s'écouler, pour en réparer les écarts ».

En regard de ce tableau du dimanche, M. Risse trace celui de la semaine : « Les jours de la semaine ont été employés à chercher aux patronnés de l'occupation ou un atelier quand ils en ont manqué. Et nous avons le bonheur, parmi les 190 jeunes gens qui fréquentent habituellement nos réunions, de n'en pas compter un seul qui ne remplisse la tâche que la divine Providence leur a imposée en ce monde, un *travail* honorable et sérieux, le travail chrétien. Tous sont occupés ; et, quand il a fallu faire quelques sacrifices pour leur procurer les vêtements ou les outils qui leur étaient nécessaires, nous n'avons pas hésité à puiser dans la caisse de l'œuvre, pour les mettre à même de gagner honorablement leur vie. Toutes les semaines, une visite affectueuse et pleine d'intérêt a été faite aux parents, aux patrons, aux jeunes ouvriers eux-mêmes ; surtout quand la maladie, l'absence ou quelque circonstance fâcheuse réclamait une attention et des soins particuliers. L'union avec de zélés auxiliaires a rendu cette visite plus facile, plus régulière et plus fructueuse ».

La présence des Frères de Saint-Vincent de Paul permit aussi de diriger plus activement la *Caisse d'Épargne*, si propre à développer l'esprit d'économie chez la jeunesse. On compta cette année 800 fr. de versements.

Une lacune fut comblée en 1864 par l'institution des *cours du soir*, où les jeunes gens purent compléter leur instruction en apprenant les éléments des sciences, si utiles à leurs professions industrielles.

A l'instruction professionnelle on joignit l'instruction religieuse. Plusieurs enfants vinrent apprendre le *catéchisme* tous les soirs à huit heures, au sortir de la fabrique ; mais on ne les reçut qu'avec l'autorisation écrite de leurs propres curés, pour leur rappeler tou-

jours le lien qui les unit à leur paroisse, et le centre
où tout le bien doit converger. Des marchands ou
musiciens nomades se joignirent à eux, et l'on eut
de belles premières communions de retardataires.

L'augmentation du personnel dirigeant permit de
créer une *Maison de famille*. M. Riesse va nous expliquer en quoi consiste cette œuvre :

« Nous avons voulu répondre à un besoin pressant
des circonstances, et aux sollicitations maintes fois
réitérées d'honnêtes jeunes ouvriers, ou étrangers,
ou privés de tous parents en cette ville. Ils rencon-
traient des difficultés extrêmes à trouver des pensions
convenables, où ils pourraient remplir leurs devoirs
religieux et sauvegarder leur moralité. Nous avons
donc ouvert notre Maison à quelques-uns d'entre eux.
Moyennant une rétribution modérée, et suffisante
cependant pour couvrir nos déboursés, ils ont trouvé
à l'Œuvre le lit, la table, des jeux, des amis chrétiens,
une paternelle surveillance, mille moyens de sanctification... Cette nouvelle branche sortie comme naturellement de l'Œuvre, et à laquelle nous songions
depuis longtemps, a bien ses épines et ses difficultés.
Elle demande une vigilance de tout instant, et une
sage et prudente condescendance. Mais, s'il plaît à
Dieu de la faire grandir et se développer, elle est
appelée à produire de bien consolants résultats. —
Ce nouveau moyen de sanctification nous a permis
d'abriter, quelques jours, sous le toit hospitalier de
l'Œuvre de jeunes ouvriers envoyés dans notre ville
pour en visiter les monuments, en étudier les produits,
et se perfectionner dans leur art, en étendant leurs
connaissances. C'est avec bonheur que l'on s'est fait
leur guide et leur patron. Ils n'ont connu ainsi à
Metz que le bien. Ils ont passé à côté du vice sans
même le soupçonner. Ils n'ont emporté de notre

ville que les impressions les plus pures et les plus heureuses. C'était aussi une conquête sur l'enfer, et nous devons en bénir Dieu ».

Jusque-là, l'œuvre de Metz n'avait admis que les apprentis et les ouvriers. A l'arrivée des Frères de Saint-Vincent de Paul, on établit le patronage du jeudi pour les écoliers, imitant en cela ce qu'on fait à Paris dans les patronages de Saint-Vincent de Paul. Le patronage du jeudi préserve l'écolier de bien des dangers et complète son éducation morale et religieuse. Il est la pépinière du patronage des apprentis.

Nous venons de voir les opérations régulières du petit bataillon dont M. Risse était le chef. Le récit suivant, extrait du journal « *Le vœu national* », nous le montrera faisant la guerre de partisan :

« M. l'abbé Risse, directeur de la Société des Jeunes Ouvriers de Metz, voulant arracher ses jeunes amis aux plaisirs dangereux d'une grande ville un jour de fête, avait résolu de leur faire faire ce qu'autrefois, au collège, nous appelions une grande promenade : c'était le lundi de la Pentecôte (1862)...

« Ce jour-là donc, musique en tête, (fort bonne musique, ma foi), pleins d'entrain et de bonheur, sous la conduite de leur cher Directeur, nos jeunes gens, au nombre d'environ 120, montaient en chemin de fer et s'arrêtaient bientôt à la gare de Noveant, car Gorze avait été choisi pour but de la promenade.

« Le temps était incertain, mais rien ne faisait présager l'orage qui devait fondre bientôt sur nos jeunes touristes ; aussi, en quittant la gare, ils souhaitèrent le bonjour aux habitants de Novéant, charmés par une joyeuse aubade. A la sortie de ce village, et les rangs étant rompus, notre bande joyeuse se dirigea vers Gorze, prenant en route un acompte sur les plaisirs de la journée.

« Hélas ! ils étaient à peine à moitié chemin que l'orage, et quel orage ! fondit sur eux. Vêtus d'une sorte d'uniforme, composé d'une blouse et d'un pantalon de toile grise, coiffés d'un léger chapeau de paille, nos pauvres ouvriers arrivèrent à Gorze dans un état déplorable.

« Heureusement ils furent rencontrés par une des Sœurs du dépôt de mendicité de cette ville, sainte et digne fille pour laquelle la charité et l'abnégation sont un perpétuel besoin, et qui eut la bonne pensée de les conduire à la chapelle de Saint-Thiébault, bien certaine qu'ils y seraient accueillis et soignés par l'honorable famille qui habite cette propriété.

« Bientôt de grands feux furent allumés dans toutes les chambres de l'habitation.et dans les cours de la ferme : les plus faibles, les plus petits trouvèrent asile dans les premières, et les autres autour du bivouac improvisé. Tous les vêtements de la maison, les couvertures des lits, jusqu'aux jupons de laine dont s'était dépouillée la respectable bisaïeule qui habite Saint-Thiébault, servirent à arrêter l'asphyxie par le froid, qui avait atteint quelques-uns des plus faibles.

« Animés par l'exemple de M. l'abbé Risse, qui, plus que tout autre, aurait eu besoin de secours et qui ne songeait qu'à ses pauvres enfants, les serviteurs de la maison, les ouvriers des champs qui, eux aussi, avaient cherché un refuge à Saint-Thiébault, rivalisaient de zèle et de soins avec les habitants de la maison.

« Aussi, une heure après, tout le monde était à peu près sec, et ce fut avec un hourra de joie et de bonne humeur, que nos pauvres jeunes gens accueillaient la nouvelle que des tables improvisées, chargées des provisions qu'ils avaient apportées et de celles

qu'avaient pu fournir les habitants du lieu, les attendaient dans les granges. Je n'ai pas besoin de vous
dire s'ils dînèrent de bon appétit.

« Au milieu du repas, que le propriétaire de Saint-
Thiébault partageait avec eux, ce dernier demanda
un moment de silence et leur dit à peu près ces paroles,
qui furent accueillies par plusieurs salves d'applaudissements, car elles avaient été droit à des cœurs
dignes de les apprécier :

« Mes chers enfants,

« En choisissant pour but de votre promenade
les riants côteaux de Gorze, votre honorable Directeur a fait preuve de discernement, car il est impossible de trouver une plus jolie campagne.

« En désignant ma maison pour l'une des étapes
de cette promenade, et pour refuge, hélas ! trop
nécessaire, il m'a fait à la fois honneur et plaisir...
Honneur en ne doutant pas de l'accueil qui vous y
était réservé, et je le remercie de sa confiance en
moi ; plaisir... en effet, j'en éprouve un véritable, en
venant vous souhaiter la bienvenue !

« Comme vous, mes chers enfants, j'ai l'honneur d'appartenir à cette bonne ville de Metz, que l'on peut appeler la patrie par excellence du *prêtre* et du *soldat*, c'est-
à-dire de la charité, du dévouement et du courage !

« De cette charité, de ce dévouement, de ce courage,
vous êtes la preuve la plus éclatante, car il a fallu,
pour fonder votre œuvre, si touchante et si utile,
des cœurs qui renfermassent à la fois ces trois sublimes
vertus qui remuent les montagnes !

« Comme la vôtre aussi, ma jeunesse pauvre a été
guidée, abritée par de pieux ecclésiastiques, et le peu
que je sais, le peu que je suis, je le leur dois.

« Ne vous étonnez donc pas de l'accueil cordial qui vous est fait au seuil de ma demeure !

« Vous êtes mes concitoyens, et je vous ai dit tout à l'heure combien j'étais fier d'appartenir à la ville de Metz.

« Enfants chrétiens, vous êtes mes frères !

« Travailleurs, votre existence est semblable à la mienne, et je ne dissimule pas la prédilection presque exclusive que j'éprouve pour l'ouvrier laborieux, fidèle aux devoirs de sa religion, bon fils, bon camarade et, plus tard, bon époux et bon père... Grâce au ciel, le nombre de ces ouvriers est plus considérable qu'on ne le croit généralement, et, lorsque, fatigué des iniquités de ce monde, Dieu voudra le punir, c'est encore parmi eux qu'il trouvera assez de justes pour arrêter son bras prêt à frapper !

« Encore une fois donc, soyez ici les bienvenus ! »

« L'abbé Risse, ému de ces paroles, dites avec une énergique cordialité, demanda à l'orateur la permission de l'embrasser ; et le baiser de ces deux hommes, qui ne s'étaient jamais vus, fut accueilli par une triple salve d'applaudissements de ces jeunes ouvriers, assez intelligents, assez honnêtes pour comprendre ce que ce baiser renfermait d'affection et de dévouement pour eux !

« Le repas était fini, le beau temps revenu, et, après avoir exécuté, dans le jardin de Saint-Thiébault, plusieurs morceaux avec un ensemble très remarquable, après avoir remercié avec chaleur tous ceux qui leur étaient venus en aide, nos braves jeunes gens organisèrent des parties de barres ; et l'exercice acheva bientôt ce que le feu et le repas avaient si bien commencé : la chaleur était revenue aux membres et la joie au cœur.

« Le soir, souper dans le réfectoire du dépôt, dont

le directeur avait tenu à leur faire lui-même les honneurs.

« Après plusieurs aubades, dont les pauvres habitants du lieu avaient fait leur profit, la bande disciplinée reforma ses rangs ; les torches s'allumèrent, la musique fit entendre une marche militaire, et il ne resta plus bientôt, de leur passage, que le souvenir de leur bonne tenue, de leur convenance parfaite, et surtout de l'admirable dévouement dont avaient fait preuve, durant toute cette journée, M. l'abbé Risse et ses deux honorables assistants ».

Dans ce piquant récit, l'on a parlé de la musique de l'Œuvre de la jeunesse. C'est ici le lieu de dire un mot de cette institution. M. Risse en était légitimement fier [1] : il a pris soin lui-même d'en tracer le tableau et la raison d'être :

« Dans une société nombreuse d'ouvriers, les goûts sont bien divers. Si l'on veut, pour me servir d'une expression vulgaire, les jeter tous dans le même moule, et les conduire tous par les mêmes moyens, malgré les caractères si opposés que l'on rencontre,

---

1. Le sage Directeur n'approuvait cependant pas sans réserve l'établissement d'un orphéon dans toute œuvre de jeunesse. Voici ce qu'il écrit à ce sujet : « La question de l'étude de la musique a été traitée si diversement et jugée si différemment par divers Directeurs de Sociétés de Jeunes ouvriers, que je croirais téméraire pour moi de vouloir toucher cette question délicate, et surtout de vouloir rendre cette étude applicable à toutes les œuvres, bien plus, de la regarder comme indispensable. Je tiens même à établir qu'une Société qui a le bonheur de pouvoir attirer ses jeunes gens sans ce moyen extraordinaire, qui a le talent de les intéresser et surtout de les garder longtemps à l'œuvre, quand ils ont grandi, par des moyens plus simples et souvent moins dispendieux, cette Société a résolu le plus parfaitement le problème, et on doit l'en féliciter cordialement. Quant à Metz, les habitudes d'une ville toute militaire, les goûts, les inclinations des jeunes gens, la nécessité des sorties au dehors pendant l'été, ont fait songer à ce moyen d'occuper leur imagination, de les réunir, de les attirer à l'œuvre et, en dernière analyse, de les **sauver.** »

on échouera infailliblement. J'ai donc rencontré des jeunes gens d'un âge déjà avancé, qui ont un goût très prononcé pour le chant et l'harmonie. Pour plusieurs, les livres les fatiguent ; les jeux bruyants leur déplaisent ; les causeries particulières ont leurs inconvénients et leurs dangers. Fallait-il les exposer à demander aux théâtres ou à des concerts équivoques, et périlleux souvent pour la vertu, une satisfaction que je pouvais leur procurer sans danger ? Ou plutôt n'était-ce pas pour moi un devoir de sanctifier par des intentions pures ces désirs, et de les détourner de la terre pour les diriger vers le ciel ? J'ai essayé. Je ne me suis pas dissimulé les inconvénients et les abus qui en pouvaient naître. Mais de quoi en ce monde la malice de l'homme ne peut-elle pas abuser ? Et, par de sévères règlements, par une rigoureuse surveillance, en la *modérant* sagement pour qu'elle ne vienne jamais à dépasser les bornes d'une simple distraction et d'un délassement honnête, nous avons pu arriver à faire de nos voix et de nos instruments une véritable musique chrétienne, et, comme l'indulgent Directeur de l'Œuvre d'Angers voulait bien l'appeler dans une poétique image, en faire la *musique du bon Dieu*. Oui, car nos chants occupent bien à propos et fort agréablement l'attention de nos deux sections, le jeudi soir.

« Tous les deux mois environ, un modeste concert, exécuté entre nous seulement et préparé de longue main, vient briser la monotonie de nos soirées d'hiver, et redonner un peu de vie aux jeux qui commencent à languir.

« Le plus souvent, ce sont des morceaux religieux, des messes ou des cantiques que l'on prépare pour une fête prochaine. On se rend avec bonheur aux invitations des excellents curés de nos campagnes ou de notre ville, qui les appellent pour une cérémonie extraordinaire, ou pour accompagner le Saint-Sacrement à la Fête-Dieu et lui faire une escorte d'honneur. On choisit parmi les poitrines les plus fortes, les plus vigoureuses, les voix d'hommes destinées à chanter le *plain-chant*, et, (ce doux espoir repose dans mon cœur), plus tard peut-être, à fournir aux paroisses des *chantres* moraux et instruits, initiés de bonne heure aux principes de la musique religieuse. Grâce au concours aussi intelligent que désintéressé d'un habile musicien de notre ville..., un de nos bons ouvriers, le plus ancien de la Société, et son président actuel, est parvenu même, à force de travail et de bonne volonté, comme organiste, à rehausser la pompe des cérémonies religieuses par les accents mâles et graves de son instrument ; et je l'ai vu plusieurs fois avec bonheur, prêter le concours empressé de son jeune talent à ces fêtes si touchantes de l'adoration perpétuelle, qui enfantent des merveilles dans ce diocèse. C'est ainsi que les caractères vifs, ardents, à passions fortes, mais bons, trouvent là un aliment sain et en rapport avec leur nature. Ils nous restent, à l'âge de 20, 23 ans, quand on se croit devenu trop grand pour se livrer encore aux délassements de l'enfance ; et c'est pour moi un moyen précieux de les attacher et de les rallier à l'Œuvre. Je dis plus, quelques jeunes gens un peu dissipés et encore bien faibles chrétiens, attirés par cette amorce extérieure, se sont pliés à la discipline de la Société, sont entrés dans le bon courant religieux qui tend tous les jours à s'accroître, et ont trouvé parmi nous le salut. »

La description de la fête militaire donnée en l'honneur de Saint Louis, patron de M. Risse, en 1862, complètera le tableau des divertissements salutaires

de la Société de l'Enfant-Jésus. C'est un jeune
ouvrier qui parle. [1]

« Le dimanche 24 août 1862, à la sortie des vêpres,
c'est-à-dire vers trois heures de l'après-dîner, les
portes de la maison des Jeunes-Ouvriers sont ouvertes
au public : une foule bruyante s'y précipite, voulant
aller à Pékin. Il est vrai que ce voyage n'est ni long
ni périlleux, grâce au talent de deux habiles déco-
rateurs de la Société, qui ont trouvé le moyen de
transporter leur monde tout droit de France dans le
Céleste Empire, d'une manière vraiment féérique ;
et de justifier, mieux que ne l'avaient fait encore
la vapeur et les chemins de fer, cette expression
d'un poète contemporain : *On ne voyage plus aujour-
d'hui, on arrive.*

« Chaises et bancs sont disposés pour recevoir
les spectateurs, avides de contempler un spectacle
tout nouveau pour la ville de Metz et pour la Société
des Jeunes-Ouvriers. Les places sont bientôt occu-
pées, mais, en attendant que Chinois et Français
soient prêts à se livrer bataille, jetons un coup d'œil
sur le théâtre de la guerre.

« En entrant dans le jardin, on se trouve déjà bien
loin de la France. Devant vous se dresse la ville de
Pékin avec ses formidables remparts, dominée par
la gigantesque tour de *Kouis-Koui*, dont les bastions
et les créneaux, armés de pièces de canon de gros
calibre, semblent défier tous les ennemis du Céleste
Empire. Au sommet, flotte le grand étendard de la
Chine. Sur le pont-levis fièrement dressé, on voit
un diable chinois et cornu, qui paraît être le dieu des
fils du soleil.

---

1. L'auteur de cette biographie a pris cependant la liberté de
faire quelques corrections de style.

« Sur le côté, vous apercevez le camp français : les tentes des soldats sont toutes surmontées de flammes tricolores, et celle du général est ornée d'un magnifique portrait de l'Empereur ; sur le front de bandière, des retranchements en terre protègent le camp.

« Malgré les limites trop étroites du jardin de la Société, en dehors de l'emplacement réservé pour les combattants français et chinois, cinq cents spectateurs ont cependant pu trouver place, sans compter une centaine de curieux et curieuses, non invités, qui garnissent les fenêtres et même les toits des maisons voisines.

« Mais les Français arrivent. En tête apparaît le 2e bataillon de zouaves, composé de l'effectif de la musique de la Société. Chaque soldat est coiffé de la pittoresque calotte rouge. Vient ensuite le bataillon des chasseurs à pied, puis un bataillon d'infanterie de ligne. Chaque corps a son drapeau. Le cortège est fermé par le train des équipages, c'est-à-dire par les porteurs du volumineux sac en toile, contenant les balles en peau qui doivent servir à la bataille.

« L'armée est sous les murs de Pékin. Il y a un défilé, musique en tête ; puis les troupes se rangent en bataille, les officiers à leurs places commandent : *Fixe !* car on attend la revue du Général, dont un clairon sonne l'arrivée. La musique se forme en cercle, exécute un morceau et le général commence la revue. Passons-la avec lui.

« Voici d'abord le bataillon de chasseurs à pied, commandé par un capitaine et un lieutenant, les soldats portent le bonnet de police bleu sur l'oreille ; ensuite le bataillon de la ligne avec le bonnet de police rouge ; les officiers ont des képis. L'uniforme de toute l'armée se compose du costume d'été de la

Société : blouses, pantalons et guêtres en coutil-gris ;
la coiffure est le seul signe distinctif des armes différentes.

« Un grand silence règne parmi les spectateurs ;
il n'est interrompu que par les figures d'un quadrille
exécuté par la musique du corps expéditionnaire.

« Après la revue, les troupes rentrent dans leurs
cantonnements, déposent leurs armes ; et chacun
bivouaque à son gré.

« Mais, pendant que les soldats français cherchent
dans leur camp le repos d'un si long voyage et se
préparent au combat, le pont-levis de la forteresse
s'abaisse lentement et l'on voit défiler une partie
de l'armée chinoise, qui vient, musique en tête,
(la musique se compose de trois mirlitons), se faire
passer en revue par le grand mandarin...

« Le général français, après avoir tiré ses plans,
fait ranger son armée. Il compte ses hommes et leur
adresse une allocution pour leur annoncer l'assaut
de la forteresse.

« De leur côté, les Chinois ont entonné le chant
de guerre qui doit leur attirer la victoire, et se sont
préparés à la résistance.

« L'ordre est donné : le 1er bataillon de zouaves
s'avance et attaque la tour de Kouis-Koui, qui est
défendue avec courage. La fusillade éclate, le car-
nage recommence. Les chasseurs s'avancent jusqu'aux remparts, placent les échelles et montent
à l'assaut...

« Après le sac de la ville, une sortie générale a lieu :
les vainqueurs et les prisonniers forment un défilé
glorieux, musique en tête, au bruit d'un applau-
dissement général. »

C'est ainsi que, par un heureux mélange d'exercices
de piété, d'institutions d'économie et d'instruction,

avec de joyeux et naïfs divertissements, les Frères de Saint-Vincent de Paul travaillaient à conquérir les âmes des ouvriers.

Mais là ne s'arrêtent pas leurs efforts. S'ils évangélisent les pauvres, à la suite de Jésus-Christ, à sa suite aussi ils s'efforcent de rétablir entre les hommes la vraie fraternité. Frères des ouvriers, ils doivent, selon l'esprit de leurs Constitutions, susciter la formation de Comités, dont les membres collaborent à leurs œuvres, à titre de Confrères. Ils servent par là de trait d'union entre la classe dirigeante et la classe ouvrière : ainsi le but des Frères de Saint-Vincent de Paul n'est pas seulement de convertir des individus isolés, mais surtout de rétablir la charité chrétienne entre les diverses classes de la société ; c'est, en un mot, de convertir la société même.

L'arrivée des Frères de Saint-Vincent de Paul à Metz devait unir plus étroitement à l'Œuvre des Jeunes-Ouvriers, les chrétiens d'élite qui la soutenaient déjà de leurs aumônes ; elle devait en faire des Apôtres, prêtant une collaboration active aux travaux des Directeurs de l'Œuvre. Le voyage que fit M. Le Prevost à Metz, au mois d'octobre 1862, pour visiter la nouvelle fondation, eut pour résultat l'organisation définitive du Comité Protecteur. Monseigneur Dupont des Loges voulut bien désigner, comme Président, M. l'abbé Germain, Vicaire Général. Les autres membres du Comité furent : M. l'abbé Dorvaux, curé de Saint-Eucaire, M. l'abbé Bernard, aumônier de l'Œuvre des Militaires, M. Faivre, Président des Conférences de Saint-Vincent de Paul de Metz, M. de Saint-Chamant, Receveur Général des Finances de la Moselle, M. Berga, notaire, avec M. le Vte de Pontbriant pour secrétaire et

M. des Robert pour trésorier ; M. Risse, Directeur de l'Œuvre, et M. de Lauriston, sous-directeur, faisaient également partie du Comité.

Ici encore il sera bon d'écouter ce que l'abbé Bureaux, le fidèle conseiller de M. Risse, lui écrivait au sujet de la collaboration des laïques à son œuvre :

« Jamais, mon cher enfant, jamais lettre de votre part ne m'a rendu heureux comme cette année.C'est qu'à l'expression si franche et si cordiale de vos sentiments, vous aviez joint des nouvelles de votre œuvre, bien faites pour me réjouir... Oui je suis tout heureux de voir la marche progressive de vos travaux et à quel point Dieu les bénit ; la marche est graduelle et les bénédictions suivent de même. Tel est l'ordre providentiel dans les choses qui viennent d'en haut pour servir à la terre par la main des hommes religieux. Je me réjouis enfin, sans ridicule amour-propre, de ce que les quelques idées que je m'étais permis de hasarder pour la consolidation, pour l'expansion d'une telle œuvre aient été goûtées et mises en pratique au jour venu.

« Il y a longtemps déjà, vous le savez, que j'insistais sur l'adjonction des laïcs, *dans la mesure* où leur concours devait nécessairement vous être d'une grande utilité ! Or vous y voilà arrivé ! C'est bien préférable mille fois, (bien que tout le monde ne partage pas ce point de vue), lorsqu'une œuvre est créée, étudiée, suffisamment connue et pratiquée, qu'enfin elle marche d'une vie régulière et normale sur ses deux pieds ; il n'en est pas de même quand elle commence et qu'elle s'essaie dans la voie inévitable des hésitations et des tâtonnements, sous le regard de gens qui observent et qui attendent, pour accorder leur adhésion. Aujourd'hui ce concours vous est acquis. Il est temps ; mais il n'arrive pas trop tard. Laissez faire, croyez-moi, par la main, par la bouche, par la plume, par la trompette retentissante des laïcs, *sincèrement chrétiens*, tout ce qui pourra le mieux vulgariser votre œuvre dans l'opinion publique. A cet égard, les laïcs en feront plus en *un an* que vous en dix ; ne vous en étonnez point, c'est dans l'ordre pour les choses de cette nature. Il est bon d'ailleurs que vous paraissiez un peu vous effacer et mettre votre tambour derrière la porte. C'est d'un art habile, que d'en agir ainsi à l'époque où vous êtes arrivé !

« Si votre Supérieur Général a pu voir à Metz quelques bons laïcs et non pas seulement Monseigneur, c'est autant de profit pour la rue de la Fonderie. C'était à mes yeux chose des plus importantes. Je regretterais vivement que vous eussiez négligé une si favorable occasion de mettre en contact un élément fait pour s'unir, de toute nécessité, mais dans une mesure des plus calculées et des plus discrètes, avec la robe sacerdotale. Car enfin, de quoi s'agit-il ? De jeunes ouvriers qui se répandent dans les ateliers, qui en respirent l'atmosphère et qui vivront toute leur vie, pour la plupart, dans le *milieu* qu'on nomme la société. Or ce *milieu*, n'est-ce donc pas l'élément laïc ? Dégagez-le, bien entendu, de ses scories, mais sachez hardiment et prudemment vous en servir.

« Tel est l'aspect sous lequel je conçois l'établissement solide de votre œuvre dans la bonne ville de Metz.

« M. de Pontbriant va faire le compte-rendu et même la quête ! Ah ! c'est délicieux. Témoignez-lui toute confiance, toute reconnaissance, et fournissez-lui, et à d'autres encore, tous les documents. Il ouvre le sillon ; d'autres reprendront l'araire de ses mains l'an prochain ; et ce n'en sera pas moins la maison de l'abbé Risse, ou plutôt l'œuvre du père commun de la grande famille, qui protège la veuve et l'orphelin » [1].

Mais l'Œuvre du Frère de Saint-Vincent de Paul ne s'arrête pas là, son action ne se borne pas à transformer en apôtres des ouvriers, les bons laïcs sincèrement chrétiens. Au moyen-âge, notre belle langue a donné le nom d'aumôniers aux chapelains de nos châteaux, aumôniers, distributeurs d'aumônes. Le Frère de Saint-Vincent de Paul est l'aumônier de la haute société des temps modernes : par lui, le riche remplit envers le pauvre ses devoirs de charité ; par lui, la classe dirigeante s'acquitte du patronage qu'elle doit aux prolétaires.

Et c'est toujours l'excellent abbé Bureaux qui va nous montrer comment l'action de Monsieur Risse arrivait à pénétrer jusqu'aux foyers les plus inaccessibles. On excusera l'abandon un peu franc d'une lettre intime.

« J'ai peut-être un peu tardé, écrit-il, mon bon ami, à vous remercier... de vos deux dernières brochures, qui sont bien dignes de leurs devancières, si même elles ne les surpassent. C'est ainsi que, dans votre Œuvre, tout va *crescendo* ; et je vois que vous formez des mains qui savent aussi bien manier la plume que le compas et le ciseau. Le Maréchal Bugeaud avait pris cette devise pour ses armes : *ense et aratro* [2], car il était aussi bon agronome que brave et habile soldat. Il vous est permis, sans rien usurper, d'inscrire au frontispice de votre œuvre : *calamo et malleo* [3]. Et, comme vous ne faites servir les dons de l'écrivain qu'à la glorification du divin Maître et à la propaga-

---

1. De Nancy, le 8 décembre 1862.
2. Par le glaive et la charrue.
3. Par la plume et le marteau.

tion d'une institution charitable encore peu connue, et qu'elle mérite de l'être bien autrement, Dieu vous a donné une plume, comme il donnait jadis aux apôtres le don des langues pour étendre leur mission sur la terre.

« Après avoir lu ces deux intéressantes brochures, je regretterais vivement qu'elles n'eussent pas été publiées. C'est excellent, c'est délicieux. Ne craignez pas de multiplier cette année les frais de publication. Lancez partout, dans la Société de Metz et dans son rayon, à trois ou quatre lieues à la ronde, vos petites et grandes notices ; foncez de cette sorte sur les demeures les plus impénétrables à votre présence, et faites en sorte que les *impressions* de l'abbé Risse, pénétrant partout, se placent de gré ou de force sur la table chargée d'essences du boudoir de nos plus grandes dames ; car ces petits écrits *sentent bon* aussi et ils exhalent des parfums, qui rivalisent sans peine avec toutes les richesses balsamiques, en poudre ou en liqueur, en paquets ou en flacons, que l'opulence musquée et confite paie sans hésiter des prix fous, pour ne pas dire monstrueux, et pourquoi ? Pour se farder, pour étaler un éclat menteur :

Pour réparer des ans l'irréparable outrage ! !

« Ah ! qu'elles réparent plutôt, ces prétentieuses mondaines, le grand outrage qu'elles font à la morale, à elles-mêmes et à la société. Qu'elles consentent seulement à donner le quart de tant de scandaleuses frivolités, ce qu'elles pourraient faire sans s'appauvrir d'une obole, et un capital serait bientôt formé, suffisant pour acquérir l'immeuble qui vous devient plus que jamais nécessaire.

« J'espère que cette année vous sera bonne. Le moment est venu pour la moisson. Mais ne vous bornez pas à vos écrits, à vos rapports, à vos notices ;

tâchez encore d'attirer à certains de vos exercices,
certaines notabilités qui peuvent, par leur présence,
vous prêter l'appui d'un bien puissant concours.
Ainsi, lorsque vous avez donné la représentation
de la prise de Pékin, je regrette que vous n'ayez pas
invité expressément quelque colonel ou général,
le commandant du bataillon de chasseurs, etc, etc.
Voyez ce que font les PP. Jésuites à leurs exercices
dramatiques, imités des nôtres à Saint-Augustin !
Une soirée de ce genre suffit pour défrayer durant
huit jours les entretiens des salons ; et, tout en rendant compte du spectacle, on mêle à ce récit l'éloge
de la maison, on fait valoir les services qu'elle rend ;
et, si parfois quelques *mais*, quelques objections sur-
gissent, la grande voix de l'opinion publique ne
manque pas d'admirateurs pour y répondre.

« Vous feriez bien de reproduire l'été prochain cett
mise en scène, qui gagnera plus de perfection au
honneurs du *bis*. Ce sont là les *exercices dramatique*
les mieux choisis, les mieux appropriés à la natur
de vos jeunes ouvriers ; ne sortez pas de cet ordr
d'idées, sauf à en varier le programme. Une autr
fois, vous auriez l'enlèvement du pic du *Borrego* au
Mexique, aussi bien que la prise de *Malakoff* ; ce
scènes ont quelque chose qui reflète chaleureusemen
le sentiment national, et qui trouve, dans l'écho
du peuple qui en est témoin, une recommandation
pour ne pas dire une exaltation de votre œuvre, de
nature à triompher de toutes les difficultés. On a dit
du drame : *Castigat ridendo mores* [1], on dira de votre
œuvre *Conciliat ridendo mores populosque* [2]. Et le
but est atteint [3]. »

____

1. Il corrige les mœurs en faisant rire.
2. Il réconcilie les mœurs et le peuple en faisant rire
3. De Nancy, le 8 janvier 1863.

Voilà bien, en effet, le but des œuvres populaires, le but de la Congrégation des Frères de Saint-Vincent de Paul, consacrée au service des ouvriers : la moralisation du peuple et la réconciliation des diverses classes de la société par l'union dans le travail, la joie et la prière.

CHAPITRE VII

LE SUPÉRIEUR DE LA COMMUNAUTÉ DE L'ENFANT-JÉSUS

A ses travaux de zèle, la Congrégation des Frères de Saint-Vincent de Paul joint les exercices de piété et de vie intérieure, disent ses fondateurs, et ses Constitutions reposent sur cette double pensée : *Former Jésus-Christ en nous et attirer le monde à lui par nos Œuvres*[1]. Si M. Risse était entré dans l'humble communauté, c'était sans doute pour fortifier son œuvre et en assurer l'avenir, mais c'était en même temps et surtout pour opérer plus sûrement sa propre sanctification. Aussi, tandis que l'œuvre se développe, comme nous l'avons dit au chapitre précédent, on voit en même temps s'épanouir les vertus du Directeur. En ce moment où, par la profession religieuse, M. Risse vient d'embrasser l'état de perfection, il sera utile de jeter un coup d'œil sur les vertus de cet homme de Dieu et de le voir se sanctifier luimême pour sanctifier ses Frères, dont il est le supérieur, et les ouvriers et les jeunes gens dont il est l'infatigable apôtre.

« *Qui regula vivit, Deo vivit*[2]. C'était une des maximes favorites de Saint Jean Berchmans ; elle était aussi familière à M. Risse. Voulant se sancti-

---

1. Constitutions, n. 5.
2. Qui vit de la règle, vit de Dieu (S. Grégoire de Nysse).

fier il s'attacha à la *régularité*. Ici encore on retrouve le militaire avec sa consigne. « Avant tout la règle, disait-il ; nos Constitutions, nos règlements, nos exercices avant tout ».

Le matin, après des nuits d'insomnie ou de veille laborieuse, il savait rappeler à l'ordre les *excitateurs* oublieux [1], et se trouvait toujours présent à la prière et à l'oraison du matin. Malgré ses nombreuses occupations de l'intérieur et de l'extérieur, rien ne pouvait l'empêcher d'arriver le premier aux exercices et de n'en jamais manquer un seul.

On remarquait sa régularité exemplaire au temps de la retraite annuelle, qu'il allait faire en communauté à Vaugirard.

Il était d'une fidélité scrupuleuse à suivre les prescriptions de la liturgie.

Sa petite communauté et son œuvre étaient parfaitement réglées pour les exercices de chaque jour et l'organisation matérielle. Au temps des visites canoniques, on trouvait toujours à Metz les comptes en ordre ; tous les services, économat, lingerie, cuisine, etc. étaient réglés dans le plus petit détail ; les salles tenues propres, les fonctions de chacun définies, surveillées ; la cloche déterminait tous les moments, et cette régularité ne s'est jamais démentie.

Citons un fait caractéristique. Le mercredi est jour de congé dans la Congrégation, et le règlement de la Communauté de Metz indiquait pour ce jour une promenade. Or c'était l'hiver, et il y avait au dehors quinze centimètres de neige qui fondait sous une pluie battante ; le froid était pénétrant. Mais on était au mercredi. M. Risse donne le signal du départ en promenade. Les Frères se regardent étonnés et l'un d'eux

---

1. En communauté, on appelle *excitateur* le religieux chargé d'éveiller ses frères.

observe qu'il n'est guère possible de se mettre en route.
« Comment, reprend M. Risse, des religieux ne feront
pas ce que font les soldats ! Allons, allons, partons ».
On sort donc. On marche péniblement dans la neige
fondue. Au bout d'une heure : « Eh bien ! dit M. Risse,
le principe est sauvé maintenant ; nous allons rentrer ».

Cet homme de règle ne pouvait supporter le moindre retard chez ses Frères. Un vif mouvement de
tête, de gauche à droite, bien connu de ceux qui ont
eu le bonheur de vivre avec lui, exprimait instinctivement son impatience à l'arrivée des retardataires.

Tous ses instants étaient réglés ; chacun des membres de sa communauté, chaque employé de la maison avait un règlement particulier qui déterminait
dans les plus petits détails les occupations de la journée.

Une telle ponctualité n'allait pas à tous les caractères, mais sa bonté paternelle, sa charité pour ses
Frères faisait accepter toutes ses exigences : M. Risse
comprenait que celui qui a quitté le monde, a besoin
de retrouver une vraie famille dans la vie religieuse.
Il était réellement le père de famille de sa communauté, prévenant les besoins de ses Frères, s'appliquant à rendre la vie commune plus agréable par
toutes sortes d'attentions délicates, et sachant à
l'occasion remonter les courages par d'aimables
paroles.

Voici le témoignage d'un de ses enfants, M. Victor
Bouchy, devenu membre de sa Communauté, après
avoir été sociétaire de son œuvre :

« Un jour, raconte-t-il, à l'approche de ma fête,
M. Risse m'accoste un peu vivement et me dit :
« Comme il est difficile de savoir ce qui vous ferait
plaisir pour votre fête ! Voilà plusieurs fois que je

vous fais des propositions et vous êtes encore à me répondre. — Mais, mon père, lui dis-je, vous voulez donc me faire un cadeau ? — Eh ! oui, et vous m'obligez de vous demander ce que vous désirez ; un enfant ne devrait jamais exposer son père à cela ; aux premières avances, il doit laisser voir son désir »...

« Après la mort de notre bon et regretté père fondateur, M. Le Prevost, M. Risse fut appelé à Paris pour assister au Chapitre qui devait élire son successeur. On élut M. Lantiez. A son retour à Metz, M. Risse me remit un petit morceau de biscuit de savoie tout sec : « Tenez, mon cher enfant, dit-il, c'est une part du gâteau du bon Père Lantiez ; il m'a permis de vous le rapporter, puisque vous étiez seul pendant que nous nous réjouissions ». Il me remit en même temps une belle image de Saint Joseph, qu'il avait aussi demandée à M. Lantiez pour moi, et sur laquelle ce bon père avait écrit quelques mots.

« Une autre fois, il était allé passer quelques jours à Saint-Avold, chez les Sœurs Servantes du Sacré-Cœur. Au retour, il me donna quelques friandises en me disant, comme d'habitude : « Mon cher enfant, c'est bien triste pour vous, quand je suis absent, de rester tout seul dans cette grande maison. — Dans quelques semaines, ajouta-t-il, nous ferons une grande promenade et, si vous voulez, nous irons chez vos parents ».

« Mes parents ont toujours conservé un bien reconnaissant souvenir à M. Risse pour ces sortes de visites, qu'il faisait une fois par an. Il en profitait pour leur donner de bons conseils et, se mettant à leur portée, il leur parlait de ce qui pouvait intéresser les cultivateurs comme eux.

« Lorsque mes parents venaient à Metz, ils étaient

reçus par M. Risse comme les meilleurs amis de la maison.

« Tant de délicatesse faisait fermer les yeux sur ses brusqueries et ses remarques trop répétées, qui provenaient de son caractère un peu vif et méticuleux.

« Chaque fois qu'il s'absentait de Metz pour plus d'un jour, je l'accompagnais à la gare. A son retour, j'allais encore l'y recevoir, et nous nous donnions l'accolade. Puis, au repas qui suivait, il y avait un petit extra : « Voyez-vous, disait-il, ces petites attentions entretiennent l'esprit de famille. Je suis votre petit père et vous êtes mon gros enfant [1]. Aimons-nous toujours bien ».

M. Risse avait un cœur d'or. Il était tout charité. Il aimait Dieu par-dessus toutes choses, et le prochain pour l'amour de Dieu.

Il aimait Dieu et, comme son cœur le faisait agir en tout pour plaire à Dieu, son esprit ne perdait pas de vue l'objet de son amour. Ses Frères ont remarqué que, pendant les repas, il élevait fréquemment ses regards vers le crucifix, pendu au mur en face de la place du Supérieur. Un ancien membre de l'œuvre de la jeunesse, raconte que, dans les rues populeuses de Metz, il avait toujours l'air recueilli. Marchant assez vite, il allait droit à ses affaires, ne se laissant distraire par aucune chose extérieure. Il ne remarquait souvent même pas les personnes connues qu'il rencontrait ; sa pensée était toute à Dieu et au bien qu'il se préparait à faire par amour pour Dieu.

Pour consoler Dieu des péchés qui se commettent par le monde, pour réparer en particulier les péchés des ouvriers, il établit l'usage de la communion répa-

---

1. M. Bouchy avait une taille et une corpulence peu ordinaires ; M. Risse était maigre et de taille moyenne.

ratrice quotidienne, faite à tour de rôle par chacun des membres de sa communauté.

Qui dira l'amour, le respect qu'il témoignait au Saint-Sacrement ? Il ne souffrait pas de voir la moindre trace de poussière à la chapelle, et tout y était parfaitement en ordre. Chaque fois qu'il passait devant la porte, il se découvrait pour saluer respectueusement Notre-Seigneur. Souvent aussi il venait faire quelques instants d'adoration pour s'entretenir avec son Dieu. C'est là qu'il puisait l'ardeur de son zèle.

Aimant Dieu, il voulait le faire aimer des autres ; c'est à quoi il employa toute sa vie. Aussi n'est-il point besoin de parler ici en particulier de son zèle. Qu'il suffise de rappeler le soin spécial qu'il avait de propager les bonnes lectures. Trouvait-il dans les journaux des traits édifiants, il les faisait découper, les rassemblait dans de grandes enveloppes, et les envoyait à diverses communautés de femmes, qui ne lisent pas ces publications. Puis ces feuilles lui revenaient et il les faisait classer et coller dans des albums pour les membres de l'œuvre. Il faisait aussi passer dans sept ou huit maisons différentes les journaux qu'il recevait. Lorsqu'il découvrait dans une Revue un article qui pouvait faire du bien, il en demandait aussitôt un grand nombre d'exemplaires pour distribuer. Il eût été impossible de calculer le nombre d'almanachs qu'il propageait partout, à l'approche du nouvel an. A la mort si chrétienne de Carpeaux, dont les œuvres avaient fait scandale, conversion due au zèle de deux ouvriers du Cercle Montparnasse [1], il en fit imprimer le récit et le distribua en nombre considérable.

Il ne pouvait pas supporter la pensée que tant de

---

1. Le premier Cercle Catholique d'ouvriers, fondé à Paris en 1855 par Maurice Maignen, Frère de Saint-Vincent de Paul.

gens outragent Dieu tous les jours. On le voyait
entrer dans une sainte colère, lorsqu'il parlait des
impies et des blasphémateurs.

Mais, en même temps, quelle charité il leur mon-
trait, quand il pouvait les entretenir, les sachant
bien plus ignorants que méchants. Il tâchait de les
attirer par le bien qu'il faisait à tous indistinctement.
Je ne dis pas que sa charité était toujours bien
placée, mais c'était la générosité aveugle de Saint
Vincent de Paul, de la Sœur Rosalie et de tant d'autres
serviteurs de Dieu. Les déceptions ne le corrigèrent
jamais ; ne vaut-il pas mieux faire la charité à quelques paresseux qui n'en ont pas besoin, plutôt que
de s'exposer à en priver ceux qui la méritent ? D'ailleurs l'offrande matérielle fût elle mal placée, l'aumône spirituelle qui l'accompagnait, mettait toujours
dans l'âme un bon germe capable de porter du fruit.

« Pendant les trois années que j'ai passé avec
M. Risse, écrit un de ses Frères, je ne me rappelle
pas l'avoir vu refuser une seule fois les secours qu'on
lui demandait. Ces secours étaient parfois considérables.

« Une fois, tandis qu'il faisait sa retraite à Paris,
une personne vint me trouver, et, après m'avoir
exposé sa détresse, me dit qu'il lui fallait absolument cent francs. « Plusieurs fois, dit-elle, M. Risse
m'a donné la même somme ; s'il était présent, il
me la donnerait encore ». Je me contentai de lui
donner une légère offrande. Mais cette personne
insistant, j'écrivis à M. Risse ; le lendemain de la
clôture de la retraite, une lettre m'arrive pour me
dire de verser la somme demandée...

« En faisant sa quête annuelle, M. Risse arrive chez
une bienfaitrice qui, en lui remettant son offrande,
a l'idée d'ajouter : « Monsieur l'abbé, je vous fais

aujourd'hui l'aumône, mais, si je venais à tomber un jour dans la nécessité, je pense bien que vous viendriez à votre tour à mon aide. — Certainement, répond le charitable prêtre, je vous le promets ; mais j'espère bien, pour vous et pour moi, que cela n'arrivera jamais ». Deux ans plus tard, cette Dame se présente à la maison de l'Enfant-Jésus ; elle rappelle au bon Directeur sa promesse et lui demande de l'aider à cacher sa détresse. Dès ce jour, M. Risse n'hésita pas à lui remettre à chaque trimestre un billet de cent francs...

« Dans le voisinage de l'œuvre, était une famille bien pauvre, composée de deux personnes, la mère très âgée, et la fille, d'environ quarante ans, abandonnée de son mari et rendue impotente par les mauvais traitements qu'elle avait subis dans son ménage. Depuis dix ans, cette pauvre créature était clouée sur son lit de douleurs ; sa mère allait à grand'peine chercher quelques secours. Une pareille infortune avait aigri ces personnes ; elles murmuraient contre la Providence de Dieu, ne comprenant pas que, s'il était aussi bon que les prêtres le disaient, il les laissât dans ce triste état, tandis que le mari coupable semblait être heureux. Informé de leur misère, M. Risse alla les voir. La réception fut plus que froide, et ces pauvres femmes paraissaient ne vouloir rien accepter d'un prêtre. N'importe, dès ce jour il les visita fréquemment et, lorsqu'il ne pouvait le faire luimême, il leur envoyait des douceurs par un employé de la maison. Il s'ingéniait à leur procurer tout ce qui pouvait leur faire plaisir. Les pauvres femmes refusaient, disant qu'elles voyaient bien où voulait en venir l'abbé Risse ; on avait ordre de déposer quand même les friandises sur la table. Au bout de plusieurs mois, leur obstination fut vaincue par la charité persévérante ; elles se confessèrent et reçurent toutes deux la Sainte Communion ».

C'est ainsi que M. Risse distribuait en aumônes des sommes considérables, mais faisait encore plus de bien aux âmes qu'aux corps de ceux qui étaient l'objet de sa charité.

S'il aimait les pauvres, il aimait encore plus ses enfants, ses chers jeunes gens. Un de ses collaborateurs nous le dépeint, un jour de Noël, au sortir de la Messe de minuit. Le réveillon est servi dans la grande salle du patronage. M. Risse fait le tour des tables. Il a le visage souriant ; il s'efforce de mettre de l'entrain : « Réjouissez-vous, mes amis, leur dit-il, réjouissez-vous. Tout à l'heure, c'était la part du bon Dieu ; maintenant, c'est la vôtre ». Quel bonheur de les voir prendre ce petit régal ! Au dessert, il s'esquive un moment, et reparaît bientôt avec une énorme boîte de cigares sous le bras ; il fait lui-même la distribution aux convives, suivant l'habitude des pays du nord. La joie est à son comble, mais l'âme de M. Risse se réjouit surtout à la pensée que ces simples plaisirs, en retenant ses jeunes gens à l'œuvre, garantissent l'innocence de leur cœur.

Aussi, quelle douceur et quelle longanimité envers les enfants difficiles ! C'est un grand art pour un Directeur de patronage, où chacun vient librement, de savoir corriger les défauts des patronnés, sans les éloigner de l'œuvre, hors de laquelle ils se perdraient infailliblement. Sa grande bonté lui permettait de reprendre ceux dont il avait gagné le cœur ; sa sagesse lui inspirait, dans les avis généraux, les paroles qui atteignaient, sans les blesser, ceux qui n'auraient pas souffert une réprimande personnelle.

Envers les employés de la maison il était d'une grande bonté et patience. C'était le père, chef de la société domestique, et eux des membres de la famille. Leur âme était l'objet de tous ses soins, et matin et soir ils devaient assister à la prière avec la communauté. Le dimanche était un jour de délassement où il leur accordait une promenade, allant même jusqu'à procurer des cigares à ceux qui avaient l'habitude de fumer. Au mois d'août, quelques parties de plaisir à la campagne leur rappelaient le temps des vacances. Quelle n'était pas sa mansuétude pour supporter leurs défauts ! « Pourvu qu'ils ne soient ni voleurs, ni ivrognes, ni débauchés, disait-il, nous devons leur passer le reste. Qui est-ce qui n'a pas de défauts ? C'est à nous de les façonner de notre manière, mais ne les renvoyons jamais pour d'autres défauts que ceux-là ». Encore le vit-on, un soir, donner le bras à son concierge pour monter à sa chambre et le coucher lui-même avec l'aide d'un membre de l'œuvre. Il est vrai que le lendemain il lui fit les remontrances méritées pour l'excès dont il s'était rendu coupable.

Doux et charitable pour le prochain, M. Risse n'était dûr qu'envers lui-même. Sans négliger les pénitences extérieures, car il prenait souvent la discipline, le saint prêtre savait que l'humilité, la mortification de l'esprit et de l'amour-propre est la première de toutes. Il n'hésitait pas à demander pardon à ses Frères des petites vivacités qui lui échappaient, et plus d'une fois on l'entendit s'accuser de ne pas assez regarder ses propres défauts, mais d'en faire abstraction pour ne considérer en lui que le Supérieur, représentant de Dieu. Un jour il essuya un refus pour une chose bien nécessaire et se vit traiter comme un homme ayant les idées peu équilibrées. « Dieu soit bénit, dit-il à un de ses Frères ; encore un coup de pied du diable. Tant mieux ; cela me fera plus vite entrer au ciel ».

Une autre mortification, essentielle au religieux, c'est la pratique de la pauvreté. M. Risse fut mendiant toute sa vie, mendiant pour ses pauvres, mendiant pour ses ouvriers, mendiant pour ses Frères. Avant même d'entrer en communauté, il pratiquait cette pauvreté évangélique, que les Frères de Saint-Vincent de Paul ont résolument embrassée. Mais pauvreté n'est pas misère, et, si le saint prêtre tenait tout de la charité, il soignait tout comme étant le bien de Dieu ; si sa chambre était pauvrement meublée, on n'y voyait aucun désordre, aucune trace de poussière. Sa propreté extérieure était un signe du soin qu'il prenait de la pureté intérieure de son âme.

La beauté de son âme se reflétait en toute sa personne et lui donnait je ne sais quel air de profonde gravité, de douce bonté, de modestie, qui le faisait vénérer de ceux-mêmes qui le connaissaient peu. Son recueillement dans la récitation du bréviaire et sa tenue digne et pieuse au saint autel le faisaient regarder comme un saint. Dans la ville de Metz, tous étaient remplis de vénération pour lui ; et cette vénération retombait sur ses Frères, que souvent l'on saluait dans la ville, en disant : « Ce Monsieur est de chez l'abbé Risse ». La voix unanime de tous le proclamait « le Saint-Vincent de Paul de Metz ».

Le vénérable Mgr Dupont des Loges avait lui-même en grande estime la vertu de l'abbé Risse. Il ne pouvait en donner de marque plus éclatante qu'en choisissant l'humble apôtre des ouvriers pour exorciser une possédée, qui se trouva dans son diocèse. On nous permettra de raconter l'histoire de la délivrance de cette malheureuse ; elle montrera que le démon lui aussi connaissait bien la vertu de M. Risse.

C'était en 1862 ou 1863. On avait amené à Metz

une pauvre paysanne des environs que l'on tenait jusque-là pour folle. Sa maladie pourtant présentait de si étranges symptômes, que l'autorité ecclésiastique, vu certains faits qui s'étaient passés dans sa famille, se crut autorisée à supposer une véritable possession diabolique.

En même temps que les médecins étudiaient ce singulier cas à l'hôpital de Bon-Secours, où la malade avait été internée, Monseigneur l'Évêque de Metz, avec leur consentement, désigna l'aumônier de l'hôpital, M. l'abbé Bernardy, pour exorciser la malheureuse en compagnie de M. Risse.

Habituellement la pauvre fille était dans un tel état de surexcitation, qu'il fallait lui lier les mains. Amenée dans la chapelle de l'établissement, où les exorcismes avaient lieu deux fois par semaine, elle se débattait avec une violence inouïe. Ses contorsions et ses regards étaient bien ceux d'une possédée, lorsqu'on approchait d'elle une relique ou quelque objet sacré, même d'une manière non apparente. Parfois elle se trouvait soulevée de terre. Enfin elle, qui connaissait à peine les lettres de l'alphabet, répondait à toutes les questions qu'on lui posait, en quelque langue qu'on lui parlât.

Les médecins ne purent lui procurer aucun soulagement, et, pendant deux longs mois, les exorcismes se firent sans résultat. Plus d'une fois, dit-on, le démon maltraita le vénérable aumônier de l'hôpital. M. Risse ne dit pas ce qu'il eut à souffrir pendant ce temps, mais jusqu'à sa mort il conserva à la jambe une plaie qu'il soignait lui-même et ne fit jamais voir à ses Frères ; un prêtre de sa congrégation put cependant l'apercevoir, une nuit que l'abbé Risse, couchant dans la même chambre que lui, se mit à la soigner lorsqu'il le croyait endormi.

Le jour de la délivrance allait enfin arriver. M. Riss
devait se trouver de bonne heure à l'hôpital. A
moment de se lever, il se sent la tête lourde et l
corps paralysé ; ses membres étaient de plomb e
il ne pensait pas pouvoir aller à l'exorcisme. Dar
un suprême effort, il se traîne à l'hôpital. « Ah
tête noire, cria la possédée en l'apercevant, (M. Be
nardy avait des cheveux tout blancs, tandis qu
M. Risse les avait encore noirs), tu viens quan
même ! Ne t'avais-je pas envoyé ce matin le mal c
tête pour t'empêcher de venir ? » L'exorcisme déj
commencé se continua ; les prières se prolongèrer
jusqu'à midi. C'était un samedi, jour de la Saint
Vierge. A cette heure, l'Angelus sonna. Quelle n'es
pas la stupéfaction de tous ! Au premier son de l
cloche, la pauvre fille tombe à genoux et récite ave
les personnes présentes la salutation angéliqu
D'abondantes larmes coulent de ses yeux ; son caln
est parfait, sa démarche est celle de tout le mond
son langage est celui d'une simple paysanne.

Mais les soldats de Dieu n'ont pas souvent l'occ
sion de livrer ces combats singuliers à l'ennemi d
genre humain. Nous allons voir M. Risse faire
campagne régulière contre les troupes du démo
en travaillant sans cesse à perfectionner et étend
l'œuvre qu'il avait fondée pour établir le règne c
Dieu dans les âmes des ouvriers.

CHAPITRE VIII

L'ŒUVRE DE 1862 A 1870

Un orphelin de la Maison de la Providence, devenu Frère des Écoles Chrétiennes, écrivait à son ancien aumônier : « Nous prierons pour vous, bien cher père, qui, comme vous le dites, et avec raison, bataillez bien plus sur les épines que sur les roses ; nous demanderons, avec ses petits anges de la terre, la force, le courage, la patience, la résignation dont vous avez besoin pour lutter en véritable soldat de Jésus-Christ et faire tout le bien que vous avez entrepris pour la gloire de son saint nom. »

Dès le temps de ses premières armes, dans la petite troupe des Frères de Saint-Vincent de Paul, M. Risse eut en effet à subir deux épreuves, bien douloureuses à son cœur. Elles l'atteignirent dans ce qu'il avait de plus cher au monde, sa famille et les orphelins que depuis longtemps il avait adoptés pour ses enfants.

Le premier sacrifice lui fut imposé par la divine Providence qui le priva de la présence visible de son vénérable père, en rappelant au ciel ce vrai chrétien, aussi bon serviteur de Dieu, qu'il avait été vaillant soldat de son pays. Voici la simple épitaphe composée par son digne fils :

ICI REPOSE
EN ATTENDANT LA RÉSURRECTION GÉNÉRALE
LE CORPS DE
JEAN MARTIN RISSE
CHEF DE BATAILLON DU GÉNIE EN RETRAITE
CHEVALIER DE SAINT-LOUIS
CHEVALIER DE LA LÉGION D'HONNEUR
DÉCÉDÉ LE 8 MAI 1863
DANS SA 86me ANNÉE.
IL S'EST ENDORMI DANS LA PAIX DU SEIGNEUR.
Obdormivit in Domino (Act. VII).
PRIEZ DIEU POUR LUI.

Le saint prêtre pleura la mort de celui qui tenait une place si grande dans ses affections : c'était le droit de la nature, c'était le devoir d'un noble cœur. Jésus-Christ n'avait-il pas versé des larmes sur la tombe de son ami Lazare ? Mais, « comme le lui dit un de ses enfants de prédilection, au milieu de sa vive douleur, il dut être bien consolé en pensant à la mort si sainte de son digne père. Dieu a rappelé à lui votre bon père, lui écrit un autre de ses enfants spirituels ; je ne doute pas que ce ne soit pour couronner éternellement dans la gloire une vie toute pleine de mérites, et sanctifiée dans ces derniers temps par la maladie et la patience. »

D'ailleurs, donner un fils à Dieu est un gage certain de prédestination ; laisser après soi sur la terre un fils prêtre, c'est s'assurer à bref délai la possession du ciel. Aussi la consolation chrétienne ne manqua pas à M. Risse.

Privé par Dieu de son père, il dut, pour obéir à la voix d'en-haut, faire de lui-même un second sacrifice en s'éloignant de ses enfants d'adoption, les Orphelins de la Providence, dont il était l'aumônier depuis le 6 novembre 1848.

On semble avoir peu parlé du ministère de M. Risse auprès des orphelins ; et pourtant tout ce qui a été dit jusqu'ici se rapporte à ce sujet. N'est-ce pas pour les orphelins qu'il avait fondé la Société des Jeunes-ouvriers, œuvre qui devait assurer leur persévérance ? Le ministère plus éclatant du Directeur de l'Enfant-Jésus n'était que l'épanouissement du ministère de l'Aumônier de la Providence ; si d'abondants fruits de salut se récoltaient à la rue de la Fonderie, c'est que, par les soins vigilants d'un prêtre selon le cœur de Dieu, la grâce avait largement fécondé les âmes des jeunes orphelins.

Le trait suivant montrera que M. Risse, tout en se donnant à ses chers apprentis et ouvriers, n'oubliait pas les soins qu'il devait aux plus jeunes de ses enfants :

« Je viens d'être témoin d'une mort des plus édifiantes et en même temps des plus consolantes pour les personnes qui y ont assisté. Pierre Célestin Touvenin, âgé de 11 ans, était depuis plusieurs années, malade de la poitrine, et l'on voyait qu'il s'éteignait de jour en jour. Remarquant le danger, l'Aumônier de la Maison jugea convenable de lui faire faire sa première communion. Le jour de Noël (1859), ce cher enfant accomplit cette grande action avec tout ce qu'il put apporter de ferveur et d'amour. En revenant de la chapelle, il se coucha pour ne plus se relever.

« Il y avait déjà six semaines qu'il avait une diarrhée continuelle qui le fatiguait beaucoup, et cependant, tout le temps que dura sa cruelle maladie, jamais on n'entendit une plainte, jamais on ne vit un geste d'impatience ; il offrait toutes ses souffrances à l'Enfant Jésus.

« Sa mort fut celle du juste. Il expira dans les meilleurs sentiments, après avoir conservé sa présence d'esprit jusqu'à son dernier soupir.

« On était au 11 Janvier. Madame la Supérieure vint le visiter dès quatre heures et demie du matin. « Je voudrais bien aller au ciel, dit-il, tout de suite, » tout de suite. » La sœur lui répondit que bientôt la Sainte Vierge viendrait le chercher ; il se mit alors à demander : « On ne vient pas ? »

« Une autre religieuse lui dit de prier pour nous quand il serait dans le ciel : « Je prierai pour tout » le monde, répondit-il. « Célestin, ajouta une per- » sonne présente, quand tu seras là-haut, tu retien- » dras nos places. — Oui, je retiendrai vos places, » je ne les laisserai pas voler. Si le diable veut les » prendre, je lui donnerai un grand coup de pied. »

« De temps en temps il répétait ces douces paroles : « Jésus, Marie, Joseph ! » Un moment, il fut troublé : « Mon Dieu, s'écria-t-il, je vais aller en enfer. » Mais M. l'aumônier lui dit de ne pas écouter le démon, car les Saints Anges allaient le conduire au ciel ; et il se mit à demander de nouveau : « On ne vient pas ? »

« Peu de temps après, sans que personne le lui eût suggéré, il prononça ces mots : « Mon Dieu, que » votre volonté soit faite...et...non......pas...la... » mienne. » Puis il réclama la présence de ses cama- rades : « Il faut que les petits garçons viennent. Je » leur dirai d'être toujours sages, pas paresseux. » Je veux qu'ils viennent tous avec moi ; il ne faut » pas que le diable les prenne. » Un de ses amis lui ayant recommandé de prier pour l'Association, quand

il serait au ciel : « Oh ! oui, répondit-il, je prierai bien. »
Et sa main déjà glacée cherchait le crucifix qu'on lui
avait mis au cou. « Je vois un petit ange », s'écria-
» t-il tout à coup.

« Sur ces entrefaites, sa mère arrive tout en pleurs.
L'enfant en fut ému : « Ne pleure pas, lui dit-il, va,
» je vais partir, je prierai pour toi et pour mes frères.
» Je vais partir ! Adieu ! » On n'entendit plus que
quelques mots entrecoupés dont on ne put découvrir
le sens : « Une communion... chez vous... allumez... »
Ce furent ses dernières paroles.

« Le jeune moribond tomba dans un profond abattement, laissant échapper de temps à autre de petits
gémissements.

« M. l'aumônier était allé célébrer la Sainte messe
à son intention. C'est pendant ce temps que le petit
ange s'envola vers son Dieu. »

Comment expliquer une mort si sainte chez un
aussi jeune enfant, sinon par le zèle extraordinaire
d'un aumônier qui ne savait pas se donner à moitié ?
De là grande difficulté pour M. Risse de pouvoir
en même temps garder l'aumônerie de deux œuvres
capables chacune d'absorber entièrement son activité. M. l'abbé Bureaux lui écrit, le 26 avril 1863 :
« Par les détails que vous me donnez, mon cher
enfant, sur la marche de votre œuvre, je vois qu'elle
devient de plus en plus digne d'intérêt. Elle suit
son cours régulier et, si elle progresse plus lentement
que vos désirs ne le voudraient, elle se consolide
néanmoins, et par là elle porte l'empreinte du véritable progrès. Je conçois qu'avec tous ces développements incessants et inévitables, vous vous donniez
à votre maison et vous lui apparteniez plus exclusivement que jamais. Et de là, comme il arrive entre
deux armées qui ont chacune un objectif distinct,

mais diamétralement contraire, vous arrivez à vous
rencontrer sur un terrain où le choc semble inévitable. A mes yeux, ce sera à l'Aumônier des orphelins à céder au Directeur de la Fonderie. »

De son côté, M. Le Prevost avait écrit à M. Risse
le 24 avril, sur le même sujet : « Recommandez à
Dieu, pendant votre retraite, la pensée qui vous
occupe ; je me joindrai à vous pour qu'il daigne nous
éclairer et nous conduire. Je ne suis pas éloigné de
partager votre sentiment ; mais je crois que vous
devez essentiellement et avant tout prendre l'avis
de Monseigneur de Metz, si bienveillant et si paternel
pour vous. Son sentiment devra être le nôtre, et sa
décision, l'indice de la volonté de Dieu. J'ai la confiance que de la sorte nous ne ferons rien que de prudent et de bien inspiré. »

C'est au mois de septembre 1863 que M. Risse
quitta l'aumônerie de l'orphelinat, profitant du
séjour qu'il venait faire chaque année, à cette époque,
à Chaville (Seine et Oise) près de M. Le Prevost. Là
était la maison de repos et le noviciat des Frères
de Saint-Vincent de Paul. M. Risse, après avoir fait
sa retraite, y prenait ses vacances en compagnie
de ses Frères. « Ces visites, lui écrivait son digne
Supérieur [1], resserrent entre nous les liens de la charité et serviront aussi à la bonne entente des œuvres
pour la gloire de Dieu. Nous maintiendrons par la
prière cette heureuse disposition des cœurs, et la
paix du Seigneur règnera constamment parmi nous. »

A la même époque, M. le Prevost recommande à
M Risse d'avoir « confiance en Dieu, toujours misé-
ricordieux au-delà de nos attentes, jamais au-dessous.
Quelle raison, ajoutait-il, d'être en repos pour l'ave-

---

1. Lettre du 28 octobre 1863

nir. Puisse cette confiance, sans témérité, se fonder dans l'esprit de la communauté. » Jamais les Frères de Saint-Vincent de Paul, qui pratiquent résolument la pauvreté évangélique et ne comptent généralement pour leurs œuvres, de pure charité, comme pour leur subsistance, que sur la générosité de leurs bienfaiteurs : jamais, dis-je, les Frères de Saint-Vincent de Paul n'ont manqué du nécessaire pour eux et pour leurs entreprises.

L'abandon de l'aumônerie en question était pour M. Risse celui d'une ressource régulière de 1500 fr. par an. Il fit généreusement ce sacrifice pour se consacrer plus complètement à ses jeunes ouvriers. Deux Frères laïques de sa communauté, à partir de janvier 1864, firent chaque année la collecte des souscriptions volontaires en faveur de l'Œuvre. Monseigneur l'Évêque s'inscrivait en tête du registre et exprimait en quelques mots le grand cas qu'il faisait de l'Œuvre des jeunes ouvriers, ajoutant sa bénédiction pour les donateurs.

Il s'agissait de trouver tout d'abord les 2500 fr. de loyer annuel pour le bâtiment de la Fonderie et la cour attenante. On devait encore 1500 fr. sur les 15.000 qu'avaient coûtés le jardin et la remise venant à la suite de la première cour. Et cet ensemble devenait déjà trop exigu pour les 225 membres du patronage.

Ce nombre de 225 comprenait 50 écoliers, 90 apprentis et 85 jeunes ouvriers. Chacun des trois groupes était divisé en *nouveaux*, *aspirants* et *sociétaires*. La Maison de famille avait 15 pensionnaires ne donnant qu'une assez faible rétribution. La Communauté comptait 4 membres : M. Risse, 2 Frères laïques et un séminariste, pour lequel d'ailleurs M. Le Prevost versait une pension. Ce séminariste, profès de la Congrégation, suivait comme externe les cours du grand séminaire de Metz et pouvait consacrer certains loisirs à l'œuvre. Cela lui permettait de se former plus complètement à sa vocation de Frère de Saint-Vincent de Paul, en joignant la pratique à l'étude. Jusqu'en 1871, M. Risse eut toujours un séminariste, et parfois deux, que M. Le Prevost confiait ainsi aux soins d'un homme d'œuvres expérimenté.

En 1864, le nombre des membres de la Société de l'Enfant-Jésus est passé à 275. Les cours du soir commencent à fonctionner. Ce sont des classes de lecture, d'écriture, de grammaire, de calcul, de comptabilité, de dessin, de solfège et d'histoire. Quelques hommes religieux de bonne volonté, généralement confrères des Conférences de Saint-Vincent de Paul, quelques anciens du patronage aussi aident les Frères de Saint-Vincent de Paul dans ce surcroît de travail. La même année voit l'ordination sacerdotale du séminariste placé à Metz par M. Le Prevost, et M. Risse trouve en lui un utile collaborateur près des jeunes gens.

Pourtant ce jeune prêtre a besoin de prendre de l'expérience. La charité ardente de M. Risse lui a suggéré à cet effet de lui confier l'aumônerie de l'Asile des Petites Sœurs des Pauvres. « J'approuve entièrement votre manière de voir, écrit M. Le Prevost à M. Risse... Ce ministère offre bien des avantages et des consolations. Mais il ne doit s'y livrer qu'avec une certaine mesure et sans négliger en aucune façon son autre ministère bien plus important et but principal de sa vocation. C'est à cette évangélisation des jeunes gens qu'il doit s'appliquer particulièrement et se former puisque c'est celui qu'il doit avoir et conserver toute sa vie, tandis que l'autre n'est qu'accessoire et momentané...J'approuve donc que vous alterniez avec lui pour le ministère des Petites Sœurs et que vous y alliez toutes les fois que vous le jugerez convenable... » [1]

Cette lettre a un post-scriptum qui nous fait connaître la délicatesse de conscience en même temps que le grand amour des pauvres de l'abbé Risse. Il avait quelque appréhension de se laisser entraîner par des attraits naturels à partager ce ministère avec son collaborateur. M. Le Prevost répond qu' « on serait entravé souvent dans les mesures les plus sages, si cette considération était un obstacle à nos mouvements. Il faut, ajoute-t-il, simplement élever son cœur à Dieu pour purifier nos intentions, et puis aller en avant. »

L'année 1865 voit encore croître le nombre des jeunes gens, qui s'élève à 300. Parmi eux, il y en a 25 ou 30 qui aident la direction, soit en surveillant les études, soit en organisant les jeux. Ces chefs de jeux, chargés aussi du service des promenades, portent le titre de zouaves. Ils remplissent leur mission avec une énergie et une ponctualité toute militaire. La musique soutient la marche et régularise l'allure des promeneurs. De temps en temps elle va donner un concert aux vieillards que soignent les Petites Sœurs des Pauvres, ou bien animer quelque séance, comme la distribution des prix aux enfants de l'hospice Saint-Nicolas.

Trop souvent on voit affluer à la ville des jeunes campagnards venant y chercher fortune et y trouvant la misère. M. Risse lutte contre ce courant désastreux. Il accueille d'ailleurs avec bonté ces déracinés et, quand il y a lieu de les garder à Metz,

---

1. Lettre du 10 janvier 1865.

les place chez des patrons chrétiens. Au besoin, il les reçoit à la Maison de Famille.

M. le Prevost était venu, en octobre 1862, faire lui-même la visite canonique de la Maison de Metz. « Je garde, écrit-il le 28 de ce mois, la plus douce impression de mon court séjour à Metz. L'accueil si cordial, si bienveillant qu'on m'y a fait, m'a touché profondément. J'en remercie Dieu, et j'y vois aussi un témoignage de l'affection qu'on porte à votre œuvre et à vous. Quant à vos bons jeunes gens, leur esprit m'a paru excellent, plein de simplicité et de bonne volonté. Paix aux hommes de bonne volonté ; j'espère que Dieu les bénira avec prédilection... »

En 1865, le visiteur est M. Lantiez, assistant général ecclésiastique. « Je suis heureux, écrit M. Le Prevost à M. Risse [1], que la visite de M. Lantiez vous ait fait quelque bien. Il vous porte à tous une grande affection. Il est revenu lui-même content de ce qu'il avait vu et entendu. Vos bons jeunes gens le touchent par leur droiture et leur instinct du bien. Il les trouve sociables et faciles à conduire. Il juge bons aussi, en ensemble, les procédés de l'œuvre : elle produit déjà bien des fruits ; ayons la confiance que, par la patience et avec la grâce de Dieu, elle en produira davantage encore... Il rend bien justice à votre généreux esprit de sacrifice, à votre cordial et constant bon vouloir ; il y a en vous, dit-il, une âme de père. Comme unique part faite à l'imperfection, il pense que le poids de votre responsabilité, de vos charges, des difficultés de chaque jour vous accable assez souvent et assombrit un peu votre humeur : d'où, peut-être, un peu de dispositions au blâme plutôt qu'à l'encouragement de ceux qui vous en-

______

1. Lettre du 28 mars 1865.

tourent, quelque difficulté aussi à supporter la contradiction. Vous prendrez, bien cher ami, ces remarques comme je les donne et comme les fait lui-même l'abbé Lantiez. C'est le tribut que paie notre humanité à sa faiblesse ; c'est le défaut qu'ont, sans doute, plus grandement que vous, ceux qui les signalent ici en autrui... » Que doit-on ici le plus admirer : de la délicatesse et de l'humilité du supérieur, ou de la vertu de celui à qui il a la confiance de signaler cette unique imperfection ?

Nous ne voulons pas résister au désir de donner ce nouvel extrait d'une lettre écrite par M. Le Prevost à M. Risse, le 24 octobre 1865 :

« Je n'ai pas encore répondu à l'affectueuse lettre que vous m'avez envoyée par le Frère G... Ce n'est pas que je n'en eusse la volonté, mais, vous le savez par vous-même, on est si fort dérangé dans les œuvres dont nous nous occupons, qu'on laisse souvent en souffrance les choses qui intéressent le plus vivement. De ce nombre sont assurément pour moi celles qui concernent votre chère maison, vous-même avant tout, vos Frères, vos enfants. Je bénis Dieu des détails consolants que vous me donnez sur tous ces sujets si chers pour moi. J'ai la confiance que vous continuerez à demeurer satisfait de votre personnel : tous ont simplicité et droiture de cœur... » Suivent diverses considérations sur chacun. « Voilà, ajoute M. Le Prevost, bien des détails sur le personnel. Mais ne sont-ils pas les plus intéressants ? Sans le personnel, que seraient les œuvres ? L'argent assurément est nécessaire ; mais, quand Dieu donne les hommes de foi et de dévouement, il donne après le reste par surcroît. Nous souffrons souvent par la pénurie des ressources ; mais bénissons Dieu qui, par là, nous donne en définitive la moins dure des épreuves. Celles qui viennent ou de l'inconstance ou du défaut de vertus sont bien plus rudes et plus douloureuses. Oui, le Seigneur nous a traités jusqu'ici en enfants gâtés : ni les persécutions, ni les dispersions, ni l'atteinte de nos personnes ne nous ont encore éprouvés. « De quoi vous plaignez-vous ? dit l'Auteur de l'Imitation, vous n'avez pas encore souffert jusqu'au sang. » Bénissons Dieu, soyons patients dans les épreuves, accoutumons-nous à y voir une marque de son amour et de sa prédilection. La chose est dure et difficile à goûter ; laissons-nous faire au moins, le Seigneur se contentera de notre soumission. »

Tous ces genres d'épreuves devaient venir en leur temps. Le sage et vertueux fondateur s'y préparait et y préparait de loin ses fils spirituels.

Les progrès de l'œuvre s'accentuent encore en 1866 : 389 jeunes gens figurent sur ses listes. Depuis trois ans, la Maison de famille a abrité 114 pensionnaires.

Une Œuvre d'ailleurs se juge surtout à ses fruits. « Il n'y a, dit M. Risse, pour ainsi dire pas un de nos jeunes gens, devenus soldats, marins, ouvriers ou patrons qui ne revienne avec bonheur visiter la maison qui abrita son enfance. Quelques-uns, déjà mariés, déjà pères de famille, amènent aux petites fêtes de l'Œuvre leurs femmes, leurs enfants. L'un d'eux, avant de s'établir, avait déjà économisé dix-huit cents francs. Un autre, revenu dans son pays, a sollicité et obtenu l'honneur d'entrer dans une Société de Saint-Vincent de Paul, où il est un modèle de zèle et de charité. Un troisième, coiffeur de son métier, vient tous les premiers lundis du mois offrir ses services aux pensionnaires de l'Œuvre, pauvres ou orphelins. Plus de soixante lettres reçues des absents témoignent des sentiments affectueux et reconnaissants de cette bonne jeunesse... Telle qu'elle est... l'Œuvre exerce déjà au dehors une influence marquée. Des institutions analogues, qui ont pris leur source à Metz, ont été fondées à Châlons-sur-Marne, à Saint-Dizier, à Saint-Nicolas du Port. Plusieurs curés du diocèse, après être venus visiter la Maison de la rue de la Fonderie et s'être procuré des manuels, ont entrepris avec ardeur des patronages dans leurs paroisses. Au Brésil même, un ancien enfant de la Maison des Orphelins, bien cher au cœur du Directeur, devenu prêtre et missionnaire lazariste, a demandé des renseignements à Metz, et organise en ce moment, dans ces pays perdus, une Œuvre de Jeunes Ouvriers, qui promet les plus consolants résultats ». Et M. Risse cite la lettre d'un ancien qui s'exprime ainsi : « Non, jamais je ne pourrai faire assez pour vous témoigner toute ma gratitude. Les bons principes que je possède, à qui les dois-je, sinon à vous, mon père, et à l'Œuvre ? C'est elle qui m'a préservé des mauvaises compagnies, qui m'auraient perdu. Aussi, combien je suis heureux ! Et tous les jours je remercie la divine Providence de m'avoir conduit dans une maison comme la vôtre. » Cet ancien, ajoute M. Risse, modèle de conduite et de piété, est devenu un habile chef-d'atelier et fait chaque année des économies de 1500 à 2000 frs.

Le compte-rendu du fonctionnement de l'Œuvre des Jeunes Ouvriers pendant l'année 1867 signale un accroissement considérable : 709 jeunes gens, parmi lesquels il y a 262 écoliers, 229 apprentis et 218 ouvriers. Les pensionnaires sont au nombre de 32. On a pu préparer à la première communion 69 apprentis, la plupart attachés à des fabriques. Une nouvelle section a été organisée pour les jeunes gens non mariés, qui ont de 21 à 27 ans : ce sont les

Agrégés, section d'élite choisie parmi les anciens dont l'assiduité et la bonne conduite garantissent qu'ils donneront le bon exemple et sauront conserver intactes les traditions de l'Œuvre.

Une réunion générale des sociétaires a lieu le premier dimanche de chaque mois : vraie réunion de famille, où règne une douce gaieté, qu'alimente l'exécution de chants populaires et de bon goût. M. Risse les a rapportés de Paris, où ils font merveille dans les patronages dirigés par les Frères de Saint-Vincent de Paul. L'auteur principal de la musique était Albert Dupaigne, ancien élève de l'École Normale ; les paroles étaient surtout de Paul Vrignault, ministre plénipotentiaire, tous deux confrères du Patronage de Notre-Dame de Nazareth.

« Heureux patronage, écrit Léon Gautier, qui avait alors son poète officiel et son musicien attitré ! Si les catholiques se montraient, comme c'est leur devoir, plus soucieux de mieux connaître leurs œuvres et leurs hommes, ils sauraient par cœur les *Chants du patronage* que j'entends fredonner souvent dans le quartier du Marais. Il faudra bien qu'on en donne une édition *ne varietur*, paroles et musique, en demandant à un dessinateur chrétien, si l'on en trouve, de consentir à les illustrer chrétiennement. On y lira ces chefs-d'œuvre de Paul Vrignault : *La Première Armoire*, *Les Compagnons de Saint Éloi*, *Le P'tit Marteau*, *Le Patron*, *Les P'tits Verts de Gris*, *La Sagesse de Nicolas* et dix autres chants d'atelier, tels qu'aucun pays catholique n'en possède de plus élevés, de plus joyeux, de plus vivants. C'est en vérité aussi français que chrétien... Je voudrais tout citer, parce que j'aime tout. Écoutez (mais, hélas ! la musique n'est pas là pour doubler la vie de ces beaux vers), écoutez ces couplets des *Com-*

pagnons de Saint-Éloi, qui sont, eux, du plus haut
style et qu'on peut vraiment opposer aux plus belles
pages de Pierre Dupont :

> Le fer sombre s'allume :
> Voyez-le s'animer.
> Le voilà sur l'enclume :
> Il va se transformer,
> Le forgeron l'entame
> De son pesant marteau.
> Son travail est un drame,
> Ah ! que ce drame est beau !
>
> Métaux, noble matière,
> Si docile à nos lois,
> Frémissez tout entière
> Et vivez sous nos doigts.
> Aux arts, à l'industrie
> Vous servez d'instrument ;
> Moi, je gagne ma vie,
> Grâce à vous, humblement.

« Voilà, certes, de la grande poésie et que cependant les ouvriers sont de taille à comprendre ; car, lorsque nous avons l'honneur de leur parler, il les faut élever jusqu'à nous, plutôt que de descendre jusqu'à eux. Au reste, Vrignault savait, quand il le fallait, *descendre* jusqu'au parler plébéien, mais sans lui prêter jamais une allure canaille, témoin ce charmant couplet du *Patron* :

> Mon atelier, c'est mon palais :
>   Je n'en sortirai guères.
> J'y veux couler mes jours en paix,
>   Loin des soucis vulgaires.
> La mort viendra : je suis chrétien
>   Et je lui dirai : « Fauche ».
> En attendant, je m'porte bien :
>   Je suis patron, j'embauche.

« Et témoin aussi cette noble strophe de la *Sagesse de Nicolas* que j'ai eu, l'autre jour, la douleur de répéter sur la tombe fraîche ouverte de mon pauvre ami Vrignault, en lui appliquant à lui-même cette prière naïve qu'il avait placée naguère sur les lèvres du bon paysan breton :

> O Seigneur, en qui j'espère,
> Pauvre Breton que je suis,
> Puissè-je, en quittant la terre,
> M'en aller en Paradis !
> Aussi bien mon âme est prête
> A s'envoler d'ici-bas.
> Dans le ciel, c'est toujours fête :
> J'y veux prendre mes ébats. »

On avouera que M. Risse avait bien choisi ses auteurs et donnait bien ainsi à sa jeunesse le ton qui convenait pour ses chants d'atelier ou de promenade.

Ses apprentis pouvaient à bon droit chanter :

> Le lundi, bonnet sur l'oreille,
> Chacun se rend à l'atelier,
> On a du cœur à travailler,
> Quand on a bien joué la veille !
> Tout en poussant gaîment l'outil,
> On pense aux jeux du Patronage,
> Si beaux que l'on voudrait, je gage,
> Rester toujours pauvre et petit.

C'est du fond du cœur que ses ouvriers priaient en chantant :

> O mon Dieu, du ciel où vous êtes,
> Bénissez le pauvre ouvrier !
> Daignez remplir mon atelier
> D'enfants pieux, de cœurs honnêtes.

La piété et la gaieté vont ensemble. Voyez l'enfant
du patronage aller par les rues d'une grande ville :

C'est joueur,
C'est flaneur,
Et ça fait tout à sa guise.
Et c'pendant,
En passant,
Entrez-vous dans une église :
Taisons-nous
L'voyez-vous,
A genoux ?

M. Risse n'aurait pas un instant supporté certaines chansons, publiées depuis, même à l'usage des
œuvres ouvrières, où l'incorrection de la forme ne le
cède qu'à la vulgarité des pensées. Comme si le langage de la rue et les refrains d'estaminet devaient
donner le ton aux compositions destinées aux œuvres
catholiques ! Les ouvriers chrétiens méritent d'être
traités avec plus de respect.

Une autre innovation de l'année 1867, dans l'Œuvre des Jeunes Ouvriers, fut l'installation d'une sorte
de salon, où l'on tenait exposés les portraits des
anciens membres de l'Œuvre dignes d'être rappelés
au souvenir des plus jeunes et de leur être proposés
en exemple. Là, tous les rangs sont confondus. A
côté de l'artiste, de l'industriel, du négociant, on
voit le chef d'atelier, ou bien l'ouvrier honnête et
laborieux. Plus loin, près du glorieux uniforme militaire, rehaussé parfois de galons, on remarque la robe
de bure du religieux et la soutane du prêtre. Ce n'est
pas seulement l'uniforme français qu'on aperçoit,
c'est celui des zouaves pontificaux, parmi lesquels
on comptait, cette année-là, une dizaine d'enfants de
M. Risse. L'un avait été blessé à Mentana.

Dans la même salle, une place d'honneur est réservée au diplôme de Mention honorable que voulut bien décerner, le 27 octobre 1867, à la Société des Jeunes Ouvriers de Metz la *Société centrale de protection des œuvres de bienfaisance fondées dans l'intérêt des orphelins, des apprentis et des ouvriers*, société dont le siège est à Paris.

Le Conseil d'administration de l'Œuvre de Metz est composé, à l'époque où nous sommes, de MM. l'abbé Germain, *Président :* Daunois, conseiller à la cour ; l'abbé Dorvaux, curé de Saint-Eucaire ; Faivre, président des Conférences de Saint-Vincent de Paul de Metz ; Iager, notaire, *Trésorier :* l'abbé Jacques, aumônier de l'Œuvre des militaires ; H. Maguin ; le Vicomte de Pontbriant, *Secrétaire :* l'abbé Risse, *Directeur ;* de Saint-Chamand, receveur général. Le nom des ces Messieurs est donné ici à cause de la grave détermination qu'ils prirent, en présence des nouveaux développements de l'œuvre.

Le 15 juin 1867, ils lancèrent une circulaire faisant appel à la libéralité des personnes charitables qui s'intéressent à la jeunesse ouvrière, leur demandant de compléter la fondation qui produisait à Metz les résultats que nous avons vus. Leurs souscriptions permettraient à M. l'abbé Risse de faire les frais d'acquisition de la maison de la rue de la Fonderie, n° 7, jusque-là seulement louée à bail. Un premier acompte de 10.000 frs sur les 40.000 que coûtait la maison, devait être versé le 8 juin 1868, en même temps qu'une somme de 2.000 frs, représentant les intérêts du capital.

On regrettait l'absence d'une chapelle. Devenu propriétaire de l'immeuble, M. Risse transforma à cet usage la salle de récréation des apprentis. En même temps, il fit construire au fond de la cour une autre salle et un préau couvert pour les jeux des enfants, dont le nombre grandissant rendait l'ancien local insuffisant. D'autres améliorations furent apportées à diverses parties de l'immeuble : nivellement des cours et du jardin, remplacement des terres argileuses par des cailloux de la Moselle, établissement d'une fontaine d'eau de Gorze, remplaçant la pompe d'une ancienne citerne.

Les beaux résultats constatés en 1867 ne font que croître en 1868 ; l'œuvre a 713 membres, les pensionnaires sont au nombre de 49. Un ecclésiastique, adjoint au Directeur, fait tous les soirs le catéchisme aux retardataires : enfants travaillant dans les fabriques, petits colporteurs, musiciens ambulants. Les Cours du soir ont été fréquentés par 250 jeunes gens ; ils se sont terminés par une distribution de prix, sous forme de livrets de caisse d'épargne ou de livres instructifs et moraux.

Les anciens membres de la Société des Jeunes Ouvriers qui font leur service militaire, correspondent avec l'œuvre. Ils y reviennent après leur libération. L'un d'eux, qui a gagné la médaille militaire au Mexique, sollicite l'honneur de porter l'oriflamme de la société un jour de promenade. Un autre, zouave d'Afrique, vient avec joie s'agenouiller à la place où si souvent il a jadis retrouvé la paix et puisé la force. Ceux qui sont dans l'armée pontificale, fréquentent à Rome le Cercle des Zouaves pontificaux, fondé et dirigé par les Frères de Saint-Vincent de Paul au Palais Mariscotti.

Un épisode de l'année 1868 est la promenade faite à Luxembourg, sous la conduite de M. Risse lui-même. Accueillis à la gare par les membres de la Société des Jeunes ouvriers de la ville, nos voyageurs furent d'abord conduits à la Cathédrale, puis, aux

sons d'une musique militaire, ils allèrent au local
de l'Œuvre luxembourgeoise. Là, M. l'abbé Müller,
directeur de l'Athénée leur fit un discours en vers :

> Soyez les bienvenus, amis de la Moselle ;
> Venez fraterniser avec le Luxembourg.
>
> . . . .
>
> Vous aimez le travail et vous aimez l'Église,
> Vous formez, sous son aile, une fraternité ;
> Nous proclamons en chœur votre belle devise :
> Assistance, concorde et pieuse gaîté.
>
> Le Créateur du Ciel dédaigne d'apparaître
> Dans le vain appareil de l'humaine grandeur :
>
> . . . .
>
> Ses mains ont manié le rabot et la scie ;
> Sa chambre a retenti des coups de son marteau.
>
> Et vous qui conduisez ces paisibles brigades,
> De Saint Vincent de Paul fervent imitateur,
> Inspirez à leur cœur l'horreur des barricades,
> Abritez vos enfants sous la croix du Sauveur.
>
> Des nobles dévouements la France est la patrie :
> Si l'ennemi l'appelle un pays de géants,
> De notre Église elle est fille aînée et chérie.
> Je salue en vous tous ses fidèles enfants.

M. Le Prevost approuvait ces relations entre les
œuvres : « Le récit de votre pèlerinage à Luxembourg,
écrivait-il à M. Risse le 17 mars 1868, nous a vivement intéressés ; je crois que ce rapprochement des
diverses œuvres entre elles est bon et peut accroître
l'esprit de charité dans les âmes ». Et puis, c'est la
religion qui établit la vraie fraternité des nations.
Cette même année 1868 vit décerner à l'Œuvre
des Jeunes Ouvriers de Metz une nouvelle mention

honorable, au grand concours qui eut lieu à Paris,
le 27 octobre, par les soins de la *Société centrale de
protection des apprentis et jeunes ouvriers*, sous la
présidence de Sa Majesté l'Impératrice des Français.

Mais la principale innovation de l'année fut l'institution à Metz de l'Exposition industrielle, à l'instar
de celle qui avait lieu à Paris pour les Patronages de
Saint-Vincent de Paul. C'est le 12 juillet qu'eut lieu
la séance de distribution des médailles aux lauréats.
M. Risse voulut faire lui-même le discours. Il le
commença ainsi :

« Dans cette fête si touchante du travail, qui nous
réunit en si grand nombre ce soir, il est impossible
au cœur de votre Directeur, je dois dire mieux, au
cœur de votre vieil ami et de votre Père, de ne pas
venir vous féliciter de l'heureuse, de la sainte pensée
qui vous a inspirés cette année, en vous faisant organiser pour la première fois et réaliser si parfaitement
une Exposition industrielle pour les apprentis et
ouvriers de votre jeune Société. Oui, je le répète, c'est
un besoin pour mon cœur de vous en féliciter et
même de vous en remercier publiquement. En effet,
bien chers amis, vous n'avez peut-être pas songé que
par là vous réalisiez nos désirs et nos rêves de dix
ans ; et que, par les produits de votre travail, vous
répondiez à une des objections les plus sérieuses qui
aient été élevées et contre vous et contre votre
Œuvre ... »

Le sage Directeur parle ensuite du progrès :
progrès souvent mal compris, mais qui doit être et
est, chez ses auditeurs, le « progrès dans le travail et
la régularité de la conduite, progrès dans la soumission
à tout supérieur légitime et dans l'amour de ceux qui,
après Dieu, nous ont donné la vie et tout ce que nous
sommes ; le progrès dans l'amour de l'atelier, dans

l'esprit d'économie et de prévoyante épargne, qui prévient toute folle dépense ; le progrès surtout dans l'amour et le respect du divin Maître qui, après nous avoir créés, nous comble sans cesse de ses bienfaits... »

Suit l'énumération des progrès faits dans l'œuvre de 1849 à 1868. M. Risse passe alors à cette grave objection contre les Œuvres catholiques : « Oui, sans doute, il est bon et c'est même un devoir de rendre au Maître divin les hommages qui lui sont dus à tant de titres. L'ouvrier, le jeune homme surtout, a besoin aussi du repos le dimanche... Il est bon de récréer honnêtement la jeunesse et de conserver ainsi sa santé, son argent, ses vertus, la gaîté pure et naïve de son âge. Mais vous semblez oublier un point essentiel qui contribue si puissamment à la moralité de l'ouvrier et qui est pour lui, en même temps qu'un devoir, un moyen indispensable de soutenir son existence et celle de sa famille : le travail. Ils prient et ils s'amusent, mais travaillent-ils ? Les jeux ne les dissipent-ils pas trop et ne les distraient-ils pas de leurs occupations sérieuses ? Ils sont gais et réguliers, mais seront-ils des ouvriers ? »

« Pour toute réponse, ajoute M. Risse, je pourrais rappeler la parole inspirée qui oblige tout homme venant en ce monde à manger son pain à la sueur de son front et par conséquent à consacrer sa vie au travail. Je pourrais rappeler que nos délassements ne nous sont accordés qu'en un seul jour de la semaine, au jour marqué par le souverain Maître, au jour du repos où, par l'ordre de Dieu même, tout travail doit cesser. Je pourrais dire que, si dans la semaine quelques jeux après le travail du jour vous sont permis, dès huit heures des cours sérieux d'adultes vous réunissent, modérés et simples toutefois, afin

de ne pas susciter en vous l'ambition et de ne pas
vous éloigner des professions honorables et utiles
auxquelles vous êtes spécialement destinés. Mais
j'aime mieux laisser parler toute seule votre Exposition industrielle de 1868 ; elle en dit plus que tous
les raisonnements. Vous m'avez surpris moi-même,
chers amis ; vous avez surpris vos chefs d'ateliers et
jusqu'aux membres du jury de l'Exposition. Quand
on produit de beaux et utiles objets ; quand les
règles de l'art ont été observées, autant que cela est
possible à votre âge ; quand un jury composé d'hommes honorables, capables et instruits, prononce
que pour la majorité, suivant leur âge, leur capacité,
le temps de leur apprentissage, il y a eu effort, application, succès ; quand des patrons nous assurent
que leur apprenti, en s'appliquant à l'objet qu'il
devait exposer, a pris, dans la semaine, sur ses récréations et sur son sommeil, pour respecter le jour du
dimanche, qu'il a plus gagné en un mois que dans dix,
et que tel ou tel enfant dont on désespérait pour
l'avenir, a donné des marques sérieuses de capacité
et sera un jour un excellent ouvrier : ah ! chers amis,
on ne regrette aucune peine ; on se réjouit d'avoir
réalisé une Exposition pour la jeunesse ouvrière.
Un bien réel a été opéré et vous fermez la bouche
à toutes les détractions de camarades jaloux ou
vicieux... Il y a eu un vrai et réel progrès... »

Il nous faut abréger les félicitations et les remerciements du zélé Directeur. M. le chanoine Germain
présidait la réunion, M. le capitaine Bossaut était
secrétaire rapporteur du jury, qui avait pour président M. le Vicomte de Pontbriant et pour vice-
président M. de Bouteiller.

M. Risse n'oublie pas « le souvenir du Directeur
particulier des apprentis, qui vous aime, dit-il,

s'adressant au jeune auditoire, si cordialement, et qui
se consacre avec tant de bonheur à vos délassements,
à vos joies, à votre placement aussi dans les ateliers.
Comme tout religieux, il n'attend que dans le ciel
sa récompense ; mais la reconnaissance est une vertu
chrétienne, vous n'y serez pas étrangers. »

L'orateur poursuit ainsi : « Les trente exposants
de cette année inaugurent une Œuvre qui peut avoir
dans l'avenir de précieux développements. Dans trois
ans peut-être, si nous vous convions à une nouvelle
Exposition, je le pressens aux regrets exprimés par
plus de quatre-vingts membres de l'Œuvre de n'avoir
pas exposé cette année, notre Exposition sera dix
fois plus brillante ; et c'est ainsi que nous continuerons
à marcher dans la voie du progrès... »

Hélas ! trois ans plus tard la guerre était venue
et l'annexion au pays ennemi. Les deux années
suivantes, les progrès de l'Œuvre ne se ralentirent
pas.

En 1869, le nombre des sociétaires passe à 978
c'est une augmentation de 265 sur l'année précédente
Il y a 130 déposants à la Caisse d'épargne. La fraternité s'accentue entre les œuvres ouvrières analogues
à celle de Metz, qui accueillent avec cordialité les
sociétaires allant d'une ville à l'autre. Les Jeunes
Ouvriers de Luxembourg rendent à ceux de Metz
leur visite et leur arrivent bannière et musique en
tête. L'acompte prévu sur le prix d'acquisition de
l'immeuble a été versé ; mais il reste, il est vrai, une
dette de 8 à 9.000 frs sur les travaux d'amélioration
exécutés. On a à regretter la mort de M. B. Faivre
président des Conférences de Saint-Vincent de Paul
et l'un des plus généreux bienfaiteurs du patronage

Le Directeur de l'Œuvre des Jeunes Ouvriers de
Metz, en se donnant aux Frères de Saint-Vincent

de Paul et leur demandant des collaborateurs, avait
compris que son devoir était aussi de cultiver les
vocations sacerdotales et laïques de ceux de ses
jeunes gens qui sembleraient aptes à exercer l'apostolat dont ils avaient profité. Au moment où éclata
la guerre de 1870, il avait, parmi les membres de sa
communauté de l'Enfant-Jésus de Metz, un de ses
anciens sociétaires : M. Nominé, qui avait été ouvrier
tailleur. Un autre, précédemment charron, M. Bouchy,
était attaché à la direction du patronage d'Amiens.
M. Bouquet, menuisier, était entré au noviciat de
Chaville le 6 avril 1869. Ce ne sont pas les seuls Frères
de Saint-Vincent de Paul sortis de l'Œuvre de Metz :
mais tous trois ont marqué plus spécialement que
les autres.

M. Bouquet devint prêtre, après avoir été, durant
ses études classiques à la Maison de Chaville, l'infirmier de M. Le Prevost dans sa dernière maladie. Tout
embaumé du parfum des vertus du saint fondateur,
il mérita d'être le Supérieur très estimé de la Maison-
Mère de l'Institut et y mourut prématurément le
11 mai 1884, huit jours après avoir offert à Dieu sa vie
pour le bien de sa famille religieuse.

M. Bouchy fut, après la fermeture de l'Œuvre de
M. Risse, le fidèle compagnon de celui-ci dans son
isolement. Après avoir rempli avec grande charité et
savoir-faire l'office d'infirmier de la Maison de Vaugirard, tout en s'y occupant avec goût du jardin, il
alla mourir pieusement à Tournai (Belgique), le
7 février 1904. Ce fut une grande souffrance pour son
cœur de Français, de devoir passer la frontière en
1901, pour pouvoir continuer de vivre tranquillement
de sa vie religieuse.

Quant à M. Nominé, la plus grande partie de sa vie
fut occupée aux fonctions pénibles de quêteur, qu'il

sut concilier avec la plus parfaite régularité religieuse. La confiance de ses supérieurs le fit désigner pour la direction de ce service avec la charge de pourvoir aux besoins des maisons de formation de l'Institut et à l'entretien de ses vieillards. On nous permettra, pour terminer ce chapitre et mieux caractériser ce que fut dès le début ce parfait religieux, de citer la lettre qu'il écrivait à M. Risse, le 13 juin 1868, tandis qu'il faisait son Noviciat à Chaville [1].

Mon très cher Père,

« Depuis longtemps je désire vous donner de mes nouvelles et en avoir des vôtres, mais je n'ai pas osé exprimer ce désir à mes supérieurs. Aujourd'hui, j'ai pris le cœur dans la main et j'ai demandé à mon Directeur, le bon M. Faÿ [2], la permission de vous écrire ; et il ne me l'a pas seulement permis, mais il m'a autorisé. Je suis toujours en parfaite santé, et j'espère que la présente vous trouvera de même.

» Je vous remercie du petit avis que vous m'avez donné dans votre dernière lettre, et je vous prie humblement de m'en donner encore d'autres, car il me semble que mes supérieurs me trouvent trop délicat et qu'ils craignent de me faire de la peine, ou très méchant ; qu'ils n'osent pas me réprimander comme ils le voudraient.

» Je vous remercie également du compte-rendu que vous m'avez envoyé ; il est cependant bien tard, mais il vaut mieux tard que jamais.

» Vous croyez sans doute que je vous ai oublié,

---

1. On excusera certaine naïveté dans le style, en pensant qu'il s'agit d'un jeune ouvrier natif d'un village de la frontière où l'on ne parlait pas français.
2. Maître des novices.

parce que je ne vous ai pas écrit depuis si longtemps ;
ce serait une ingratitude, si j'oubliais celui qui a tant
fait pour moi. Aussi je ne vous oublierai jamais.

» Vous avez dû avoir de la peine, en apprenant
que plusieurs de ceux que vous avez envoyés au
même endroit où je suis, n'y sont pas restés ; moi
aussi j'en étais attristé, mais ne vous désolez pas,
mon cher Père, espérons que le bon Dieu vous en
enverra d'autres qui seront plus fermes. J'espère que
le cher M. Bouquet le sera aussi, car je l'ai toujours
connu pour un jeune homme qui réfléchit avant
d'agir.

» Quant à moi, je ne pense plus à autre chose que
de vivre et mourir dans la communauté, n'importe
dans quel lieu, pourvu que ce soit dans le sein de la
communauté. La seule chose qui pourrait me retirer
de la communauté, serait un cas de renvoi ; et j'espère
que le bon Dieu me préservera d'un tel malheur...

» Pas autre chose d'important à vous dire. Mes
Supérieurs et mes Frères se portent bien... et se
réjouissent de vous voir dans quelques mois.

» Je termine en vous priant d'agréer l'assurance
des sentiments les plus affectueux de votre humble
et soumis enfant,

Nominé Pierre. »

M. Nominé garda jusqu'au bout ces sentiments de
fidélité inébranlable à sa vocation. Et il nous souvient
de l'énergie avec laquelle, au mois d'août 1901, il
affirma sa volonté absolue de rester religieux et de
pratiquer la vie religieuse dans toute sa rigueur,
déclarant qu'il aimerait mieux traverser l'océan et
se rendre à la maison de Québec, au Canada, plutôt
que d'être obligé à dissimuler son caractère de religieux.

Sa ponctualité extrême à remplir les missions que lui donnaient ses supérieurs, fut cause de sa mort. Pour relever sans retard un frère qu'il devait remplacer dans ses fonctions de surveillant, il ne voulut pas, en plein hiver, changer ses vêtements mouillés. Une congestion pulmonaire l'enleva au bout de quelques jours, le 18 décembre 1907.

CHAPITRE IX

LA GUERRE FRANCO-ALLEMANDE

M. Risse envoyait régulièrement, chaque mois, à son Supérieur Général le relevé de ce qui s'était fait dans son Œuvre. Le journal de juillet 1870 nous présentera celle-ci en plein fonctionnement à la veille et aux premiers jours de la guerre franco-allemande. En voici le résumé écrit de la main même de M. Risse :

Maison de l'Enfant Jésus de Metz
Journal de la Communauté et de l'Œuvre
(Extraits sommaires)
Juillet 1870

« Lecture de la Vie et des Vertus de saint Vincent de Paul au réfectoire et à la lecture spirituelle.

» 1. *Vendredi*. — Confession et communion d'un pauvre enfant de la campagne, ayant voyagé toute la nuit pour arriver à temps, ancien premier communiant de l'Œuvre.

» 2. *Samedi*. — Arrivée à la pension d'un jeune enfant de la campagne, arriéré pour la première communion. — Don à la communauté de chemises venant de Valenciennes (le Capitaine Bossaut).

» 3. *Dimanche*. — Vente trimestrielle pour l'Œuvre, mutations, cachets d'assiduité du mois.

» 4. *Lundi*. — Conférence des ouvriers : conférence du Dr Didion sur les boissons pour l'ouvrier ; conférence de M. l'abbé Jacques sur les épreuves et les misères de l'ouvrier, leur remède ; solo de violoncelle ; petite pièce des apprentis. — Entrée de l'hospice Saint-Nicolas facilitée à une pauvre veuve.

» 5. *Mardi.* — Nouveau don de 300 frs à l'Œuvre par les demoiselles Cachard.

» 6. *Mercredi.* — Retraite du mois : conférence sur la dévotion de saint Vincent de Paul envers Notre-Seigneur.

» 7. *Jeudi.* — Don de madame Leinen d'une carte de chemin de fer, aller et retour pour Paris, gagnée à une loterie ; vendue 89 frs au profit de l'Œuvre. — La sœur d'un sociétaire, mademoiselle Erlac place un grand nombre de billets de loterie. — Don d'un beau cadre (l'atelier d'un armurier) par M. Faivre.

» 8. *Vendredi.* — Passage de M. M... se rendant en vacances du Séminaire d'Amiens à Remisch, son pays natal. — Envoi de vêtements par M. Maillefer...

» 9. *Samedi.* — Envoi de légumes à la communauté (pommes de terre).

» 10. *Dimanche.* — Ordination à la Cathédrale et sous-diaconat de M. l'abbé M... — Ouverture de la neuvaine préparatoire à la fête de Saint Vincent de Paul. — Un ancien (vice-président) et un autre, ramenés à l'Œuvre par les conférences des ouvriers auxquelles ils assistent régulièrement.

» 11. *Lundi.* — Place sollicitée et secours accordés à un ancien, plongé dans la peine et la misère.

» 12. *Mardi.* — Petit orphelin malheureux, admis à coucher à la maison avec les pensionnaires.

» 13. *Mercredi.* — Conférence : l'amour de Saint Vincent de Paul pour la T. Ste Vierge. — Envoi de fruits par le père d'un enfant auquel on a rendu quelques services.

» 14. *Jeudi*. — Beau lot envoyé par un maître chaudronnier en reconnaissance des soins donnés par l'Œuvre à son jeune frère.

» 15. *Vendredi*. — Un ancien chef serrurier, encore actif et dans l'aisance, demande à entrer dans la communauté pour y remplir ses devoirs de chrétien et y faire son salut. — Les Sœurs de la Maternité ont la bonté de venir plusieurs jours de suite à la maison pour vacciner les Frères de la communauté et les enfants.

» 17. *Dimanche*. — Départ pour l'armée d'un ancien (Lawant) ; confession avant le départ.

» 18. *Lundi*. — Visite de M. Bornd, ancien de l'Œuvre, 1er soldat, ordonnance d'un capitaine... et autres à leur passage à Metz.

» 19. *Mardi*. — Fête solennelle de Saint Vincent de Paul : panégyrique du Saint entendu à l'hospice Saint-Nicolas. — Bonne rencontre d'un ancien, maréchal des logis d'artillerie, Hubert, toujours chrétien.

» 20. *Mercredi*. — Conférence sur Saint Vincent de Paul. — Visite d'un ancien président (Rome) et d'un jeune tambour plein de foi et de résolution. — A. H... est conduit au petit séminaire et accepté pour la rhétorique.

» 21. *Jeudi*. — Ouverture de l'exposition de la loterie. — Don particulier d'un prêtre du diocèse (150 frs).

» 22. *Vendredi*. — Conférence d'un ancien, actuellement maréchal des logis d'artillerie (Lallieux), partant pour l'armée, animé des sentiments les plus chrétiens. — Demande de plusieurs jeunes gens de l'Œuvre, trop jeunes pour s'engager, voulant servir dans les ambulances et soigner les blessés.

» 23. *Samedi*. — Un ancien pensionnaire, Doling,

de passage à Metz, vient faire ses adieux à ses anciens Directeurs, avant de rejoindre son corps ; il avait fait sa confession avant le départ.

» 24. *Dimanche.* — Assistance à la fête anniversaire de la société amicale de secours mutuels : enfants de sociétaires, membres de l'Œuvre couronnés. — Demande de pouvoirs à l'Évêché pour M. l'abbé V. Braun [1], venant confesser des soldats à Saint-Avold.

» 25. *Lundi.* — Confession et communion d'un jeune lieutenant, sortant de Saint-Cyr, Liégois, ancien membre de la section des écoliers. — M. Pradeaux [2] est présenté à M. Julhes, Supérieur du grand séminaire, et accepté pour la philosophie.

» 26. *Mardi.* — Salut à 9 h., à l'occasion de la fête de Sainte Anne. — Dons précieux à l'Œuvre, à l'occasion de la cherté des vivres et de ses besoins pressants...

» 27. *Mercredi.* — Conférence sur la confiance en Dieu de Saint Vincent de Paul.

» 28. *Jeudi.* — Dons en nature (riz et lentilles) faits à l'Œuvre par une pauvre communauté de Metz. — Deux voltigeurs de la garde, anciens membres du Cercle Montparnasse [3], de passage à Metz, viennent visiter le Directeur et l'Œuvre.

» 29. *Vendredi.* — Retour de Mgr l'Évêque de Rome [4] ; visite du Directeur.

» 30. *Samedi.* — Un bon ancien, Gabriel, chasseur

---

1. Parent de l'abbé Risse, entré comme lui chez les Frères de Saint-Vincent de Paul et fondateur de la Congrégation des Sœurs servantes du Sacré-Cœur de Jésus.

2. Frère de Saint-Vincent de Paul.

3. Cercle catholique d'ouvriers fondé et dirigé à Paris par les Frères de Saint-Vincent de Paul.

4. Revenant du Concile du Vatican, où l'infaillibilité du Pape avait été proclamée le 18 juillet.

de la Légion [1] à Rome, envoie des *Agnus Dei* à ses parents et mille compliments affectueux aux Directeurs et à ses camarades.

» 31. *Dimanche.* — Une mère pauvre, mais chrétienne, dont le fils est à l'Œuvre, fait une large part de son linge pour l'offrir aux ambulances des blessés. — Une autre, qui n'a pas même une compresse à offrir, présente pour les ambulances son fils unique, encore tout jeune. »

Ce journal fait saisir sur le vif la vie de M. Risse. Ce mois de juillet 1870 fut bien rempli ; tous les autres mois du Directeur de l'Œuvre des Jeunes Ouvriers et du Supérieur de la Communauté de l'Enfant-Jésus l'étaient de même. Vie religieuse et vie d'apostolat s'harmonisaient et se complétaient. A ce tableau de premier plan, il faut ajouter la perspective des grands événements qui se succédaient : déclaration de guerre de la France à la Prusse le 19 juillet, régence de l'Impératrice Eugénie le 23 ; le 28, arrivée à Metz de Napoléon III, qui y établit son quartier général ; entre-temps, mobilisation de toutes les forces militaires françaises et leur afflux à Metz et dans la région.

Le 17 août, M. Risse écrit à son Supérieur Général :

« Bon Père et vénéré Supérieur,

» Une grande affaire, glorieuse, dit-on, pour les Français, à quelques kilomètres de Metz, nous a amené une quantité de blessés. On nous a demandé

---

1. Au Cercle Saint-Michel, fondé pour les zouaves pontificaux, les Frères de Saint-Vincent de Paul avaient ajouté celui de Saint-Maurice (Villa Strozzi, via Viminale) pour la Légion Romaine, dite d'Antibes.

une ambulance que nous n'avons pas refusée. Une quarantaine de blessés sont à la maison. Bien des Dames charitables, des mères de nos enfants, se sont offertes, et nous les soignons avec M. L... et M. Pradeaux, qui se dévoue tout cordialement. Grand et nouvel embarras, mais nous sommes heureux de rendre pour Dieu à nos héroïques soldats quelques petits services. Nous n'avons rien. Mais j'espère que la ville et l'intendance se chargeront des dépenses...

» M. Pradeaux a été réformé pour l'armée et la garde mobile. Il est loin de son pays [1]. Il soigne les blessés à la maison. Je ne crois pas qu'il soit inquiété. On paraît jusqu'ici doux et conciliant à Metz pour le service militaire...

» Ah ! bon père, priez pour nous et pour la France. On dirait des hordes de barbares qui envahissent le territoire, et c'est presque une guerre d'*extermination !!!* Quelle cruelle nécessité que la guerre ! Ah ! comptons sur le bras du Tout-puissant et sur le puissant crédit de la très sainte Vierge : Elle sauvera son pays privilégié !

» On dit que ces hérétiques ont, dans un village, coupé la tête à une statue de la T. Ste Vierge et l'ont remplacée par une tête de vache. Jésus vengera l'honneur de sa Mère outragée !

» Adieu, bon et excellent Père. Croyez toujours à la tendre affection de votre indigne enfant

L'abbé Risse,
prêtre S. V. P. »

La bataille à laquelle M. Risse fait allusion est celle de Rezonville (16 août). Nous n'avons pas à

---

1. Orléans.

retracer ici les manœuvres et les combats des deux
armées, l'investissement de Metz à partir du 19 août,
ni les négociations qui aboutirent à sa capitulation,
signée le 27 octobre et approuvée le 28 par le conseil
de guerre.

« Le 29 octobre, dès le point du jour, les régiments
et les corps formant unité sont acheminés successivement vers les forts de Metz, et vont déposer leurs
armes dans les locaux désignés à l'avance. Ils reviennent alors à leurs bivouacs respectifs, où ils font leurs
préparatifs de départ pour l'Allemagne. Ensuite,
munis de leurs sacs et de leurs effets, ils sont
dirigés vers les lignes prussiennes formées pour les
recevoir.

» Les instructions indiquaient le nombre des officiers qui, par régiment et par corps, devaient accompagner les troupes et en faire la remise aux généraux
prussiens. Il n'en fut point tenu compte. Les chefs
de corps et les officiers se firent tous un devoir de
demeurer avec leurs soldats aussi longtemps qu'ils le
pourraient et de leur faire la conduite comme à des
amis dont on a le chagrin de se séparer. De fait, les
colonels marchant à la tête de leurs régiments, et
chaque officier à son rang, les conduisirent, dans le
meilleur ordre, au camp ennemi.

» Là commencèrent des scènes émouvantes qui
honorent à la fois le chef et le soldat, et qui impres-
sionnèrent vivement les Prussiens. Ces adieux furent
déchirants. L'heure venue, on se quitta les larmes aux
yeux, mais la conscience tranquille, et en emportant
de part et d'autre, la satisfaction que donne le devoir
loyalement accompli. » [1]

Après avoir passé ainsi devant l'état-major prus-

____

1. Récit du général Deligny

sien, et devant l'armée ennemie, placée à distance, les héroïques soldats de Borny, de Rezonville, de Gravelotte et d'Armanvillers s'acheminèrent tristement vers l'Allemagne.

Pendant que ce morne défilé s'accomplissait, — il dura de une heure à neuf heures du soir, — les Prussiens prenaient possession des forts de Saint-Quentin, Queulou, Saint-Julien et Plappeville. Dans Metz, c'était une consternation sans exemple, une douleur inénarrable : les hommes pleuraient, des femmes couraient échevelées dans les rues.

Le prince Frédéric-Charles fit, le 30 octobre, dans la soirée, tambour battant, musique en tête, son entrée dans cette ville qui avait tant souffert, qui avait supporté si patiemment la disette, sans avoir rien pu faire de ce qu'elle aurait voulu pour la France, la patrie bien-aimée.

Entre-temps, hors de Metz, avait eu lieu, le 2 septembre, le désastre de Sedan et, le surlendemain, la proclamation de la République à Paris. Quinze jours après, le jour même du 24e anniversaire de l'apparition de N. D. de la Salette, 19 septembre, les Allemands, par la bataille de Châtillon, avaient achevé l'investissement de la capitale. Ainsi, du côté de Paris, comme du côté de Metz, les voies de communication étaient coupées entre les deux villes.

Pourtant, le 27 octobre, tandis que se négociait la capitulation de Metz, M. Risse eut la grande consolation de pouvoir accueillir plusieurs de ses Frères en religion. Ils appartenaient à la VIIe ambulance de la Presse, patronnée par la Société internationale de secours aux blessés. Dirigée par le Dr Després, chirurgien de l'Hôpital de la Charité, elle était composée surtout de religieux et avait pour aumôniers les Pères Lantiez et Émile Hello, tous deux Frères de

Saint-Vincent de Paul. Elle était partie de Paris le
25 août. Après Sedan, elle s'installa à Balan et à
Daigny où, dans des maisons pillées et une baraque
en planches, elle donna ses soins à 222 blessés. Quinze
jours plus tard, elle se dirigea sur Metz, mais une
partie seulement du convoi y parvint au jour que
nous avons dit. M. Risse, dans sa charité inépuisable,
accueillit sous son toit ce glorieux débris de la VIIe
ambulance. Le Dr Després profita des loisirs de cette
hospitalité pour réorganiser son personnel. Ayant
constaté qu'on n'avait pas besoin de ses services à
Metz, il partit, au bout de quelques jours, rejoindre
l'armée de la Loire, en passant par Bâle, Genève et
Orléans.

Ce fut grande joie pour M. Risse de revoir ainsi
plusieurs de ses Frères et spécialement le P. Lantiez,
assistant du Père Général. Ils ne pouvaient d'ailleurs
lui donner aucune nouvelle de ce dernier, enfermé
dans Paris.

D'autre part, le lendemain même de l'investissement de Paris, le 20 septembre, Rome avait été
à son tour assaillie par les ennemis du Saint-Siège,
qui profitaient des défaites de la France. Il n'y eut
qu'un simulacre de défense de l'armée pontificale,
tout à fait insuffisante pour soutenir un siège en règle.
Les Frères de Saint-Vincent de Paul, directeurs à
Rome des Cercles militaires pontificaux, y laissèrent
plusieurs de leurs religieux pour liquider la situation.
En apprenant la capitulation de Metz, ils essayèrent
de se mettre en communication avec M. Risse. Mais
c'est seulement le 16 janvier 1871 que celui-ci put
leur envoyer la lettre suivante qui nous donnera de
premiers détails sur la vie de la communauté de
Metz durant les tristes jours du siège et de l'occupation allemande :

« Bien chers Frères de Rome,

» Je suis confus de répondre si tard à votre bonne et si affectueuse lettre. Mais aussi que d'événements sont venus nous enlever notre temps et notre repos ! Pendant le blocus de Metz, une grande ambulance de plus de 100 soldats blessés ! Quelle tâche pour les petites épaules de nos Frères, pleins de dévouement et de courage, mais petits de taille et de force ! Après l'ambulance, par suite des fatigues, maladie sur maladie. M. L... frappé 6 semaines de la fièvre et se remettant à peine. M. Pradeaux atteint d'une espèce de petite vérole et ayant encore, il y a quelques jours, du délire. (Il va mieux)... M. Nominé enlevé par la garde mobile et infirmier à l'hôpital militaire.

» Je me suis trouvé un instant seul à la tête de la maison. Ajoutez plusieurs de nos pensionnaires malades ; M. Bonnet de Vaugirard et M. H... de Nazareth venus avec M. Lantiez et l'Internationale [1], tombant à leur tour malades. Enfin, après la capitulation, une compagnie de 160 hommes prussiens à loger. Il n'en fallait pas plus pour nous absorber !

» Tout est plus calme maintenant. Nos malades se remettent. Mais que de choses à faire encore ! Je n'ai été arrêté que quatre fois, et un jour seulement. De bons vomissements m'ont tiré de peine.

» En ce moment, il faut chercher son pain, et la chose n'est pas facile. Les personnes riches n'ont pas touché de rentes ni de fermages : on refuse donc, ou l'on donne bien moins. Nous ne perdons cependant pas courage. La bonne Providence nous sauvera.

» Nos ouvriers sont revenus, moins nombreux : beaucoup sont soldats et d'autres sont retenus le soir par leurs parents, craignant des accidents fâcheux dans les rues. Mais la guerre a rendu ceux qui viennent

---

1. Il s'agit ici du service des ambulances.

plus sérieux et plus dociles. Près de 100 communions sont venues nous réjouir à Noël...

» Oh ! priez pour nous ! La main de Dieu nous éprouve cruellement. Mais n'est-il pas le Dieu de toute bonté et de toute miséricorde ? Son cœur se laissera à la fin attendrir par nos prières et par nos larmes.

» Les épreuves ne vous sont pas non plus épargnées, excellents Frères, aussi pensons-nous beaucoup à vous et prions pour vous ! Heureusement que tout nous profite pour le ciel et que nos douleurs chrétiennement supportées consolent le Cœur agonisant de Notre-Seigneur.

» Je recommande aussi à vos bonnes prières ma bonne mère que j'ai eu la douleur de perdre pendant le blocus. Une consolation me reste : elle est morte comme une sainte, appelant avec amour le ciel et la possession de Dieu.

» Ne m'oubliez pas non plus près de l'excellent Frère Georges [1] que j'ai eu le bonheur de posséder quelque temps dans notre bonne ville de Metz et que je ne pourrai jamais oublier. Mille choses affectueuses de ma part à ce cher et fidèle coopérateur de nos travaux.

» Adieu. Je vous embrasse tous... »

Paris, assiégé depuis le 19 septembre, bombardé depuis le 6 janvier, dut, par suite de la famine, mettre bas les armes et l'armistice commença le samedi 28 janvier. A cette nouvelle, dès le 1er février, M. Risse écrit à son Supérieur Général :

« Bon Père et vénéré Supérieur,

» Nous apprenons une nouvelle qui est peut-être désastreuse pour la France, mais qui est douce pour

---

1. M. Georges de Lauriston, qui fut le premier Frère de Saint-Vincent de Paul à venir à Metz après la profession religieuse de M. Risse.

notre cœur, en ce sens que nous pouvons enfin, en ce moment, nous dit-on, vous écrire.

» Oh ! que nous avons souffert de ce long silence ! M. Lantiez a bien eu la bonté de nous donner de loin en loin de vos nouvelles [1] ; mais notre cœur n'était pas satisfait ! Oh ! que nous avons pensé à vous et prié pour vous ! Au moins ne vous est-il arrivé aucun accident ? Qu'est devenu Chaville, Vaugirard, ces Frères restés avec vous... ? Rassurez-nous, bon Père, et rendez-nous la vie.

» Quant à nous, au milieu de nos malheurs, la divine Providence nous a protégés d'une manière spéciale. Nous avons eu bien des malades, mais la mort ne nous a pas visités... Le bon M. Nominé a été arraché à la garde mobile et à l'hôpital militaire, et il travaille au milieu de nous avec un dévouement digne de tout éloge.

» Le bon petit abbé M... nous a été renvoyé de Belgique par M. Lantiez pour nous aider : il est revenu gras, frais, guéri, merveilleusement bien portant. Quoique les cours généraux du Séminaire ne soient pas encore repris, les bons Sulpiciens veulent bien lui donner, ainsi qu'à M. Pradeaux, des leçons particulières de théologie et de philosophie dont nous leur sommes bien reconnaissants.

» M. Lantiez est venu nous visiter avec son ambulance. Il nous a laissé M. H... qui, un peu malade, est retourné quelques semaines après à Tournai, et M. Bonnet qui, atteint de la fièvre typhoïde, a été soigné par les bonnes Sœurs de Charité de Bon-

---

1. Le P. Lantiez, après un très court séjour à Metz, était allé à Tournai (Belgique), où, depuis les premiers jours de septembre, étaient réfugiés les novices et les scolastiques de la Congrégation. On y pouvait correspondre avec Paris au moyen des pigeons voyageurs apportés par les ballons qui partaient chaque semaine de la ville assiégée.

Secours. Il est en pleine convalescence et, pour changer d'air, doit retourner aussi en Belgique...

» Adieu, bon et tendre Père. Je termine, craignant de trop retarder l'envoi de cette lettre. Priez toujours pour vos enfants et bénissez-les.

» Votre petit Directeur a été aussi indisposé. L'estomac ne fonctionnait plus ; les yeux s'engorgeaient d'humeur et refusaient le service ; une fausse entorse l'a rendu boiteux un mois. Mais qu'est-ce que ces petites misères à côté des grandes douleurs de la France et du Souverain Pontife ?

» Que Dieu daigne accepter le sacrifice de tant de victimes pures et innocentes, qui ont succombé sur les champs de bataille et qu'il nous sauve !

» Mille choses affectueuses de ma part à tous ceux qui vous entourent.

» Je me dis toujours, avec une nouvelle affection, Votre indigne mais tout aimant enfant.

L'abbé Risse,
pr. S. V. P.

« P. S. — Tous mes Frères s'unissent à moi pour vous envoyer l'expression de leurs sentiments les plus affectueux. Demandez aussi pour nous à Notre-Seigneur le pain de chaque jour. L'ambulance nous a laissé 500 frs de dettes : la bonne Providence ne nous laissera pas mourir.

» Monseigneur est venu lui-même nous apporter une petite offrande, qui nous a aidés à vivre. »

Les deux lettres du 16 janvier et du 1er février 1871 se complètent, sans trop se répéter. Elles devaient être reproduites intégralement, autant que possible, pour ne pas affaiblir le parfum de charité, de zèle, d'humble simplicité, de patriotisme, d'amour de l'Église, en un mot de sainteté qui s'en dégage.

Il faut ajouter que M. Pradeaux, le séminariste dont il est question, se fit à la jambe, en transportant les blessés, une contusion dont il ne guérit jamais complètement et qui finalement fut cause de sa mort prématurée, le 5 février 1886, après neuf ans de sacerdoce.

Dans le fascicule publié en 1872, où il parle de son Œuvre pendant et après la guerre, M. Risse décrit ainsi le dévouement que ses jeunes gens apportèrent avec d'autres personnes à l'ambulance, et le bien qui en résulta :

« Entraînés par l'exemple de tous les nobles cœurs de notre cité bien-aimée, les jeunes ouvriers voulurent aussi avoir leur ambulance de blessés ; et dans la même salle, vaste et bien aérée, où d'aimables fêtes de famille les rassemblaient si souvent aux jours heureux, ils voulurent avec bonheur donner asile aux jours de l'adversité, à leurs frères de l'armée et faire trêve, pour un temps, à leurs cours du soir, à leurs jeux, à leurs soirées récréatives. Nos pensionnaires s'empressèrent d'y placer, les premiers jours, quelques-uns des lits de leur dortoir, auxquels vinrent s'adjoindre bientôt les dons empressés de mille cœurs généreux.

» Plusieurs jeunes gens, libres d'occupations, s'offrirent à consacrer tout le jour aux soins et au soulagement de ces chers blessés, de concert avec des médecins dévoués et de pieuses chrétiennes, toujours les premières au poste de l'abnégation et du sacrifice ; de concert aussi avec leurs bonnes mères et leurs sœurs, dont on ne pourra jamais assez louer l'empressement et le zèle. Oublieux des fatigues de l'atelier, quelques-uns ont même demandé à veiller à tour de rôle, la nuit, près de ces chers malades qu'on ne pouvait quitter d'un instant. Une mère, réduite à l'extrême misère, n'avait qu'un fils unique : « Je n'ai rien à vous donner, dit-elle, je suis pauvre ; mais prenez mon fils, qu'il se consacre au service des pauvres soldats blessés, et sa mère sera assez heureuse ! » Et le brave enfant resta en effet de longs mois au poste du dévouement et de la charité.

» Aussi, après les bénédictions de Dieu, ont-ils recueilli, au départ de ces bons soldats guéris ou en voie de guérison, et la plupart réconciliés avec Dieu, mille bénédictions qui ne peuvent manquer de leur porter bonheur. Quelques-uns de ces braves, il est vrai, succombèrent à leurs glorieuses blessures ; mais édifiés et sanctifiés par tant de bonnes paroles, de prières, de saints exemples qui les environnaient de toutes parts, ils moururent calmes et résignés, attendant la couronne de justice et serrant entre leurs mains la médaille bénite que notre pieux Évêque, après ses autres largesses, leur avait laissée à tous, comme un doux souvenir, dans la charitable visite qui fut si consolante pour leur cœur. »

Il fallait à M. Risse un patriotisme et un courage peu ordinaires pour oser écrire et imprimer sous les yeux des Allemands ce que l'on vient de dire et ce qui suit.

Parmi ses sociétaires qui portèrent les armes, M. Risse en signale spécialement trois qui moururent pour la patrie :

« Le brave sergent-major Linel, tué à Sedan par une balle reçue en pleine poitrine, brave enfant, doux par caractère comme un agneau, pieux comme un ange, l'apôtre de ses soldats à la chambrée, pendant la paix, mais intrépide comme un lion devant l'ennemi... Un jeune homme de 18 ans, notre ancien pensionnaire, Kiffer Louis, jeune engagé volontaire de l'armée du Nord, succombant à une affreuse blessure reçue dans un combat meurtrier, après avoir rempli tous ses devoirs de brave soldat et de bon chrétien... L'abbé (François), d'un tempérament plus débile, mort sur la terre de captivité, entouré de toutes les consolations de la religion, épuisé par les privations, rongé surtout par l'ennui et l'éloignement d'une famille bien-aimée, dont il était la joie et l'espoir.

» Innocentes victimes qui nous démontrent mieux que tous les raisonnements, que l'éducation chrétienne n'amollit pas les âmes et n'énerve point les caractères, comme on l'a dit naguère avec une stupide effronterie, mais qu'au contraire elle double le courage par l'espérance de la divine récompense dans une patrie meilleure ; et que celui qui sait courber la tête, matin et soir, devant le grand Maître qui l'a créé, sait aussi lui obéir et mourir même, quand il lui demande le sacrifice de ce qu'il a de plus cher au monde, le sacrifice de son existence. »

M. Risse signale aussi ce trait « qui, dit-il, touche à l'héroïsme et qui montre ce dont est capable un noble cœur d'ouvrier que le vice et l'irréligion n'ont pas flétri. — Un grand jeune homme de 18 ans, ébéniste de son état, avait la mort dans l'âme en sentant son vieux père emmené en captivité, après la guerre [1], avec son frère aîné, militaire comme lui. Le plus jeune de la famille, il était resté seul avec sa pauvre mère, dont il soutenait l'existence par son travail, et le moral par les consolations qu'il lui prodiguait. Les lettres arrivaient de l'Allemagne tous les jours plus déchirantes. Le vieux soldat est

---

1. C'est-à-dire après la capitulation de Metz.

malade, il se décourage, il va peut-être mourir. Ne pouvant plus y tenir : « Mère, dit-il un jour, je pars à pied ; je suis pauvre, la route est longue ; mais Dieu soutiendra mes forces ; je prendrai la place de mon père, on ne refusera pas cette faveur à mes prières et je te le renverrai. Les bonnes âmes de Metz ne t'abandonneront pas. » Et il allait partir. Il fallut toutes les larmes de sa mère, toutes les supplications des amis de sa famille pour le détourner d'un projet sublime, mais téméraire. Dieu lui a tenu compte de ses admirables désirs. Son père, son frère, lui ont été rendus. Et il resta l'ange consolateur de la famille, mille fois aimé davantage, depuis les preuves si touchantes de sa piété filiale. »

La lettre de M. Risse à M. Le Prevost, que nous avons reproduite plus haut, arriva à Paris sans difficulté :

« Merci, lui répond celui-ci dès le 7 février, de votre bonne et excellente lettre. Oui, nous sommes unis par un lien que Dieu a formé, la main des hommes ne saurait le briser. Les œuvres pour lesquelles nous travaillons de concert, sont d'ailleurs au-dessus des luttes politiques et nationales : nous agissons pour le bien des âmes ; elles n'ont toutes qu'une patrie, la patrie du ciel, et un seul père qui est Dieu. J'espère que, dans cet ordre de pensées, nous n'aurons point d'entraves, ni pour vivre en sainte fraternité, ni pour nous dévouer au bien des petits et des faibles. »

En même temps, M. Le Prevost donnait des nouvelles de toute la Congrégation. M. Risse lui envoie une nouvelle lettre le 13 février ; en voici le texte :

« Bon Père et vénéré Supérieur,

« Que votre bonne lettre nous a causé de joie !

Comme nous avons béni le Seigneur de sa tendre miséricorde ! Comme nos bons Frères ont tressailli de bonheur, quand je leur ai lu votre intéressante missive ! Ils vont toujours bien et, quoique encore bien jeunes et bien inexpérimentés, ils font tous leurs efforts pour devenir de bons religieux. Ils sont ma joie et ma consolation...

« Mais le temps presse. Quand j'aurai quelques moments, je mettrai en ordre les notes de notre petit journal, que vous voulez toujours bien accueillir avec tant d'indulgence, et je vous l'enverrai avec quelques récits de notre captivité messine.

« Resterons-nous Français ? Quelle lourde et écrasante question ? Que deviendrons-nous alors et que ferons-nous ? Ah ! comme il faut abandonner avec d'instantes prières la chose à la toute-puissante bonté divine !...

« Mon bon et tendre Père, le travail est toujours accablant et le temps court. Les finances sont aussi dans un état de délabrement. Mais dites cependant un mot dans une de vos prochaines lettres, et je ferai tous mes efforts pour envoyer à ma bonne mère, la Communauté, représentée par vous, une légère offrande pour le Noviciat.

« Adieu encore. Je vous embrasse avec une tendre et toute filiale affection en Notre-Seigneur et en Saint Vincent... »

Les préliminaires de la paix furent signés le 26 février et ratifiés par vote de l'Assemblée Nationale le 28. La guerre prenait fin, mais la ville de **Metz** et celle de Strasbourg, l'Alsace et la Lorraine étaient détachées de la France. Le traité de Francfort fut signé à son tour le 10 mai et soumis le 18 du même mois à l'Assemblée de Versailles.

Dès le 6 mars, M. Risse jette le cri du patriotisme violenté et écrit à M. Le Prevost :

« Au milieu de notre douleur d'être séparés et détachés de notre chère France, nous gardons toujours notre cœur et toutes nos affections pour notre chère Communauté et pour vous. Nous sommes comme dans une mission à l'étranger, où nous pouvons encore faire beaucoup de bien. Les grands jeunes gens nous ont quittés en assez grand nombre [1] mais les apprentis affluent. Hier nous avons inscrit une quantité de nouveaux et les communions ont été nombreuses.

« Ne trouvant que tristesse autour d'eux, ils sont comme repoussés vers l'Œuvre, où ils rencontrent des visages gais et amis ; et ainsi peut-on faire encore beaucoup de bien à leurs âmes... »

L'autorité allemande avait d'ailleurs l'habileté de se montrer bienveillante. Les rapports de M. Risse avec elle étaient facilités par la présence de M. Nominé qui savait parler la langue des nouveaux maîtres, langue que M. Risse voulut toujours ignorer.

Mais, si la guerre était finie à Metz, elle allait reprendre à Paris, guerre civile, avec la proclamation de la Commune le 18 mars. Elle ne se termina que le jour de la Pentecôte, 28 mai. L'avant-veille les Frères de Saint-Vincent de Paul avaient eu leur martyre, en la personne de l'abbé Henri Planchat, Aumônier du Patronage Sainte-Anne, massacré rue Haxo, M. Le Prevost en fait part à M. Risse : « Nul prêtre, ajoute-t-il, n'a porté, parmi nous, plus loin le zèle et le dévouement pour les pauvres et les ouvriers, nul n'a pratiqué plus généreusement les vertus reli-

---

1. Ils abandonnaient Metz et émigraient en France pour éviter d'être appelés à servir dans l'armée allemande.

gieuses, nul enfin n'a professé un si tendre attachement pour notre petite famille. »

M. Risse l'avait en grande amitié et estime. C'est lui, on se le rappelle, qui jadis, revenant de Rome et passant par Metz, en 1852, avait fait décider la fondation de la petite Conférence de Saint-Vincent de Paul dans l'Œuvre de l'Enfant-Jésus. L'abbé Risse et l'abbé Planchat étaient deux frères d'armes bien faits pour s'entendre : il y avait entre eux plus qu'une similitude de vocation, leurs vertus étaient à peu près les mêmes et M. Le Prevost aurait pu se servir pour l'un et l'autre des mêmes expressions d'estime.

Écoutons M. Risse apprécier le forfait commis à Paris et voyons la leçon qu'il en tire pour ses enfants :

« Pendant les troubles de Paris et les crimes de la Commune, nous eûmes une crise terrible à traverser. Nos pauvres enfants trop crédules, comme, hélas ! un grand nombre d'ouvriers, et trompés par des bruits mensongers, avaient cru naïvement que l'on ne voulait que leur bonheur, et que, pacifiques et charitables réformateurs, les fauteurs du désordre n'étaient animés que des intentions les plus louables et avaient les mains pures de tout crime.

« Heureusement que ces chers enfants étaient assidus à l'Œuvre. Heureusement que nous avions à leur présenter des témoignages sûrs et authentiques; que nous pouvions faire appel à leur bon sens non encore faussé, et surtout recourir aux lumières divines de l'Évangile, qui ne pactise jamais avec le mal et qui dit encore à tous, de la part de Dieu, par la bouche de ses Prêtres, de ses Évêques, de son Pontife suprême, infaillible par le Saint-Esprit dans les matières de la foi, comme jadis le courageux Jean-Baptiste à Hérode : « *Non licet*, le mal n'est pas permis. » Je pouvais ainsi dissiper leurs préjugés et éclairer leur bonne foi surprise.

« Cependant il restait encore parmi eux quelques incrédules, quand une lettre de notre Supérieur Général arrive de Paris et m'annonce que le premier de nos prêtres, entré dans la Communauté à la fondation, le bon, le saint P. Planchat, le père, l'ami, l'apôtre de l'ouvrier à Paris, venait d'être fusillé en haine de la religion par les misérables dont il avait recueilli, nourri, élevé les enfants.

« L'animal lèche la main qui lui donne un morceau de pain ; et des tigres à face humaine avaient osé payer par la mort, par des balles sacrilèges une vie tout entière de dévouement et de sacrifice à la classe ouvrière. Oh ! alors les cœurs honnêtes de nos bons jeunes gens n'y tinrent plus. Devant un tel forfait, l'indignation fut à son comble. La Commune, la hideuse Commune était connue ; elle était exécrée ; et je les retrouvai tous bientôt, comme auparavant, bons, honnêtes, reconnaissants, de vrais ouvriers, de vrais enfants du divin apprenti de Nazareth, l'adorable Jésus.

« Dans l'élan de ma joie, je remerciai aussitôt et mon Dieu et le Saint Martyr qui venait de nous obtenir du ciel ce petit miracle de conversion. Je le conjurai de prier toujours pour nous, de veiller encore au sein de la gloire sur ses chers ouvriers de Metz, sur ses Frères qui combattaient encore dans l'arène, et de leur obtenir le courage et la force qui font les héros et les saints.

« Oui, que sa glorieuse soutane, rougie de son sang innocent, percée de balles meurtrières et dont nous avons le bonheur de posséder un précieux fragment, soit toujours présente à nos yeux, quand les fatigues nous paraîtront excessives ou quand des moments

de défaillance et d'épuisement viendront nous sur-
prendre. Ah ! qu'elle vienne nous crier toujours :
« Lâches ! en avant ! De quoi vous plaignez-vous ?
Vous n'avez pas encore résisté comme nous jusqu'au
sang. Et, si vous mourez à la tâche, pour l'amour
du pauvre peuple, réjouissez-vous : vous serez aussi
des martyrs. Moi, votre Frère, je vous attends au
ciel ; car là aussi il y a des couronnes pour les martyrs
de la charité ! »

« Oui, nous écouterons cette voix bénie. Elle sera
pour nous un aiguillon puissant ; nous resterons jusqu'à la mort au milieu de nos chères petites brebis
fidèles, malgré le brisement de notre cœur. Et il
nous serait doux, s'il le fallait un jour, de donner
aussi pour eux notre sang, à l'exemple du divin
Pasteur. »

On voit quelle fraternité unissait les deux Apôtres
de l'ouvrier, serviteurs des pauvres et des petits,
Frères de Saint-Vincent de Paul, imitateurs de ce
grand Saint.

M. Risse répondit en ces termes à la lettre de M. Le
Prevost [1] : « Nous pressentions la perte que vous
nous annoncez. Nous savions le bon P. Planchat
arrêté, mais nous espérions toujours que l'ami des
enfants et des ouvriers aurait trouvé grâce devant
ces cannibales ! Mais Satan qui hait Notre-Seigneur,
hait aussi les saints ministres qui lui ressemblent.
Nous avons pleuré la mort de ce Frère bien-aimé,
nous avons prié pour lui avec tous nos Frères et tous
nos enfants. J'ai dit les trois messes que vous nous
demandiez, et toutes les communions se font à cette
intention. Mais, malgré notre douleur et le grand
vide que cette mort va laisser dans les œuvres de

---

1. Lettre du 9 juin 1871.

Paris, nous avons au cœur une joie religieuse. Nous comptons un martyr dans la petite famille et, du haut du ciel, le bon Père Planchat priera pour la chère Communauté et pour sa prospérité. Cette pensée nous a grandement consolés au milieu de notre affliction. »

Une date mémorable, qui se rattache à la guerre, doit être ici rappelée : le 7 septembre 1871. En ce jour eut lieu l'érection à Metz et la pieuse consécration du monument funèbre élevé à la mémoire des soldats français, qui avaient versé leur sang et succombé héroïquement pour la défense de cette ville.

« La cité entière, raconte M. Risse, et une multitude considérable des habitants des campagnes accourus de toutes parts, avait revêtu ses habits de deuil. L'immortelle, emblème de la spiritualité et de l'immortalité de nos âmes, brillait à côté du crêpe funèbre. Tout commerce était interrompu, tout atelier s'était condamné au silence, toute joie avait cessé. Tous les cœurs étaient unis dans une même pensée, un même sentiment, une même douleur ; au sein d'une ville chrétienne et catholique comme la nôtre, où l'on a conservé assez de foi, de bon sens et de dignité pour croire encore aux âmes et à leurs immortelles destinées, on avait songé à Dieu et à la prière.

« Notre pieux Évêque avait compris ces saintes aspirations et les avait encouragées et bénies. Une tristesse profonde était dans toutes les âmes ; mais une tristesse non comme celle de l'incrédule, tristesse du désespoir qui ne connaît plus rien au-delà de la tombe. La population messine s'était rappelé les consolantes paroles du héros des Machabées : « C'est une bonne et sainte pensée de prier pour les morts. » Et elle était heureuse en se souvenant qu'elle pouvait être encore utile à ceux dont elle pleurait la perte, et qu'elle reverrait un jour dans un monde meilleur.

« L'immense et imposante Cathédrale de Metz était devenue ce jour-là trop étroite pour contenir les flots pressés des chrétiens qui s'y étaient donné rendez-vous. Et là, (mille témoins oculaires ont pu le constater avec bonheur), ce n'était pas une vaine curiosité qui avait rassemblé ces multitudes. On pleurait, oui, on pleurait, et le motif certes en était bien digne ! Mais aussi, grave et recueilli, on priait et l'on demandait au Dieu de clémence de vouloir bien accueillir, comme un sacrifice d'agréable odeur, les souffrances, les blessures, le sang versé par ces braves pour une si noble cause.

« Et, quand le vénéré Prélat, après avoir prié pour eux, se fut rendu, suivi de la population tout entière, sur le sol béni où reposaient ces généreux enfants de la France ; quand, répondant au discours si chrétien et si noblement exprimé de M. le Maire de Metz, il eut élevé de la terre jusqu'au ciel, par ses paroles de foi, cete foule attentive et recueillie, il put s'apercevoir, au frémissement religieux qui parcourut les rangs de tous les assistants, qu'il avait été compris et que tous sentaient, comme lui, que le mot qu'il leur laissait était bien doux au cœur : Espérance !

« La Société des Jeunes Ouvriers de Metz ne pouvait être indifférente à une si brillante manifestation de la foi catholique. Ses musiciens étaient dispersés, il est vrai, et, depuis de longs mois, leurs instruments, couverts d'un crêpe, étaient condamnés à un douloureux silence. Mais, pour une si sainte cause, et à l'appel si gracieux et si cordial de la Municipalité messine, pouvait-elle rester insensible ?

« N'était-elle pas heureuse de trouver, et ses direc-

teurs avec elle, une nouvelle occasion de témoigner,
au nom de tous les habitants de Metz, l'estime et
la reconnaissance dues à ces hommes de dévouement,
qui ont compris si bien, avec le sens droit qui les distingue, et les lumières de la foi qui les dirige, les
sages principes de la vraie liberté et de la bienveillance
pour tous ; qui ne se laissent pas aveugler, comme
d'autres, par des préventions antireligieuses ou la
haine, et qui, ne voyant que des enfants dans la
grande famille qu'ils ont à administrer, accueillent
avec le même sourire, la même bonté et la même
justice, la blouse de l'ouvrier, ainsi que la robe de
bure du Frère ou de la Sœur de Charité et la soutane
du Prêtre, symboles vénérés d'une consécration
absolue au bien de l'humanité ! Honneur à eux !
Ils ont compris la vraie notion de l'autorité et du
vrai libéralisme, qui ne sera jamais, comme la Religion elle-même l'enseigne, ni le despotisme, ni la
passion aveugle, ni la haine partiale, mais, pour les
esprits droits et les cœurs honnêtes, une *paternité*
tout à la fois ferme et indulgente pour *tous !*

« C'est donc avec empressement et bonheur que
la jeune Société se rendit à ce sympathique appel.
Nos bons ouvriers, stimulés par de si purs motifs et
par l'activité de leur habile chef de musique, M. Thi-
riot, firent réellement, en trois jours, des prodiges
de bonne volonté pour se convoquer, se réunir et
se préparer. Des artistes, aussi distingués par leur
talent que par leur cœur, voulurent bien offrir leur
dévoué concours. Dieu devait bénir de si courageux
et si fraternels efforts.

« Ces graves et touchantes harmonies tirèrent des
larmes de tous les yeux. La ville entière fut profondément émue et reconnaissante. Et, le soir même de
ce grand jour, M. le Maire de Metz, interprète bien-

veillant des sentiments de la population messine, eut la délicate pensée d'envoyer à notre chère société ouvrière ces lignes encourageantes, que je me fais un bonheur et une gloire d'enregistrer ici :

« Monsieur l'Abbé,

« Nous venons vous offrir l'expression de toute la gratitude de l'administration municipale pour la part que l'Œuvre des Jeunes Ouvriers a prise à la touchante et patriotique cérémonie d'aujourd'hui. Remerciez bien cordialement pour nous les membres de votre corps de musique et les excellents artistes qui ont bien voulu s'y joindre. Cette musique a donné à la cérémonie un caractère particulièrement émouvant ; elle a complété en même temps la dignité du cortège, et nous ne saurions être assez reconnaissants à ceux qui ont pris part à la réalisation de cette belle et bonne pensée.

« Veuillez donc agréer, pour vous et vos collaborateurs de tout âge et de tout habit, l'expression de notre gratitude et celle de nos meilleurs sentiments.

« Le Maire et les adjoints élus,

Paul Bezançon, de Bouteiller, Virlet. »

L'épilogue de la guerre fut la promotion de M. Risse à la Légion d'Honneur [1].

---

1. Voici la teneur de son diplôme de nomination :

République Française
Ordre National de la Légion d'Honneur
Le Président de la République Française,

par Décret de ce jour, quinze octobre mil huit cent soixante et onze, nomme M. l'abbé Risse, Louis, Directeur de l'Œuvre des Jeunes Ouvriers à Metz, né le 12 janvier 1823, à Metz, département de la

Le Maréchal Bazaine avait lui-même annoncé à
M. Risse sa nomination, en ces termes :

Cabinet du Maréchal   Paris, 6 novembre 1871.

Monsieur le Directeur,

J'ai l'honneur de vous adresser, ci-joint, une lettre
d'avis de nomination au Grade de Chevalier de la
Légion d'Honneur, qui vous est destinée.

Je suis heureux que cette occasion me soit offerte
de vous remercier de nouveau du dévouement dont
vous nous avez donné tant de preuves pendant le
blocus de Metz, et je vous félicite sincèrement pour
la distinction dont vous venez d'être l'objet à si
juste titre.

Agréez, Monsieur le Directeur, l'assurance de ma
considération la plus distinguée :

Le Maréchal de France,

BAZAINE.

M. l'abbé Risse, Directeur de l'Œuvre des Jeunes
Ouvriers à Metz.

Moselle, Chevalier de l'Ordre National de la Légion d'Honneur, pour
prendre rang du même jour, et jouir de tous les droits, honneurs et
prérogatives attachés à cette qualité.

Fait à Paris, le 5 avril 1872.

A. Thiers

Par le Président de la République
Le Grand Chancelier
de l'Ordre National de la Légion d'Honneur

Vinoy

Vu, vérifié, scellé et enregistré, n° 9331.

Le Secrétaire général de l'Ordre,

de Vaudrimey.

Voici l'accusé de réception de M. Risse :

« Monsieur le Maréchal,

« Fils du Commandant du génie Risse, élève du lycée de Metz [1], bachelier, puis prêtre catholique, par vocation je m'étais voué à la moralisation de la classe ouvrière, si exposée de nos jours, en fondant à Metz l'Œuvre des Jeunes Ouvriers. Je vivais inconnu de tous, heureux de former de bons citoyens pour la France et de bons chrétiens pour le ciel.

« Les malheurs de la guerre m'ont fait accueillir dans ma maison nos pauvres soldats blessés ; et le gouvernement français a daigné penser à moi et m'envoyer une marque de sympathie à laquelle il m'est impossible de n'être pas sensible. Elle me relève aux yeux de mes ouvriers et va me donner sur eux plus d'autorité encore et plus d'influence ; et je pourrai par là même leur faire plus de bien.

« A ce point de vue, et à ce point de vue seul, je viens, Monsieur le Maréchal, vous remercier, car j'avais renoncé depuis longtemps à toute espérance et à toute faveur en ce monde. Le prêtre catholique ne doit avoir qu'un désir : se sacrifier dans l'ombre, sous l'œil de Dieu, pour ses frères et pour son pays.

« J'ai vu aussi un avertissement perpétuel dans ce petit ruban rouge. Sa couleur indique le dévouement jusqu'au sang, s'il le fallait. Au moins continuerai-je à offrir pour la belle cause du peuple et de la religion toutes mes forces, tout mon temps, toutes mes sueurs, heureux d'abréger mes jours pour la régénération de notre belle France, dont je reste l'enfant attristé, mais toujours fidèle.

---

1. Selon les nécessités du temps, M. Risse avait achevé au **Lycée** de Metz ses études commencées à l'Institution Saint-Augustin.

« Daignez agréer, Monsieur le Maréchal l'expression des sentiments de profond respect et de gratitude dont je suis pénétré.

Louis RISSE. »

La Grande Chancellerie de la Légion d'Honneur, par lettre du 27 novembre 1871, avait demandé diverses pièces au nouveau Chevalier, pour l'exécution du décret. M. Risse répond :

« Metz, le 26 janvier 1872,

« Monsieur le Grand Chancelier,

« C'est avec regret que je vous envoie si tardivement les pièces que vous m'avez fait l'honneur de me demander le 27 novembre 1871 (N° 818).

« Dans nos pauvres provinces annexées, mille lenteurs imprévues viennent paralyser la meilleure volonté...

« Le membre de l'Ordre que je désigne pour que vous puissiez le déléguer pour procéder à ma réception, est, si vous le jugez bon, l'un de mes parents, le Commandant retraité Maury, Chef d'escadron d'artillerie, ancien sous-directeur de la pyrotechnie, officier de la Légion d'Honneur, demeurant actuellement Chandellerue, 1, à Metz.

« Je me suis consacré avec un grand bonheur et sans arrière-pensée, il me semble, avec mes jeunes ouvriers, au soulagement et à la guérison de nos chers soldats blessés. Et, si le Gouvernement Français a bien voulu, malgré mon obscurité, jeter les yeux sur mes petits efforts plus particulièrement et m'attribuer la récompense méritée par mes collaborateurs, ce sera pour moi un motif nouveau de me consacrer avec plus d'ardeur au bonheur de ma patrie comme à celui de ses enfants, et de dépenser pour elle ma vie jusqu'à la fin, si je n'ai pas, comme me l'indique la couleur du ruban, l'honneur de verser mon sang.

« Veuillez agréer... »

Entre-temps M. Risse, en bon religieux, avait informé son Supérieur Général de la distinction qu'on lui conférait. M. Le Prevost lui dit à ce sujet, dans une lettre du 26 octobre 1871 :

« Je n'avais rien appris touchant la faveur qui paraît vous avoir été accordée ; je suppose, bien que votre lettre ne le dise pas, qu'il s'agit de la Croix de la Légion d'Honneur. Vos travaux l'ont certainement méritée. Il me paraîtrait difficile, dans la circonstance présente, que vous la refusiez. Et d'ailleurs le sacerdoce reçoit assez de mépris pour qu'il convienne peut-être de montrer qu'il est encore honoré en quelques lieux.

« Mais, comme pour nous, prêtres et religieux, la plus noble décoration est la Croix du Seigneur Jésus, vous jugerez s'il ne serait pas bien de la porter rarement et presque seulement dans les circonstances et rapports officiels. J'exprime ici mon sentiment propre, n'ayant pas le temps, sous peine de retard, de consulter les anciens Frères. Mais je les sais tous fort désintéressés personnellement de ces sortes de distinctions. »

M. l'abbé Julhes, Supérieur du Grand Séminaire, avait, entre autres, félicité M. Risse de sa décoration. Il en reçut cette réponse :

« Merci de vos cordiales félicitations pour ma promotion. Je puis bien dire, comme mon divin Maître, que j'ai été crucifié sans l'avoir mérité. Mais c'est moins ma personne que le sacerdoce et le clergé qu'on a voulu récompenser. A ce point de vue, je ne puis que m'applaudir de la distinction dont j'ai été l'objet. »

Il fallait à M. Risse l'autorisation de l'administration allemande pour porter sa décoration. Il la demanda dans une lettre très digne, adressée le 3 avril 1872 au Président d'Alsace-Lorraine. « Je n'ai fait que mon devoir, dit-il, aidé par mes ouvriers, leurs bonnes mères et un certain nombre de dames chrétiennes et charitables... En suivant mes inspirations personnelles, j'aurais incliné à ne pas porter extérieurement ce signe honorifique ; mais des conseils sages et des motifs supérieurs me pressent de le faire. Ce sera, me dit-on, une consolation pour les jeunes ouvriers qui vous aiment et qui seront honorés dans leur chef, et une source de salutaire influence qui ne pourra servir qu'à la cause de la moralisation du peuple, de l'ordre, des bons principes et de la religion... Je viens, Monsieur le Président, vous présenter le titre qui me confère cette distinction et vous prier, si vous n'y voyez pas d'inconvénients d'ailleurs, de vouloir bien me permettre d'en porter ostensiblement, quoique modestement, les insignes... »

Le 18 juin suivant, le Directeur de la Police de Metz communiquait l'autorisation datée du 13 mai.

CHAPITRE X

L'ŒUVRE DE 1871 A 1874

Une lettre de M. Risse, adressée le 29 juin 1871 à son Supérieur Général, donne un tableau de la situation à cette époque :

« Bon et vénéré Supérieur,

« Des migraines un peu plus fréquentes que de coutume, et qui commençaient à inquiéter le médecin, m'ont empêché de répondre plus tôt aux nombreuses et aimables lettres que m'envoyait Chaville. Que ces bonnes lettres font du bien ! Elles touchent et consolent le cœur, en voyant la bonté paternelle et la sollicitude qui vous animent à l'égard de tous vos enfants. Merci mille fois ! Nous y trouvons un nouveau charme, exilés que nous sommes pour le moment de la chère mère patrie.

« Tout est assez triste autour de nous. Les personnes dans l'aisance nous quittent. Les ouvriers eux-mêmes, les grands jeunes gens suivent, abandonnent Metz et vont chercher de l'ouvrage ailleurs : les pauvres mêmes, trouvant peu d'ouvrage, disent-ils, vont rejoindre en France quelques parents qui les appellent.

« A l'Œuvre, les plus jeunes sont toujours très nombreux, mais les rangs s'éclaircissent parmi les ouvriers. Un petit Bavarois, catholique et bien bon enfant, s'est bien présenté. Il a même été accepté : c'est le fils d'un marchand allemand qui s'est établi à Metz. Mais la prudence, je crois, nous dicte d'aller bien doucement dans ces sortes d'admissions, qui pourraient irriter et mécontenter nos petits Français, fort chatouilleux sous ce rapport. Plus tard, on verra, si le nombre augmentait, s'il est urgent de faire, à part des nôtres, une Œuvre de jeunes gens allemands. Plusieurs Luxembourgeois nous sont arrivés pour la section de nos grands ouvriers : les agrégés, ou le *Cercle*, comme les appelle M. B... Ils sont, avec les Français, une quinzaine seulement en ce moment, et les ouvriers une soixantaine, les apprentis et les écoliers 230.

« A l'occasion de la Fête-Dieu, le bon curé de la paroisse Saint-Eucaire a demandé encore nos jeunes gens, leur bannière et leur musique. Nous avons donné et jeunes gens et bannière. Quant à notre musique, elle est suspendue : les grands manquent, l'argent aussi pour payer les professeurs et, en somme, je ne sais pas si l'Œuvre n'y gagne pas en calme, en simplicité, en bon esprit. Monseigneur, si bon juge, me recommande de travailler sans bruit et sans tapage, sous l'œil de Dieu, et de ne pas attirer l'attention. C'est plus chrétien et plus sûr. Nous avons eu cependant 8 clairons et 3 caisses, nos anciens revenus de l'armée.

« La Fête-Dieu a été ravissante de piété ; on a refusé la musique étrangère et l'escorte des soldats allemands; l'ordre cependant a été parfait, la décoration des rues plus brillante que de coutume. Un de nos pistons a joué un pieux solo à l'élévation, à la grand'messe ; deux tambours ont battu aux champs. « Tout cela rappelait un peu la patrie », me disait le bon curé, les larmes dans les yeux, en me remerciant.

« A cette occasion, j'ai cru devoir faire, avec le bon abbé B... une visite à Monsieur le Préfet allemand, afin de lui demander s'il n'y aurait pas d'inconvénient à jouer dans les rues des airs français. Il a été d'une grande amabilité, nous a serré la main à tous deux, nous a donné toute autorisation et a pris une note pour avertir qui de droit, afin que nous ne soyons pas inquiétés. Qu'on nous laisse la liberté du bien, et nous serons encore consolés dans notre douleur...

« J'ai reçu, avec bien de la reconnaissance, les 300 fr. de la pension de M. l'abbé Pradeaux. Sans Monseigneur et Madame Leinen, notre insigne bienfaitrice, nous mourrions de faim, les personnes riches et bienfaisantes fuyant le sol annexé. Heureusement que quelques messes, et largement rétribuées, nous arrivent. La divine Providence est toujours là...

« Quant à la retraite, je pense pouvoir en faire partie avec le bon M. Nominé qui a des vœux à renouveler ; et moi, j'ai à en former pour toujours, si vous me le permettez...

« Nous avons fait, après Pâques, tous nos Frères et moi ensemble, une petite retraite semestrielle comme les règlements le prescrivent,... mais j'attends avec impatience la grande retraite de Paris.

« J'espère pouvoir me rendre au Congrès de Nevers.

Un mois plus tard (29 juillet), une nouvelle lettre complète la précédente :

« Bon Père et vénéré Supérieur,

« Je vois arriver avec bonheur le moment où, vers la fin d'août, si vous le permettez, je quitterai notre chère petite Maison de Metz, pour venir vous embrasser, me réconforter près de votre cœur, recevoir vos paternels et tendres conseils, et refaire aussi ce pauvre corps un peu amaigri par les privations du blocus et l'absence de tout repos et de diversion depuis 18 mois...

« Selon vos désirs, j'enverrai le plus de monde possible à Chaville. Voici nos petits projets ; je les soumets d'avance à votre appréciation, afin de rester toujours dans les bornes de la sagesse et de l'obéissance religieuse...

« Priez pour nous, bon Père, car l'inquiétude est un peu dans mon cœur. Que faire et que conseiller ? Une fièvre de départ et d'émigration vers la France a envahi la tête et le cœur de nos enfants : les uns, à 18 ans, s'engagent dans l'armée française ; les plus jeunes se dirigent vers la marine ; les moyens, les apprentis veulent entrer comme enfants de troupe dans les régiments. Avec qui resterons-nous ? Nul ne veut rester Prussien. Beaucoup de bienfaiteurs ont quitté Metz ; le vide commence à se faire. Que deviendrons-nous ?

« Il est vrai que nous avons jusqu'en 1872 (octobre) pour choisir notre nationalité ; et jusque-là bien des événements peuvent surgir. Dieu est notre protecteur et notre force. Je crois, selon le conseil de Monseigneur, qu'il faut porter les habitants à prendre patience et à attendre.

« Beaucoup vont à Nancy. Ah ! si nous y avions une maison, que de bien il y aurait à faire ! J'y ai passé dernièrement : les esprits semblent bien disposés : M. d'Arbois [1] en sait plus que moi à ce sujet.

« En attendant, la divine Bonté est admirable ! Si les autres sections diminuent un peu, la section

---

1. M. d'Arbois de Jubainville, de la famille lorraine bien connue, prêtre de l'Institut des Frères de Saint-Vincent de Paul, l'un des membres du conseil du Supérieur Général.

des grands (24, 25, 28 ans), le *Cercle*, comme l'appelle
M. B..., s'accroît tous les jours : il nous arrive des
Luxembourgeois parlant le français et français de
cœur, des jeunes gens blessés, impropres au service
militaire, des pensionnaires envoyés de la France
à notre Maison pour qu'ils trouvent plus de paix
et de religion. Que Dieu nous soit en aide.

« Je crois vous avoir dit un mot de notre belle
cérémonie religieuse de Borny-les-Metz, au chêne
de la Vierge, où a été replacée une statue de Marie,
décapitée par des soldats protestants pendant le
blocus...

« Hier, nous avons inauguré la nouvelle grande
salle du *Cercle* (billard, musique, rafraîchissements).
La soirée a été parfaite. M. B... y met tout son cœur
et son savoir-faire. Ah ! qu'il m'est indispensable !
On exige à Metz tous les actes rédigés en allemand,
la plupart des fonctionnaires ne parlent que l'allemand, ou très imparfaitement le français. Avec
lui, j'ai pu reprendre les conférences ou le cours
d'instruction religieuse pour nos Frères, le soin des
enfants arriérés et des petits Italiens voyageurs, le
soin des grands ouvriers, les grandes instructions à
la chapelle. Me couchant à 10 h., 10 h. ½, il me serait
impossible de faire face à tout. Aussi, chaque fois
que je vois Monseigneur, il me charge de vous féliciter
de votre « heureuse inspiration », me dit-il...

« Au milieu de nos peines, toujours un regard
d'amour du bon Dieu sur nous ! Une personne incon-
nue vient de donner à l'Œuvre une rente de 200 fr.
sur l'État, remise entre les mains de notre notaire.
Ah ! qu'il fait bon se confier au Seigneur !... »

Quelques jours après (le 9 août), M. Risse écrivait
encore à son Supérieur Général :

« Je reçois à l'instant votre bonne lettre, qui me

notifie la charge de confiance dont est investi notre cher Frère, Monsieur de Varax. Nous en sommes tout heureux : il est si digne de ce choix ! Et puis votre fardeau sera allégé, et ainsi notre bon Père Supérieur restera plus longtemps à notre tête, étant moins surchargé. Nous continuerons à bien prier pour vous et notre cher Vicaire Général. Veuillez lui présenter mes affectueux compliments et bénissez votre petit et tout affectionné enfant.

L. Risse,
Pr. S. V. P. »

Ce dernier mot parle de la nomination du T. R. P. de Rivérieulx de Varax à la charge de Vicaire Général du T. R. P. Le Prevost, fondateur et premier Supérieur Général des Frères de Saint-Vincent de Paul. Ancien confrère du Patronage de Notre-Dame de . Nazareth, à Paris, successivement Supérieur des Maisons d'Arras, d'Amiens, d'Angers et de Notre-Dame de Nazareth, il avait accompagné le P. Le Prevost à Rome, en 1869, pour y solliciter l'approbation de la Congrégation, qui reçut de Pie IX, le 10 mai de cette année, un Décret laudatif. C'est alors que le P. Le Prevost voulut céder à une main plus jeune le gouvernement de son Institut. De fait, la guerre franco-allemande retarda l'exécution de son projet. Le Conseil, réuni à Chaville le 23 mars 1871, donna ses suffrages à M. de Varax, le désignant comme Vicaire Général, sauf agrément du Saint-Siège. Un Rescrit du 16 juin suivant confirma l'élection. L'installation fut présidée par le P. Le Prevost lui-même à la Maison de Vaugirard le 11 août. M. Risse se sert de l'expression : « Notre bon Père Supérieur... » ; c'est le titre que les Frères de Saint-

Vincent de Paul donnaient à leur vénéré fondateur depuis qu'il était prêtre.

Le « Père Vicaire », comme on le dit alors, s'établit à Vaugirard, tandis que le Père Fondateur se retirait définitivement à Chaville. A Vaugirard fut reconstitué le Noviciat, qui avait émigré à Tournai durant la guerre. Là aussi fut organisé le scolasticat. A Chaville, le P. Le Prevost prit sous sa direction immédiate les Petits-Novices, jeunes gens qui faisaient leurs études en vue de la vocation ecclésiastique ou laïque dans l'Institut.

M. Risse vint à la retraite de communauté, avec M. Nominé, comme il l'avait projeté ; à sa clôture, le 7 octobre, il prononça ses vœux perpétuels, tandis que M. Nominé faisait des vœux de 3 ans. Tous deux étaient de retour à Metz le 12 octobre. Faire à pareil moment sa profession définitive, c'était, chez M. Risse, une singulière marque d'attachement à sa famille religieuse.

Avant la Retraite, il était allé assister au Congrès de Nevers, qui s'ouvrit le 4 septembre, sous la présidence de Mgr Forcade, et donna naissance à l'*Union des Associations Ouvrières catholiques* [1], dont le premier Président fut Mgr de Ségur, de sainte mémoire. Ce Congrès était le 4e tenu par les Directeurs et aumôniers d'Œuvres ouvrières en France. M. Risse, on l'a vu, avait assisté au premier de ces Congrès, (Angers 1858) et y avait appris à mieux connaître les Frères de Saint-Vincent de Paul. Il les retrouva au deuxième Congrès, qui se réunit à Paris en 1859. C'est seulement du 6 au 10 août 1870 que le troisième Congrès put tenir ses assises à Versailles ; la guerre

---

1. On trouvera l'histoire de cette institution au Ch. LV de la Vie de Jean-Léon Le Prevost par Ch. Maignen.

empêcha M. Risse d'y venir. Mais il profita du moins
de son compte-rendu que rédigea M. de Varax et
qui parut dans les N^os de mai-août 1871 de la *Revue
des Associations catholiques pour la Classe ouvrière*
(Angers, 33, Boulevard des Lices). Les circonstances
ne permirent pas à l'Œuvre des Jeunes Ouvriers
de Metz d'être effectivement agrégée à l'*Union*, non
plus qu'à l'*Œuvre des Cercles catholiques d'ouvriers*
qui prit naissance le 23 décembre 1871 au Cercle-
Montparnasse. Mais M. Risse assistait régulièrement
aux Congrès annuels de l'Union : nommons ceux de
Poitiers en 1872 et de Nantes en 1873.

Voici comment il parle du Congrès de Nevers dans
le fascicule où il fait l'*histoire de l'Œuvre pendant et
après la guerre !*

« Le bien incalculable que produit une Œuvre de
jeunesse bien dirigée, avait enthousiasmé, depuis
quelques années surtout, un nombre considérable
de cœurs généreux. Un céleste courant de zèle et
de charité avait soufflé sur le monde chrétien et
sacerdotal. Les excès effrayants auxquels peut se
porter l'ouvrier privé de foi et de moralité, avaient
ouvert les yeux des moins clairvoyants. Une sainte
initiative s'était manifestée dans les rangs du clergé
des paroisses, parmi les Ordres religieux et jusque
dans un grand nombre de simples laïcs, heureux
d'apporter leur utile concours à une si noble entreprise ; et, en vingt années, a surgi de toutes parts un
nombre considérable d'œuvres de préservation pour
la classe si intéressante de la jeunesse ouvrière.

« Mais toutes ces œuvres étaient isolées jusqu'ici ;
elles manquaient d'un centre commun et d'un point
de ralliement. Plusieurs essais avaient été tentés,
mais sans aboutir, quand le saint Évêque de Nevers,
Mgr Forcade, attristé comme nous de cette désas-

treuse lacune, a bien voulu offrir, le 4 septembre dernier, avec un empressement tout apostolique, sa ville épiscopale et son Grand Séminaire à un *Congrès* de tous les Directeurs d'œuvres de jeunesse de la France et de l'étranger. Un grand nombre de membres furent fidèles au rendez-vous. Des hommes éminents des Sociétés de Belgique, plusieurs délégués de NN. SS. les Évêques de France, quelques anciens magistrats, d'importants industriels unirent, pendant toute une semaine, leurs pensées et mirent en commun les fruits de leur longue expérience.

« De ces intéressants et si utiles débats, il résulta, pour l'union des œuvres, la création d'un conseil central à Paris, présidé par Mgr de Ségur, le père et l'ami dévoué de l'ouvrier, et destiné à relier entre elles toutes les œuvres, à les conseiller et à les unir par les liens d'un journal mensuel intitulé : *Revue des Associations catholiques pour la classe ouvrière*, dans lequel tous les Directeurs puisent les renseignements les plus exacts, les conseils les plus sages, les communications les plus intéressantes.

« Le Congrès s'occupa aussi d'un important projet destiné à faire octroyer à nos pauvres apprentis la liberté complète du dimanche, qui leur est si souvent encore inhumainement refusée. Il donna de salutaires encouragements et des lumières pour la fondation d'œuvres de grands ouvriers ou de Cercles, suites naturelles et nécessaires des œuvres d'apprentis, et pour l'établissement de Maisons de famille ou de pensions honnêtes et chrétiennes pour les jeunes ouvriers privés de famille ou voyageurs, pour l'établissement des *Caisses d'Épargne* dans les Œuvres, pour la production de livres, revues, journaux, propres à contrebalancer la mauvaise presse, enfin pour l'organisation de *Retraites* annuelles générales établies pour tous les ouvriers d'une même ville, autant de moyens précieux d'arracher le jeune homme et l'homme fait aux influences délétères qui les pressent de toutes parts et les corrompent, et ainsi de sauvegarder dans le monde ouvrier les vrais principes qui seuls peuvent faire vivre la société.

« Oh ! que ces réunions furent aimables et utiles ! comme on sentait que tous les cœurs battaient à l'unisson, que l'on s'aimait réellement comme des frères, et que l'on aimait aussi et cordialement l'ouvrier. Tous en sont sortis, et moi le premier, et plus éclairés, et plus consolés, et plus forts, prêts à de nouveaux combats, prêts aussi, espérons-le de la Bonté divine, à de nouveaux triomphes ! »

Le voyage de M. Risse lui procura le plaisir de revoir beaucoup de ses enfants venus en France pour échapper au joug allemand : « J'ai trouvé, dit-il, avec bonheur, à mon passage, à maintes gares de chemin de fer, ces bons enfants prévenus de notre arrivée, qui nous attendaient, souvent à la pointe du jour, toujours animés des mêmes sentiments, toujours pleins d'affection pour nous. A Paris même, où le mal abonde, mais où Dieu a su se réserver tant d'âmes d'élites et tant d'élus, je les ai vus sacrifier leur journée entière du dimanche pour venir nous visiter à quelques kilomètres de la capitale et passer de longues heures avec nous. Plusieurs ont poussé même le zèle jusqu'à vouloir établir, avec de bons laïcs amis de l'ouvrier, des membres dévoués de la Société de Saint-Vincent de Paul et de jeunes prêtres pleins de cœur, des Œuvres semblables à celles qui leur avaient été si profitables. C'est ainsi qu'à Pont-à-Mousson, à Bar-le-Duc, à Verdun, à Épernay et ailleurs, ils ont semé la bonne semence et se sont montrés de véritables petits apôtres ».

Le Congrès avait préconisé les Retraites spirituelles pour les ouvriers, le zélé Directeur de l'Œuvre de Metz en organisa une à l'occasion de Noël. Laissons-le parler :

« Nous avions été utiles à nos enfants ; pourquoi, quelquefois dans l'année du moins, ne tendrions-nous pas une main amie à leurs pères, aux ouvriers qui travaillent à leurs côtés, à leurs contre-maîtres, à leurs patrons même que nous leur apprenons, au nom de Dieu, à respecter et à aimer ?...

« Avec l'aide de Dieu et un Saint Évêque qui aime son peuple et les ouvriers de sa ville épiscopale, quelque chose peut-il être impossible ? Mgr Dupont des Loges voulut bien nous offrir, avec sa bienveillance ordinaire, la chapelle même de son évêché. Un saint religieux, le R. P. Michaux, Oblat de la Maison de Nancy, l'un des plus ardents amis de l'ouvrier et dont le souvenir est toujours si cher aux habitants de Metz, voulut bien s'arracher à ses grandes missions et leur apporter sa chaleureuse et apostolique parole. Notre cher Orphéon et nos jeunes gens offrirent de grand cœur le concours de leur petit talent musical. Le Directeur de la Maîtrise eut la bonté de mettre à notre disposition les ornements, l'orgue, les bougies même de sa chapelle. Et chaque soir, pendant huit jours consécutifs avant Noël, maigré les rigueurs de la saison, près de 400 hommes s'empressèrent d'accourir. Leur tenue, leur recueillement, furent parfaits. Plusieurs de MM. les Curés des paroisses, plusieurs des dignitaires du clergé messin acceptèrent de présider leurs pieuses réunions. Monseigneur lui-même fut assez bon pour venir un soir leur adresser des paroles d'encouragement et de félicitation, et de sages conseils qui, partant du cœur d'un Père, allèrent droit au cœur de ces bons ouvriers, devenus plus

que jamais ces jours-là ses enfants. La semence avait
été jetée par de saints et zélés laboureurs, de longues
et ferventes prières dans toutes les communautés de
la ville avaient attiré et fait descendre du ciel une
rosée abondante de grâces, la terre était bonne et
bien préparée, tous y avaient mis la volonté la meilleure et la plus droite. Aussi quelle consolante récolte
spirituelle, la veille et pendant la nuit, de Noël !
Quatre prêtres suffirent à peine pour les entendre au
saint tribunal. Dieu seul et le confesseur connaissent
les saints retours, les généreuses résolutions, les sentiments de foi que le Saint-Esprit fit éclore, et les
douces larmes qu'il fit couler à la clôture de cette
retraite bénie ».

Il faut entendre les accents de M. Risse expliquant
« quelle est la source première, la cause efficace et
essentielle du bien que les œuvres des jeunes ouvriers
produisent sur les membres qui les composent. Je
répondrai, dit-il, hardiment et sans l'ombre d'une
hésitation, fort de l'expérience de 25 ans, fort de la
méthode divine appliquée à près de 20.000 jeunes
gens qui ont passé par nos mains depuis la fondation
de l'Œuvre en 1849, expérience que nul ne pourra
contester. C'est la cause même que certains prétendus
réformateurs veulent, avec une ignorance impie,
bannir de l'école et de l'atelier, je veux dire la foi
et la fidélité aux pratiques religieuses. Oui, je ne
crains pas de l'affirmer hautement, si l'on réussissait
un jour... à nous faire bannir de nos salles et de nos
maisons le crucifix et la prière, et de notre chapelle
les instructions religieuses et les exercices de piété,
disons le mot, nos confessions, saintes confidences
qui vont jusqu'à la racine du mal pour l'arracher du
cœur de l'enfant, et nos communions qui donnent
la force et la vie à ces jeunes âmes, par le contact

divin du corps sacré du Sauveur, à l'instant même,
je me déclarerais impuissant à continuer l'Œuvre ;
notre Maison serait convertie en une sorte de bagne
où la force matérielle et brutale seule règnerait en
maîtresse, et où les instincts les plus grossiers et
les passions les plus dégradantes auraient leur libre
cours...

« C'est un fait d'expérience journalière dans nos
Œuvres d'ouvriers. Tout jeune homme qui, abusant
de la liberté que Dieu lui a donnée, a voulu résister
au courant religieux qui l'entraînait au bien, résister
aux paternelles et pieuses sollicitations du Directeur ;
celui qui n'a voulu que de nos jeux, que de nos délassements, et même que de nos cours du soir, en rejetant
le côté sérieux de la société et la prière, a toujours
échoué et s'est misérablement perdu. Il y a longtemps que le Maître l'a dit : « Sans moi, vous ne
pouvez rien faire ».

Dans une lettre du 11 janvier 1872 au P. de Varax,
M. Risse redit le succès de la retraite de Noël et
parle des fêtes du commencement de l'année :

« Oh ! écrit-il, que Dieu a été bon envers nous !
Notre petite retraite des ouvriers a été bénie au-delà
de nos espérances, avec nos enfants tous confessés,
sont venus un grand nombre d'hommes éloignés
depuis longtemps des sacrements. Nous avons dû
confesser à quatre prêtres toute la soirée et la nuit
de Noël et, à la joie, à la sainte dissipation presque
de tous ces chrétiens régénérés, on sentait visiblement
l'action de la grâce. Ces bons enfants se maintiennent
jusqu'ici et nous consolent.

« Monseigneur, qui m'a invité au dîner qu'il a
l'habitude de donner chaque année à ses chanoines,
m'en a manifesté toute sa joie. Il est venu présider
une des réunions, et jamais je ne l'ai vu aussi animé,

aussi ardent et, en même temps, aussi affectueux envers ces braves gens qui se pressaient autour de la chaire. Grâcieux et bon comme toujours, le jour de l'an il m'a retenu dans son cabinet et m'a remis 500 francs pour l'Œuvre. Il était temps, car nous vivons au jour le jour et péniblement, sans pourtant que jamais la bonne Providence nous manque à l'heure de la détresse.

« Toute la société est venue le soir lui chanter quelques beaux morceaux et recevoir sa sainte bénédiction. Il a encore remis au trésorier de la petite Conférence de Saint-Vincent de Paul 20 francs pour les pauvres. Sa charité est inépuisable.

« Dimanche dernier, nous avons eu une soirée ravissante donnée par le Cercle : chœur, duo de pistons, tableau vivant de l'adoration des Mages parfaitement rendu. On avait convoqué à cette séance tous les patrons de nos enfants et leur famille. Ils ont paru bien satisfaits. Nos enfants s'en ressentent dans l'atelier.

« Notre chère petite Communauté marche fort bien en ce moment, grâce à vos sages conseils et à vos bonnes prières... »

Le Rapport de M. Risse sur la situation de son Œuvre en 1872 parla des difficultés pécuniaires qu'avait amenées l'annexion, et des quêtes qu'il lui fallut entreprendre, spécialement en France, pour combler le déficit : « Non seulement nous n'avions pas d'avances, écrit le zélé Directeur, mais une somme de 41.000 francs de dettes pesait encore sur nous de tout son poids. Ajoutez que le plus grand nombre des bienfaiteurs qui nous étaient restés en 1871, s'étaient aussi éloignés de nous et étaient allés rejoindre ceux qui les avaient devancés. Que devenir ? La charité des quelques rares amis qui nous restaient, s'est multipliée ; l'affection que notre digne Évêque nous porte depuis si longtemps, a grandi avec notre détresse. Et puis la faim nous a chassés aussi hors de notre petite enceinte de la Fonderie, et, avec des lettres pressantes qui peignaient notre cruelle situation, ou même la besace sur le dos et le bâton à la main, il a fallu passer la frontière et aller glaner de ville en ville le pain de chaque jour. A Pont-à-Mousson, Nancy, Paris, Amiens, Poitiers, Luxembourg etc, partout les cœurs se sont émus ; et le Directeur n'est pas revenu les mains vides. »

Ce fut aussi pour M. Risse l'occasion de voir comme le bien, commencé à la rue de la Fonderie, s'étendait aux villes où résidaient les Messins fixés dans la mère-patrie. A Pont-à-Mousson, il trouve une Œuvre comprenant 150 membres, dirigée par l'abbé Gérard et M. Gaston du Coëtlosquet, garde-général des forêts ; l'ancien président des apprentis de Metz y est président des membres honoraires. A Nancy, MM. de Testat, avec le concours des Frères de la Doctrine chrétienne, ont établi une œuvre florissante, où l'ancien Chef de Chapelle de la Fonderie et d'autres Messins ont apporté leurs jeux, leurs concerts, leurs romances, leur entrain et leur bon esprit. A Paris, les anciens Sociétaires de l'Enfant-Jésus s'agrégèrent aux Œuvres déjà existantes ; ils forment un appoint sérieux pour peupler les Cercles catholiques qui se fondent dans les divers quartiers, notamment le Cercle de Belleville.

Cependant l'échéance d'octobre 1872 était arrivée, où il fallait opter entre la nationalité française et l'allemande. Par lettre du 8 décembre, M. Risse informa le Préfet de Metz de la rupture de ses liens avec les œuvres françaises pour continuer de consacrer sa vie « à l'œuvre de bienfaisance et de moralisation pour la classe ouvrière, que j'ai, dit-il, avec l'aide de Dieu, entreprise, fondée et confirmée péniblement jusqu'à ce jour. » Il ajoute que, d'ailleurs, il n'a jamais contracté aucun lien avec « les œuvres allemandes dites *Gesellenverein.* » Il continue en ces termes :

« Je porte la soutane ecclésiastique comme tous les prêtres du diocèse ; je suis appelé du nom d'abbé et de prêtre comme eux tous. Tous m'entourent d'une bienveillance et d'une sympathie dont je suis tout heureux et tout fier, n'étant et ne voulant jamais être que l'humble et dévoué auxiliaire de leur saint ministère, en conservant bons, obéissants, amis de l'ordre, pieux et moraux leurs enfants et les enfants des écoles.

« Je suis même placé sur l'*Ordo* au rang des prêtres du diocèse, sous le nom de Directeur de l'Œuvre des Jeunes Ouvriers.

« Monseigneur a fait plus encore. Il a bien voulu nous prendre sous sa haute et sainte direction, et nous soutenir et nous guider par le moyen d'un *Conseil d'administration* présidé en son nom par un de ses Vicaires Généraux, M. l'abbé Germain, et composé dans ses membres des hommes les plus recommandables par leur honorabilité et leurs vertus dans la ville, MM. Maillefer, docteur en médecine, Chartener, Jeandelize fils, donnant déjà leur concours à toutes les bonnes œuvres municipales ; M. Iager notaire, M. H. Mennessier, M. le Curé de Saint-Eucaire, M. l'Archiprêtre de Sainte-Ségoline, le curé si zélé de notre paroisse. Le pieux abbé Bernardy, aumônier de l'hospice Bon-Secours, dirige la conscience de nos jeunes Allemands et les instruit. M. l'abbé Willeumier, secrétaire particulier de

Monseigneur et M. Laurent, aumônier de la Visitation, nous donnent leur concours pour le bien et la prospérité de l'Œuvre.

« Soutenu, encouragé, fortifié par le concours d'hommes si éclairés et si sages, je continuerai ma belle mission sacerdotale de conciliateur et de pacificateur. Je continuerai, dans la mesure de mes faibles forces, à seconder l'autorité dans les efforts qu'elle déploie pour la moralisation des classes ouvrières, et je consacrerai toute ma vigueur à procurer l'instruction, la religion, les bons principes, le bien-être matériel même, indistinctement à tous les honnêtes ouvriers qui viendront à moi, quelle que soit leur origine première ; et je continuerai à goûter le bonheur dont je jouis depuis 25 ans, en faisant un peu de bien en ce monde, en formant pour Dieu des hommes religieux et pour la société d'honnêtes et fidèles citoyens... »

En même temps, l'abbé Risse faisait savoir, tant à l'Œuvre des Cercles catholiques d'ouvriers qu'à l'Union des Associations ouvrières catholiques, la mesure qui s'imposait, de rayer le nom de son Œuvre des listes de ces deux Comités.

Le Comte Albert de Mun lui répondit :

« Monsieur l'abbé,

« J'ai tardé bien longtemps à répondre à votre lettre. Le grand nombre de mes occupations m'a empêché de m'acquitter plus tôt de ce devoir ; je vous prie de vouloir bien me le pardonner.

« J'apprécie vivement les raisons qui vous ont fait désirer la suppression du nom de votre Œuvre, sur la liste des Associations catholiques ouvrières de France, et c'est en vous priant de croire à notre profonde sympathie pour votre isolement, que nous nous conformons à votre désir.

« Il nous est bien pénible de ne pouvoir manifester plus ouvertement notre attachement pour nos frères de Lorraine, mais nos cœurs seront toujours unis par les liens d'une amitié fraternelle, et c'est toujours avec une pensée d'espoir que nous tournerons nos regards vers cette partie de la France si douloureusement éprouvée... »

Voici la teneur de la lettre adressée à Mgr de Ségur, Président de l'Union, par le Directeur de l'Œuvre de Metz :

« Metz le 13 décembre 1872,

« Monseigneur,

« Les malheureux événements qui ont amené notre annexion à l'Allemagne, ont par là-même brisé nos liens *extérieurs* avec l'Union des Œuvres ouvrières françaises. Nous ne pouvons plus compter parmi elles, mais nous leur restons unis de *cœur*, comme à tout ce qui est bon, chrétien et catholique.

« Nous recevons toujours la *revue*, qui nous édifie. Mgr l'Évêque de Metz a formé à Metz même un Conseil ou Comité diocésain, qui est, ou doit être le centre de toute l'action qui a lieu dans le diocèse en faveur de la classe ouvrière...

« Le siège du Conseil est au local même de l'Œuvre, rue de la Fonderie, 7. Il reçoit à l'Œuvre, comme externes et même comme pensionnaires, les jeunes gens de la Lorraine allemande qui viennent travailler à Metz. Il n'a pu encore réussir à former des œuvres sœurs dans les petites villes ou villages de la Lorraine. Il y a déjà quelques essais, mais les résultats ne sont pas encore assez saillants pour les signaler. Il s'en occupe.

« L'Œuvre de Metz est en bonne voie. Le Cercle des ouvriers, qui en est pour le moment le couronnement, s'est réorganisé sérieusement ; il a son orphéon et sa fanfare. Par suite des événements, il ne compte encore que 48 membres, mais bien unis et animés du meilleur esprit.

« Voilà, Monseigneur, quelques détails qui pourront intéresser le cœur de Votre Grandeur, toute dévouée à l'ouvrier. Veuillez seulement prier beaucoup pour cette petite orpheline convalescente, l'Œuvre de Metz : elle en a grand besoin.

« Et veuillez agréer la nouvelle assurance de mon bien respectueux dévouement.

« De Votre Grandeur,
Le très humble et très obéissant serviteur,

L. RISSE ».

A la même époque, M. Risse recevait cette consolante lettre du P. Le Prevost :

« Chaville, 9 décembre 1872.

« Mon bien cher ami et fils en N. S.

« Je suis bien touché de votre bon et fidèle souvenir ; entre tous, vous restez dévoué aux vieilles affections qui ont cimenté dans le Cœur du divin Seigneur les premiers éléments de notre famille religieuse. Je réponds bien, de mon côté, à ces sentiments et je garde à tous les anciens de notre Congrégation le plus cordial et le plus tendre attachement ; c'est dire que je suis tout particulièrement uni à vous, mon bien cher ami, qui, des premiers parmi les fondateurs d'Œuvres en province, avez voulu faire alliance avec les Frères de Saint-Vincent de Paul. Les années ont passé, le temps n'a fait qu'accroître notre dévouement réciproque, qui passera, espérons-le, à ceux qui nous succèderont.

« Soyez assuré que je prendrai soin de voir, comme M. de Varax, votre journal mensuel si fidèlement tenu, afin de suivre, d'esprit comme de cœur, tous vos mouvements et ceux de vos œuvres.

« M. B... m'avait déjà dit que tout semblait assez rassurant sur les rapports de votre maison avec les autorités du lieu : la nature populaire et inoffensive de l'Œuvre la préservera, Dieu aidant, de tout choc ; les bons anges la garderont comme une défense précieuse pour les jeunes âmes qu'ils ont charge de préserver.

« Je suis heureux et pas surpris d'apprendre que notre cher abbé Cauroy vous donne satisfaction : il avait fait son apprentissage près de vous et semblait comme prédestiné pour la Maison de Metz [1]. Elle reste ainsi en bon esprit de famille, c'est bien celui qui convient à nos communautés : le Seigneur lui-même nous en a donné le modèle dans sa vie intime avec Marie et Joseph à Nazareth et, chose remarquable, notre principale Maison d'œuvres n'a-t-elle pas reçu ce nom !... » [2].

---

1. M. Cauroy, natif de Bar-le-Duc, orphelin élevé à l'Œuvre de l'abbé Halluin, d'Arras, y fut remarqué par l'abbé Planchat qui le fit entrer au Petit Noviciat des Frères de Saint-Vincent de 1 aul en mai 1862 ; M. Le Prevost l'envoya faire un séjour à Metz, en 1864-65, et y étudier sous la direction d'un des collaborateurs de M. Risse. Ordonné prêtre le 21 septembre 1872, il fut aussitôt affecté à l'Œuvre de Metz. Un an après il devint aumônier du Patronage Sainte-Anne, à Paris, succédant ainsi au saint martyr, qui avait été l'initiateur de sa vocation. Devenu assistant du Supérieur Général en 1884, il mourut dans cette charge le 5 avril 1894.

2. Le Patronage de Notre-Dame de Nazareth, à Paris, avec sa

La retraite de Noël, qui avait donné de si bons résultats en 1871, fut renouvelée en 1872. Les prédications furent faites par M. l'abbé Willeumier pendant 9 jours, à 8 h. du soir, dans l'ancienne chapelle de l'Œuvre des Militaires. Mgr Dupont des Loges vint encore présider un des exercices. Le succès se maintint. Il y eut messe de minuit en musique, dans la chapelle même de la rue de la Fonderie, avec le concours de l'Orphéon.

Le 1er janvier 1873, musique en tête, toute l'œuvre se présenta à l'évêché. Dans leur compliment les sociétaires exposaient ainsi les progrès en voie de réalisation :

« Nous nous efforçons d'entrer dans le grand mouvement catholique qui cherche à grouper, en ce moment surtout, non plus seulement les jeunes apprentis, mais les hommes faits, mais tous les ouvriers honnêtes et chrétiens dans la sainte ligue du bien, sous le nom de Cercles d'ouvriers... M. l'abbé Risse nous prépare une vaste salle de réunion, où nous jouirons d'une sage liberté, dont nous n'abuserons jamais et où nous n'aurons même rien à envier, en fait de plaisirs, aux réunions coupables du monde.

« On vient même de rendre obligatoires, à la Société, les versements à la Caisse d'Épargne et tous jusqu'à nos plus jeunes camarades, nous allons être sous peu de petits propriétaires... »

Ce versement obligatoire à la Caisse d'Épargne avait été fixé à 25 centimes par mois pour les ouvriers, et 10 centimes pour les apprentis. Le succès a dépassé l'attente de la Direction : plusieurs sont arrivés bientôt à avoir sur leur livret une somme de 200 à 300 fr., Un pauvre enfant, qui n'avait pas le moyen de faire

---

filiale, le Cercle-Montparnasse, berceau de l'Œuvre des Cercles catholiques.

le plus petit versement ni d'acheter le livret dont le prix avait été fixé à 15 centimes, fut désigné par le charitable Directeur avec promesse d'un livret pour aller avertir successivement ceux à qui il voulait parler en particulier : L'enfant se présenta à son tour, réclamant son « *livret de propriétaire* ». M. Risse lui remit en plus 50 centimes pour faire son premier versement. Le mot eut du succès et devint légendaire.

Quant à la nouvelle grande salle du Cercle, son aménagement demanda quatre mois de travail. Elle fut inaugurée le dimanche 30 mars 1873. Après les vêpres et le sermon de circonstance, M. l'archi-prêtre de Sainte-Ségolène en fit la bénédiction. On y organisa pour le soir une grande réunion présidée par M. le Vicaire Général Germain, au nom de Monseigneur l'Évêque.

Après un compliment du chef de musique, rendant hommage à Monseigneur Dupont des Loges et remer-ciant M. l'abbé Risse, « fondateur du Cercle », M. l'abbé Germain prit la parole pour affirmer que, parmi les fidèles amis de l'Œuvre, il n'y en avait pas de plus cordial et paternel que Monseigneur l'Évêque, dont la sympathie ne lui a jamais fait défaut et lui est assurée.

Morceaux de fanfare, chœurs, chansonnettes, rafraîchissements, punch, etc., firent, avec les dis-cours, de cette réunion, une soirée des plus agréables.

Dans le cours de l'année, on créa la section Saint-Joseph pour les jeunes gens âgés de 16 ans. En les admettant le dimanche soir aux réunions des ouvriers et en les faisant participer à leurs fêtes, on les attache à l'œuvre et on les prépare à devenir sociétaires du Cercle. En attendant, c'est parmi eux qu'on choisit les Dignitaires qui prêtent leur concours aux Direc-teurs du Patronage.

Les listes de l'Œuvre de l'Enfant-Jésus comptent, au 1er octobre 1873 : 195 écoliers du jeudi, 178 apprentis, 79 jeunes ouvriers, 57 grands ouvriers du Cercle, membres actifs ou agrégés. On est loin du nombre de jadis, avant la guerre ; mais c'est beau pour les circonstances créées par le nouvel état de choses.

A propos d'un pèlerinage fait par 80 de ses jeunes gens à Notre-Dame de la Salette de Villers-l'Orme, le 24 septembre, et où tous ont communié, M. Risse remarque : « Combien ces jeunes gens comprennent le besoin que nous avons du secours de Dieu. Ils ont été instruits à l'école du malheur, et un espoir exclusivement humain ne suffit plus à leur esprit de foi et de religion. »

Une salle particulière a été disposée pour les jeunes gens allemands qui se sont présentés à l'Œuvre. « Le Directeur de la Société, explique M. Risse, a tenu, comme prêtre, à se mettre en dehors de toutes les divisions des partis et de la politique, à n'être que l'homme de la charité et de la paix, le père, l'ami et le moralisateur par la religion de tous les enfants de sa nombreuse famille ouvrière, quelle que soit d'ailleurs leur origine, et il n'a pas eu lieu jusqu'ici de s'en repentir. »

La chronique de décembre signale la visite de l'Inspecteur des écoles primaires catholiques, qui a paru fort content des explications données sur l'Œuvre et de ce qu'il a vu aux Cours du soir. Elle parle de la promenade des dignitaires du patronage à Pont-à-Mousson, où ils ont été cordialement accueillis à l'Œuvre des Jeunes Ouvriers. Elle ajoute que le Cercle espère acquérir hors de la ville de Metz un vaste local entouré de murs, comprenant jardin et pavillon et qu'il y va déjà se récréer. La retraite de Noël a eu lieu dans les mêmes conditions que précédemment. Des diplômes d'honneur ont été distribués aux plus anciens sociétaires du Cercle.

Nous arrivons à 1874. Au 1er jour de l'an, Monseigneur l'Évêque félicite ses visiteurs d'être presque aussi nombreux qu'aux jours de la prospérité ; il en rend gloire à Dieu. — Le R. P. de Varax, Vicaire Général des Frères de Saint-Vincent de Paul, fait en janvier, la visite de la maison de Metz. — Le 1er dimanche de mars, près de 500 ouvriers ont assisté à une conférence donnée dans la grande salle de l'Œuvre ; expériences de physique par les professeurs du grand séminaire, réfutation des systèmes athées de faux savants, fanfare, chansonnettes et pièce de comédie. — Le grand jardin qui se trouve à 20 minutes de la Porte des Allemands, a été acheté pour le Cercle : sur les 4000 frs. qu'il coûte, 1.500 sont payés ; il y aura gymnase, jeu de quilles, tir à la carabine, chalet au grand air etc ; au fond est une belle statue de Notre-Dame de la Salette. — A la Fête-Dieu, comme l'année précédente, la musique instrumentale de la Société a participé à la procession de la cathédrale, mais avec interdiction de jouer des marches françaises.

Arrive le mois d'août. Par prudence, M. Risse ne va pas au Congrès de l'Union qui s'ouvre à Lyon le lundi 24. Il se savait surveillé, lui et les siens. La Police allemande flairait l'existence d'une Congrégation religieuse : ce qui, à cette époque de kulturkampf, était un crime irrémissible pour le congréganiste soupçonné d'appartenir à une société affiliée à la Compagnie de Jésus ou ayant son centre à Paris.

CHAPITRE XI

FERMETURE DE L'ŒUVRE

L'orage éclata le 31 août. L'arrêté suivant vint frapper, comme d'un coup de foudre, l'œuvre de M. Risse en pleine activité :

« Metz, le 31 Août 1874.

« Par arrêté de l'autorité supérieure, la Société fondée à Metz sous la dénomination *Société des Jeunes Ouvriers* et dirigée par M. l'abbé Risse *est dissoute à dater d'aujourd'hui comme non autorisée.* Toute continuation de l'œuvre, ainsi que toutes réunions des anciens membres actifs, agrégés etc., des jeunes ouvriers, apprentis et écoliers, de la section Saint-Joseph, de la Conférence de Saint-Vincent de Paul, du Cercle, de l'Orphéon et de la Fanfare, dans le local de la Société ou ailleurs, sont expressément défendues.

« Me référant à l'art. 2 de la loi du 10 avril 1834, ainsi conçu : *Quiconque fait partie d'une association non autorisée, sera puni de deux mois à un an d'emprisonnement et de cinquante francs à mille francs d'amende,* j'ai l'honneur de vous communiquer l'arrêté susmentionné, en vous prévenant qu'à l'avenir toute participation ou assistance à une réunion de la Société ou d'une partie d'elle, et tout acte faisant continuation de l'Œuvre forme une contravention contre l'art. 2 et sera poursuivi devant le tribunal compétent.

Le Directeur de la Police,

Signature.»

M. Risse en référa au Conseil d'administration, qui adressa aussitôt cette réclamation au Président de la Lorraine :

« Monsieur le Président,

« Le Conseil de l'Œuvre des Jeunes Ouvriers de Metz vient d'être informé de la décision qui supprime cette Œuvre, comme n'étant pas pourvue de l'autorisation exigée par la loi du 10 avril 1834.

« L'accomplissement de cette formalité n'avait pas été jusqu'à présent réclamée par l'Autorité Supérieure, et le Conseil de son côté ne l'avait pas jugé nécessaire en présence des nombreux témoignages d'encouragement que l'établissement avait reçus depuis sa fondation de la part des anciennes autorités du pays, et des marques de sympathie qu'avaient bien voulu lui donner en diverses circonstances plusieurs fonctionnaires de la Lorraine, notamment à l'occasion des autorisations accordées chaque année pour la loterie de l'Œuvre.

« Cependant, jamais nous n'avons eu l'intention de nous soustraire aux prescriptions de la loi et, dès que ces prescriptions sont invoquées, nous nous empressons de nous y soumettre, en sollicitant de Votre Haute Bienveillance, Monsieur le Président, l'autorisation qui nous est aujourd'hui nécessaire... »

Suivent des explications historiques sur l'Œuvre. Les signataires concluent leur lettre en ces termes :

« Notre Œuvre a un but éminemment moral, puisqu'en détournant ceux qui en font partie, des occasions du mal, elle ne leur enseigne que la pratique du devoir, le respect et l'obéissance qu'on doit aux Supérieurs et à l'autorité.

« Son utilité est indiscutable, à notre époque surtout, où la nécessité de l'éducation populaire apparaît plus urgente que jamais.

« Nous prenons donc, Monsieur le Président, la liberté de nous adresser à vous, et nous avons l'espoir qu'en considération des nombreux services que notre Œuvre a rendus depuis vingt-cinq ans et de ceux qu'elle rend chaque jour à la population ouvrière de notre ville, vous daignerez autoriser son maintien.

« Veuillez agréer, Monsieur le Président, l'assurance de nos sentiments les plus respectueux.

Le Président du Conseil d'administration :

L'abbé Germain,
Vicaire Général, à l'Évêché.

Iager, Notaire. Chartener. Jeandelize. Maillefer.

Mennessier Hippolyte,
Président de la Société amicale. »

Voici la réponse que reçut M. l'abbé Germain :

« Metz, le 9 septembre 1874.

« J'ai l'honneur de vous informer, en réponse à la dépêche du 5 de ce mois, que la dissolution de la *Société des Jeunes Ouvriers* n'a pas été prononcée par moi parce qu'elle n'avait pas l'approbation *formelle* du Gouvernement. La décision a été prise uniquement parce que l'association ne renfermait pas son activité dans la poursuite de la fin estimable dési-

gnée dans les statuts, mais donnait la préférence à
des tendances et à des agissements politiques que
la loi ne permettait pas de tolérer plus longtemps.

« Pour ce motif, la fermeture et la dissolution de
ladite société devront être maintenues, ainsi qu'il
en a été décidé.

« Je vous serai obligé de donner connaissance de
a résolution ci-dessus à MM. les co-signataires de
la dépêche du 5 de ce mois.

« Le Président de la Lorraine

Par représentation

Reitzenstein
Conseiller supérieur de Régence. »

M. Risse, de son côté, avait fait visite au Président
de la Lorraine. L'entretien qu'il eut avec ce haut
dignitaire lui révéla l'énigme qui se cachait sous ces
grands mots de « tendances et agissements politiques
que la loi ne permettait pas de tolérer plus longtemps ».
L'appel aux lois existantes contre une « association
non autorisée » n'était qu'un prétexte. La cause de
tout cet éclat, de cette « querelle d'Allemands »,
peut-on dire, était une distribution d'images faite
par le pieux aumônier aux enfants de son patronage.
Parmi ces images (ô horreur !), certaines portaient
l'invocation : « *Cœur de Jésus, sauvez la Franc*.
(40 j. d'ind.) » Au-dessous de l'inscription était un
Cœur couronné d'épines, surmonté d'une croix
entourée de flammes ; de sa blessure sortait la foudre
abattant le serpent infernal et du sang qui se répan-
dait dans le nid du divin Pélican ; de ce nid, qu'or-
naient les instruments de la Passion, s'élevaient
une branche de roses et une tige de lis, encadrant le

Sacré-Cœur. Au bas était l'inscription : *Ut vitam habeant* [1] (Joan. X, 10).

L'autorité allemande d'ailleurs avait sa Presse qu'elle soudoyait. Et les Messins purent lire, dans la *Gazette de Lorraine* du 3 septembre cet entrefilet tendancieux :

« Metz, 2 septembre. — Nous apprenons de fort bonne source que l'administration supérieure s'est vue dans la nécessité de dissoudre la *Société des Jeunes Ouvriers* de notre ville, fondée ou tout au moins dirigée par M. l'abbé Risse. Cette Société, qui devait avoir uniquement pour but, d'après son règlement, de solliciter, et de fortifier le sentiment moral de nos jeunes ouvriers, n'a pas jugé à propos de se renfermer dans cette sphère aussi utile que modeste, mais s'est mise à afficher des tendances et à poursuivre un but politique tout à fait inconciliables avec le respect dû à la loi : La mesure qui l'atteint est donc parfaitement justifiée. »

M. Risse, quelques jours après, répondit au journal germanophile :

« Monsieur le Rédacteur,

« Tout entier à ma douleur, après le coup qui venait de me frapper, je n'ai pu répondre aussitôt à l'article de votre journal du 3 septembre, où vous dites que la *Société* des Jeunes Ouvriers que j'avais fondée en 1849 à Metz et que je dirigeais avec bonheur depuis 25 ans, s'est mise *à afficher des tendances et à poursuivre un but politique tout à fait inconciliables avec le respect dû à la loi.*

« L'honneur de mes ouvriers et le mien m'obligent

---

1. Pour qu'ils aient la vie.

aujourd'hui, Monsieur le Rédacteur, à rompre un silence que j'aurais été si heureux de garder.

« Si vous aviez connu mon caractère personnel et mon esprit de paix et de conciliation ; si vous aviez assisté à la fête de famille de dimanche dernier, 30 août, où l'on voyait, dans une harmonie parfaite, plus de 200 enfants ou jeunes gens de diverses nationalités d'origine, vous auriez sans doute porté sur nous un jugement tout contraire, et vous seriez remonté tout naturellement à la source et à la direction qui leur était imprimée. Vous le savez, Monsieur le Rédacteur, la politique divise, mais c'est la charité et la cordialité qui rapprochent. Jamais, Monsieur le Rédacteur, depuis 25 ans, pas plus en 1849 qu'en 1870 ou en 1874, la politique n'a été notre but, ni même n'est entrée dans notre pensée. Ma politique n'a jamais été qu'une politique de paix, de conciliation et de charité. J'en ai pour garants et pour témoins oculaires les 300 écoliers, apprentis ou ouvriers qui se réunissaient dans notre Maison avec leurs familles, les nombreux jeunes gens allemands d'origine qui se plaisaient parmi nous et se sont séparés lundi dernier de nous avec larmes ; j'en ai pour garant le Conseil d'administration de l'Œuvre, composé des hommes les plus honorables de notre ville ; j'en ai même pour garantes les quatre années écoulées depuis 1870, pendant lesquelles aucun des 500 ou 600 jeunes gens qui ont passé par l'Œuvre, n'a eu à subir la plus légère accusation pour attaques ou paroles contre l'autorité. Ce fait est encore démontré par la douleur profonde, mais calme et soumise, des derniers jours, étrangère à toute manifestation hostile. Ils ne faisaient que suivre les conseils et les exemples que je leur ai toujours donnés.

« Aussi l'autorité, qui m'avait toujours encouragé

dans mes pénibles efforts pour le bien et que je m
suis empressé de voir, m'a accueilli avec la plus grand
bienveillance. Et, j'ose l'espérer, notre douleur n'es
pas sans remède : la vérité se fera jour, les faits pai
leront plus haut que les craintes que l'on pouvai
concevoir, et peut-être qu'il me sera permis, lon
temps encore, de consoler des affligés, de donne
de sages conseils à la jeunesse ouvrière, de me dévoue
corps et âme à elle, de prévenir ses écarts, de l'ins
truire et de la moraliser tout en l'instruisant, tâch
utile et *modeste*, comme vous le dites si bien, que j
proteste, la main sur la conscience et devant Dieu
comme prêtre et comme honnête homme, n'avoi
pas désertée. Je me le reprocherais comme un crim

« Faisant appel à votre bonne foi et à votre loyaut
je vous prie, Monsieur le Rédacteur, de vouloir bie
insérer ma réponse dans votre prochain numéro e
d'agréer l'expression de mon humble respect.

L'abbé Risse. »

La rectification envoyée au journal officieux fu
aussi impuissante que les explications de M. Riss
au Président de la Lorraine et les pétitions des ami
de l'Œuvre.

Le coup était rude. Mais M. Risse savait que l
serviteur n'est pas au-dessus du Maître et doit, pou
se sanctifier, boire, comme Jésus, le calice jusqu'
la lie. « Je le comprends tous les jours davantage
avait-il écrit peu auparavant, la croix est le partag
du chrétien et plus encore du Frère de Saint-Vincen
de Paul. » Comme la rédemption du monde s'es
faite par la croix : par elle aussi les œuvres des ser
viteurs de Dieu deviennent fécondes. En vain le
suppôts de Satan s'acharnent à les détruire, elle
survivent à leurs efforts. M. Risse ne désespér

jamais. Il eut d'ailleurs, à cette époque, une diversion salutaire qui, unie à son esprit d'oraison et sa soumission à la volonté de Dieu, l'empêcha d'être accablé par le coup qui le frappait si cruellement.

Le Chapitre général de son Institut, dont il était membre de droit, tint ses assises périodiques à la Maison-Mère du 28 septembre au 1er octobre 1874. A ce moment le T. R. P. Le Prevost, fondateur des Frères de Saint-Vincent de Paul se préparait doucement à la mort, après avoir reçu les derniers sacrements le 19 juillet, fête du saint Patron qu'il avait tant aimé. C'est en vain que le vénérable fondateur envoya sa démission au Chapitre pour éviter une seconde réunion imminente : les représentants de l'Institut voulurent que leur Père gardât jusqu'au dernier souffle sa dignité de Supérieur Général.

C'est le vendredi 30 octobre qu'expira dans le calme, ainsi qu'il arrive à ceux qui ont aimé les pauvres, Jean-Léon Le Prevost, fondateur et premier Supérieur Général des Frères de Saint-Vincent de Paul.

Un second Chapitre Général se réunit, auquel vint encore M. Risse, du 9 au 11 décembre 1874. Le nouveau Supérieur Général fut le T. R. P. Louis Lantiez, dont nous avons eu déjà l'occasion de parler.

Le journal de la Congrégation relate que M. Risse arriva à la Maison-Mère le matin de la fête de l'Immaculée-Conception, 8 décembre, et qu'il apportait d'intéressantes nouvelles sur son nouveau ministère à Metz. Nommé aumônier du Bureau de Bienfaisance de Metz, il trouvait là l'occasion d'exercer un fructueux apostolat auprès des pauvres. De plus il était chargé de faire chaque dimanche l'instruction réservée aux hommes, à la Cathédrale, ce qui amenait ceux-ci en nombre à son confessionnal. Il continuait d'ailleurs de confesser beaucoup de jeunes gens et d'ouvriers à la Maison.

Avec son socius [1], il s'attachait à conserver toutes les observances de la vie religieuse. Le 21 novembre, fête de la Présentation de Marie, après une exhortation spéciale que voulut bien leur adresser à tous deux, pour la circonstance, M. l'abbé Laurent leur confesseur, ils renouvelèrent leurs vœux dans la chapelle de la communauté.

En revenant du Chapitre de septembre-octobre, M. Risse avait fait une tournée de quêtes en Picardie et en Champagne : il voulait trouver les 15.000 fr. nécessaires pour éteindre les dettes foncières qui lui restaient. Après l'élection du nouveau Supérieur Général, il se rendit à Tournai passer quelques jours auprès du jeune prêtre qui avait été son second à Metz, au moment de la fermeture, et le réconforter en même temps que le conseiller dans son nouvel emploi.

Quelques extraits de lettres de M. Risse au Maître des Novices qui avait été jadis son collaborateur à Metz, donneront une juste idée de ce qu'était son activité et sa pratique des vertus religieuses au lendemain de la fermeture de son Œuvre.

Il écrit, dans les premiers jours de février 1875 :

« La besogne spirituelle, comme prêtre, m'écrase (confessions, catéchismes, prédications, retraite aux Petites Sœurs des Pauvres, retraite aux bonnes pensionnaires de la Visitation). Oh ! que n'ai-je à côté de cela nos jeux et nos œuvres qui attireraient les les jeunes gens et les garderaient. Espérons et prions. Je vis en pleine harmonie avec le bon Frère Bouchy,

---

1. M. Bouchy, natif de la Lorraine.

qui se porte jusqu'ici à merveille. Que Dieu est bon !
Il est visibiement avec nous. »

Le 13 du même mois, il ajoute :

« Je vous annonce une bonne nouvelle. Sous peu,
je vais vous envoyer pour le Noviciat un bon Luxembourgeois : Wengler Michel [1], âgé de 24 ans, que nous
avons gardé à la Maison comme domestique depuis
le 16 mars 1873 et dont nous n'avons jamais eu qu'à
nous louer, sous le rapport de la piété, de la conduite
et du travail... Nous nous portons toujours bien,
le Frère Bouchy et moi. Il fait une petite quête chez
nos amis, en ce moment. Pour moi, je suis toujours,
grâce à Dieu, accablé d'occupations. On ne peut
négliger les petites brebis dispersées : j'ai été voir
la colonie de Pont-à-Mousson, abritée dans une belle
Œuvre et, avant-hier, la colonie de Nancy, que le
Baron de Testat soigne avec zèle. On vient d'acheter
un beau local. Mais le Directeur ? On aurait bien
voulu me garder. Mais... Je viens de prêcher, d'après
le désir de Monseigneur, une petite retraite aux jeunes
pensionnaires de la Visitation et les ranimer dans
la ferveur. Elles se sont établies les lingères de nos
pauvres enfants arriérés de la première communion
qui viennent tous les soirs à la Maison. On m'a promis
chemises, pantalons, bas etc. Je ne croyais parler
que pour le bon Maître tout seul et le bonheur est
venu en dormant. Vive Jésus ! Un de mes vieux
du Bureau de Bienfaisance, dont je suis l'aumônier
maintenant, un *jeune* homme de 55 ans, m'a avoué
n'avoir pas fait de première communion. Il va venir
tous les soirs au catéchisme. Mieux vaut tard que
jamais, n'est-ce pas ? Et tous les dimanches à 7 h.,

---

1. Il devint bon religieux, garda son humble simplicité et mourut
e 11 octobre 1891.

à la petite chapelle de la Fonderie, la messe intime des fervents et des convertis ; et à 11 h., à la Cathédrale, ma seconde messe avec instruction et un bel auditoire d'hommes, de 500 à 600 me dit-on. Il a fallu monter dans une petite chaire pour être entendu. Remerciez Dieu avec moi, et prions et espérons. »

Le 26 février, M. Risse donne à son correspondant des nouvelles d'une famille qu'il lui avait recommandée :

« J'ai découvert enfin la famille M... La pauvre grand-mère a pleuré de joie et d'attendrissement en me voyant ; elle est pauvre du Bureau de Bienfaisance, donc une de mes brebis. Allant difficilement à l'église à cause d'un asthme et éloignée des sacrements, elle a été enchantée que je vinsse la préparer pour ses Pâques et son jubilé. Le grand-père était sorti, mais j'y retournerai et certainement, avec la grâce de Dieu, nous aurons deux poissons au lieu d'un. Bénissons Dieu et espérons tout de sa miséricorde. »

M. Risse espérait alors obtenir, sinon de rouvrir son Œuvre, du moins de pouvoir en prêter les locaux à la Société orphéonique que tentait de former son ancien chef de musique, M. Thirist, dans un but moral et chrétien, comme en témoigne une lettre de celui-ci, datée du 23 avril. Mais un essai trop hâtif attira des observations de la Police, plus vigilante à empêcher l'œuvre de Dieu que celle du démon :

« Metz, le 12 Mai 1875,

« J'ai l'honneur derechef d'informer respectueusement votre Révérence, que toute continuation d'activité de la Société par vous dirigée auparavant, et dissoute par une disposition du Président supé-

rieur, est interdite et que, si l'on devait n'en pas
tenir compte à l'avenir, la conséquence en serait,
à mon regret, l'instruction d'un procès contre votre
Révérence et les autres contrevenants éventuels.

« Le Directeur de la Police

En son nom

Signature.

« A sa Révérence Monsieur l'abbé Risse

    F. N° 4071.   *Ici* »

A cette mise en demeure, brutale sous sa forme
relativement polie, M. Risse répondit avec mansuétude :

« J'ai reçu l'avertissement bienveillant que vous
avez eu l'attention de m'envoyer...

« Je l'ai reçu avec d'autant moins de peine que,
depuis l'interdiction des réunions, ma règle de conduite a toujours été conforme à vos prescriptions.
Je m'y suis soumis avec douleur, c'est vrai, vous le
savez comme moi : car un père ne peut pas ne pas
aimer ses enfants. Mais je m'y suis soumis, puisque
l'autorité m'a demandé ce sacrifice ; et depuis je
n'ai ni présidé ni inspiré même aucune réunion
totale ou partielle de l'ancienne société. Si quelques-
uns ont désiré s'arracher à l'oisiveté si funeste à
la jeunesse par la formation d'une réunion purement
musicale et avec la permission et le contrôle de l'autorité, ce désir a été entièrement spontané de leur part,
et je n'ai jamais eu, et je ne peux avoir la pensée
ni de la diriger ni de m'y immiscer de quelque façon
que ce soit. Je ne m'occupe plus que de mon ministère tout sacerdotal et tout spirituel et des pauvres

gens, des vieillards surtout, du Bureau de Bienfaisance et de la ville, pour soulager leur misère autant que possible. C'est une œuvre unique de charité et de moralité. Aussi l'autorité jusqu'ici n'a fait que m'encourager dans cette voie si utile et tout inoffensive. Telle est ma réponse à votre honorée lettre du 12 mai (N° 4071)... »

Le saint homme connaissait bien peu la fourberie et la brutalité prussiennes pour croire à l'efficacité d'une réponse humble et polie. La demande fut rejetée ; il l'écrit le 2 juin à son correspondant de Paris :

« Nous allons toujours bien physiquement, grâce à Dieu. Mais le cœur est toujours dans la tristesse et l'angoisse. On a refusé aux jeunes gens l'ouverture de leurs réunions purement musicales. »

M. Risse avait prêché des retraites chez les Petites Sœurs des Pauvres et les Visitandines, nous l'avons vu : ses Supérieurs lui confièrent la retraite de communauté qui s'ouvrit, pour les Frères de Saint-Vincent de Paul, le 18 avril, à leur Maison-Mère. Jusque-là, on s'était généralement adressé aux Pères Jésuites : M. Risse fut le premier prêtre de l'Institut qui prêcha la retraite à ses Frères.

La lettre suivante, qu'il écrivit à son Supérieur Général, le 6 novembre 1875, parle d'une autre retraite qui semble lui avoir profité autant qu'aux âmes qu'il évangélisait :

« Aujourd'hui, je ne veux que vous écrire un mot pour épancher mon âme dans la vôtre et vous dire que, avec le grand Apôtre, gâté toujours par le divin Maître, malgré mes innombrables misères et pauvretés, « *superabundo gaudio in omni tribulatione nostra* » [1]. Monseigneur m'a permis de prêcher la retraite

---

1. Je surabonde de joie dans toutes nos tribulations (II Cor. VII, 4).

au Bon Pasteur de Metz à 300 ou 350 enfants. Oh !
que de miracles de grâce ! Que de larmes versées
au saint tribunal ! Oh ! que j'ai pleuré aussi avec
elles de bon cœur ! La nuit, je me réveillais le visage
baigné de pleurs... Que je me trouvais au-dessous
de ces saintes enfants, toutes rayonnantes de joie
et se vouant plusieurs à la pénitence jusqu'à la mort...

« Oh ! qu'il est bon servir le Seigneur et le faire
servir aux autres ! Les occupations d'âmes se multiplient tous les jours. Je reçois de la Cathédrale des
lettres anonymes de grandes pécheresses, disent-elles,
qui se recommandent à nos prières. Sans votre
défense, je ne devrais me coucher qu'à 11 h., minuit..
Quel bonheur !... »

Plus loin, M. Risse s'étonne des honoraires qu'on
lui a remis pour sa retraite : « Cent francs du pauvre Bon Pasteur pour payer mes joies et mes ivresses
du paradis. C'est trop fort. Cet or me brûle le cœur
et les doigts. Offrez-les au Noviciat de ma part, si
vous le jugez bon, ou gardez-les pour la Maison-
Mère, pour vous. Le petit enfant de saint Vincent
de Paul n'a plus de volonté que celle de Dieu, dans
son bon et excellent Père Supérieur. »

Dans la même lettre, on voit comment M. Risse
savait, avec la permission de ses Supérieurs, prendre
un repos nécessaire et en faire une occasion d'apostolat :

« Je me porte à merveille, dit-il, sauf quelques
migraines et quelques abattements et prostrations
de force. Mais une sainte dame, âgée, veuve, la
Vicomtesse de Brossins, dont j'ai assisté le mari à
la mort, m'a offert pour me reposer son beau et
grand parc près de Metz. Je puis y passer un, deux,
trois jours en étude, en prière, en conférences spirituelles avec elle : elle est ma pénitente et elle ne

veut parler que de Dieu et de son âme. La prière en commun le soir avec les domestiques, prière que je présidais dans un petit oratoire privé... Tout le jour, hors des repas, pleine liberté... Je reviens à Metz frais, dispos, tête libre, corps reposé, prêt à de nouvelles batailles. Me le permettez-vous encore, quand je serai par trop sur les dents ? »

Ici vient une histoire de cuisine qui montre comment le bon prêtre savait s'accommoder aux circonstances et pratiquer la pauvreté :

« Notre vieux cuisinier... est marié. On fait des folies à tout âge, et une maligne nièce voulait lui offrir comme cadeau de mariage une magnifique perruque. Elle s'en est tenue au désir, heureusement ! Elle a bien fait : « *Ne insultes miseris* » [1], disent les paiens. Nous prenons donc le petit fricot deux fois par jour à une petite auberge honnête et chrétienne, rue de Mars. Le garçon, Grégoire, va le chercher à midi et à 6 heures, à o fr. 60 le repas par tête (une soupe, bœuf ou viande à la sauce, pommes de terre ou haricots), n'est-ce pas succulent ? Et bien fait, magnifique et pas cher ! Nous allons réaliser des bénéfices prodigieux... »

En post-scriptum M. Risse ajoute :

« Ma petite aumônerie va à ravir !... » Il s'agit des Sœurs de la Maternité de Metz, dont il est devenu l'aumônier, depuis le 8 août 1875. Il le restera jusqu'à sa mort.

Toutes les consolations spirituelles que pouvait éprouver M. Risse dans ses divers ministères d'apostolat et de charité, laissaient à vif la plaie de son cœur. Si Dieu avait voulu l'éprouver par la suppression de l'Œuvre de sa vie et l'amener ainsi au

---

1. N'outragez pas les malheureux.

détachement complet, il ne lui semblait pas raisonnable de croire à une destruction définitive. C'était donc un devoir pour lui de tenter toutes les chances d'aboutir à une réouverture.

Se basant sur l'établissement à Metz d'une société analogue à la sienne en faveur des protestants et sur l'ouverture à Strasbourg d'un patronage catholique sous le nom de gymnase, M. Risse adressa, le 21 décembre 1875, à Monsieur le Président de la Lorraine, un rapport sur son Œuvre et une demande de réouverture. Il rappela, par lettre du 14 mars 1876, sa demande restée encore sans réponse. Et voici le billet qu'il reçut :

« Metz, le 20 mars 1876.

« En réponse à vos lettres du 21 décembre de l'année dernière et du 14 courant, j'ai l'honneur de faire savoir à votre Révérence qu'après un examen approfondi des rapports et des considérations motivées, je ne puis, à mon grand regret, revenir sur la décision qui a ordonné la fermeture de l'Œuvre des jeunes ouvriers et vous accorder sa réouverture, quelques modifications plus ou moins nombreuses que vous puissiez y apporter.

Le Président de la Lorraine,

PUTTKAMER.

« A Sa Révérence

Monsieur l'abbé Risse

F. 38.   E. V. »

D'autre part, les Supérieurs religieux de M. Risse se préoccupaient d'une situation qui semblait devoir se prolonger. Peu après son élection à la charge de Supérieur Général, le T. R. P. Lantiez avait tenu à faire *(incognito)* une de ses premières visites à la Maison de Metz (31 mars 1875). Un an s'était passé et l'épreuve durait encore. Il écrit à M. Risse le 4 avril 1876 :

« Bien cher ami et fils en N. S.

... Nous bénissons Notre-Seigneur du succès qu'il donne à votre ministère, et nous avons porté à ses pieds votre déception pour la réouverture de l'Œuvre. Quand Notre-Seigneur forcera-t-il Pharaon à laisser ses enfants aller sacrifier dans le désert ? Combien de plaies faudra-t-il pour cela ?

» N'auriez-vous pas en ce moment à mettre la maison en location ? Naturellement, on refuserait, en les rendant impossibles, toutes les offres qui déplairaient. Et, si l'on pouvait susciter une initiative pour l'établissement d'une école libre, suivant les lois du pays et faite par des catholiques, il y aurait peut-être moyen d'y faire beaucoup de bien. Je ne crois pas qu'on puisse, en ce moment, ouvrir une école. Il faudrait, ce me semble, d'abord montrer qu'on a renoncé à toute résurrection, par la mise en location. Pendant ce temps, on pourrait voir en Westphalie ou en d'autres pays allemands, et chercher quelques hommes prudents et zélés qui voudraient bien fonder une école. Une fois sûr d'eux, on pourrait leur louer la maison, même, peut-être, en cherchant ailleurs un logement, afin de détourner toute attention, toute appréhension du Préfet.

» Nous en avons encore pour longtemps, ce me semble, à moins que notre République, mettant le feu aux poudres, suivant le caractère français, ne précipite les événements et n'intervienne. Cette per-

sécution d'ensemble, si parfaitement menée, avec
une mesure diabolique et une lenteur calculée, ferait
périr à petit feu l'Église, si le petit feu de la politique pouvait plus sur elle que les grands feux des
persécuteurs.

» Dans cette hypothèse d'une persécution légale
lente et de longue durée, il faut préparer en silence
des moyens de faire du bien dans la mesure du possible ; pour cela, étudier les formes légales permises,
tolérées ; rechercher les moyens de les réaliser et
réunir ces moyens ; enfin travailler en silence à
mettre quelques petites pierres l'une sur l autre.
Dans ce système, que voyez-vous de possible ?... »

Les roueries et les soupçons de la bureaucratie
prussienne devaient encore maintenir plusieurs années le pauvre abbé Risse dans l'impuissance de
relever l'Œuvre si chère à son cœur charitable et
zélé. Mais Dieu, après cette longue privation, pour
récompenser l'espérance invincible de son serviteur,
lui permettra de la réorganiser et de la laisser bien
vivante aux mains de ses successeurs, après avoir
achevé sa carrière d'apôtre.

En attendant l'aurore du beau jour de la résurrection de l'Œuvre de l'Enfant-Jésus, voyons, dans
les lettres mêmes de M. Risse, comment il met à
profit le temps de l'épreuve pour se sanctifier et
faire au prochain tout le bien possible, en usant
au mieux des faibles moyens que Dieu lui laisse.

Le 29 janvier 1877, il écrit à M. B..., son ancien
collaborateur :

« Bien cher enfant et excellent ami,

» Heureuse, douce, consolante, mais bien sainte
année ! Mes meilleurs souhaits ! mes meilleurs compliments ! mes meilleures prières !

» Restez ferme, confiant, courageux au milieu des épreuves. Nous ne travaillons pas pour recevoir de la joie ou de la consolation de la part des hommes, mais pour Jésus seul et pour lui plaire. Le mérite est double alors, et la couronne sera un jour plus brillante.

» Je prie de tout cœur pour vous ! Priez aussi pour moi. Mes yeux se fatiguent par suite des veillées excessives ! Le travail est accablant ! Que d'œuvres viennent à nous !

» Oh ! que je sois seulement bien fidèle.

» Je vous embrasse avec une tendresse toute paternelle, *in osculo sancto* [1].

» Tout à vous de cœur,

» Votre père et ami dévoué.

L'abbé Risse,

Aumônier des Sœurs de la Charité Maternelle. »

C'est à son Supérieur Général qu'il s'adresse le 10 mars suivant :

« Nouvelle épreuve, s'écrie-t-il, nouvelle tuile sur la tête. Oh ! si elle vient de la main de Jésus, merci ! Elle m'a humilié, peiné, embarrassé. Je lui offre la croix de grand cœur.

» M. le Chanoine X... réclame la somme de 1.200 frs. qu'il a donnée, il y a plusieurs années, à l'Œuvre, sous condition formelle, dit-il, de la capitaliser pour l'érection d'une grande chapelle : la condition ne peut plus se réaliser (et qui sait un jour ?) ; donc il réclame. En justice et rigueur, *jus habet* [2] ; mais

---

1. D'un saint baiser.
2. Le droit est pour lui.

en charité, en convenance... meurtris comme nous sommes ? ? Il est âgé, il ne comprend plus rien. Je m'exécute... Mais la chose est cruelle. Comme il y a don et non prêt, on me défend de verser les intérêts. Je quête et j'espère : priez bien pour nous... »

Ce genre d'épreuve est une faveur que Dieu réserve à ses vrais amis ; et ils l'acceptent comme nous le voyons faire ici. C'est un fleuron pour leur couronne céleste et une bénédiction qui fait fructifier leurs travaux apostoliques. M. Risse continue :

« Priez bien. C'est le moment de la récolte. J'ai livré encore un assaut avant-hier à un vieux militaire entrepris depuis deux ans. Il se rend. Priez bien.

» Il y a dix jours, on m'a appelé à Nancy pour un vieux colonel de 84 ans un peu endurci et peu éclairé sur la religion. Il m'a bien reçu ; il m'a invité à dîner : nous avons causé force *schisme grec* (sic), Saint-Barthélemy, dragonnades, révocation d'édit de Nantes. Il s'agissait bien de tout cela ! Dieu, Jésus-Christ, l'Église : c'est si simple. Je suis pourtant content ; à un signe j'y retournerai.

» La besogne est toujours forte. Nos bonnes Sœurs se perfectionnent et se dévouent toujours. Elles prient bien pour nous. Notre petite Supérieure est une petite sainte : ce que la grâce fait en son cœur m'édifie beaucoup. Oh ! si je profitais bien de toutes ces grâces, pauvre et chétif prêtre que je suis, je finirais par devenir quelque chose peut-être...

» Vous m'avez autorisé à faire quelques dons extraordinaires à des personnes tombées de haut dans la misère. Je dois chaque année vous en envoyer la liste : je la joins à ma lettre... Je me débats tant que je peux pour ne pas donner. Mais misère oblige trop souvent. »

Dans une lettre du 28 mars 1878 à M. B..., M. Risse fait allusion à une nouvelle œuvre de charité et de zèle qu'il a entreprise : « Nos bons séminaristes se maintiennent », dit-il. Il s'agit des séminaristes que le Kulturkampf a enrégimentés. M. Risse les reçoit dans sa maison, mais d'une façon plus complète qu'on l'aurait pu faire en France, lorsque le gouvernement y voulut envoyer les séminaristes à la caserne, à partir de 1889. En Allemagne, les élèves ecclésiastiques étaient assimilés aux volontaires d'un an, et ces volontaires n'étaient pas confondus avec les simples soldats.

Le jeune homme, après ses études classiques, était admis à faire un an de service militaire pour se préparer à devenir officier de complément. Aspirant officier, de par sa formation classique, absolument nécessaire pour sortir du rang en Allemagne, l'étudiant était enrégimenté une semaine avant les autres conscrits et devenait ainsi un ancien pour ceux de sa classe. Il n'habitait pas à la caserne, mais prenait logement et pension en ville, n'allant aux exercices militaires que comme l'on va aux cours de l'université.

La Maison des Jeunes-Ouvriers, toujours vide de ses sociétaires, se trouva à point pour recevoir les séminaristes soldats de Metz ; ils ne pouvaient avoir de meilleur directeur que M. Risse. Comme saint Vincent de Paul, dont il était à la fois le Frère et le fils, c'était un prêtre modèle, et il contractait une nouvelle ressemblance avec son saint patron, en ajoutant à ses œuvres celle de l'hospitalité donnée aux clercs.

Il aimait aussi recevoir sous son toit les prêtres de passage, ainsi qu'on le voit dans la lettre citée du 28 mars 1878 :

« Nous venons de recevoir la visite d'un bon Père, missionnaire d'Afrique de Mgr Lavigerie, accompagné d'un petit nègre fort intéressant et qui aime le bon Dieu de tout son cœur. Ils logent à la Maison... Le Père vient quêter. Il ramasse considérablement d'argent. Oh ! que l'on est bon à Metz !...Il est parfaitement en règle... »

En 1877, M. Risse avait pu faire sa retraite à la Maison-Mère avec ses Frères. En même temps, on avait profité de sa présence pour lui faire prêcher la neuvaine de N.-D. de la Salette qui, du 10 au 19 septembre, attire chaque année de nombreux pèlerins à son sanctuaire de Vaugirard, le premier élevé à Paris sous ce vocable par les soins du P. Le Prevost...

En 1878, à l'issue de sa retraite au grand séminaire de Metz, il écrit au P. Lantiez, le 18 juillet :

« Mon cœur, depuis plusieurs semaines, a besoin de s'épancher dans le vôtre. Absorbé par une petite mission et par ma retraite semestrielle au grand séminaire, j'ai été obligé de refouler tous mes sentiments au fond de mon cœur.

» Je vous dirai que le bon Maître me gâte toujours, à son ordinaire, malgré ma profonde indignité.

» Je suis appelé assez souvent au chevet de jeunes ouvriers ou de vieillards malades, éloignés des sacrements ; les fils de ceux-ci d'ordinaire ont été élevés à l'Œuvre. Ils me reçoivent avec joie et bonheur. L'un d'eux vient de mourir comme un saint, baisant sans cesse le crucifix et ne parlant que du ciel.

» Un peu avant, j'ai été appelé dans une paroisse par le Curé, jeune prêtre qui nous avait autrefois reçus avec tant d'amabilité, avec nos jeunes gens, dans une promenade à Gorze. Une retraite, une mission avait eu lieu ; mais on craignait pour les Pâques la désertion des hommes. Je suis venu, j'ai dit un petit mot en chaire. J'ai eu une quantité d'hommes au confessionnal, le Maire, l'Instituteur avec la mère du Curé en tête (sainte et digne femme qui donne l'exemple de toutes les vertus). J'ai été bienheureux.

» Nous avons le dimanche à notre petite messe de 7 heures encore bien des communions. Les quelques jeunes gens que nous pouvons voir ou attirer, se conduisent fort bien et n'oublient pas leurs devoirs religieux... L'après-dîner du dimanche, après les offices, ils jouent dans la cour et, le soir, ils vont au châlet avec M. D... hors de la Porte des Allemands et ne reviennent que pour 10 heures du soir, après un assaut réciproque de la plus franche gaîté.

» Il a fallu me retremper un peu au grand séminaire par une bonne retraite. M. Juhles a été comme toujours des plus aimables.

» Monseigneur est vigoureux et plein de foi. J'ai reçu de sa main pour vous naguère encore une ample bénédiction. Il nous aime toujours beaucoup.

» J'ai eu le bonheur aussi d'assister à la messe d'un Évêque, Vicaire apostolique de l'Océanie, messe célébrée par charité dans la chambre d'une malade pieuse... J'ai goûté là des joies bien douces.

» Quatre de nos soldats sont au fort de Saint-Privat, mais ils viennent le dimanche de grand matin et peuvent se confesser et communier à la messe de 7 heures. Ils rentrent dans trois mois au séminaire. Priez bien pour eux ! Qu'ils persévèrent dans la piété et la patience jusqu'au bout !...

» Il y a toujours beaucoup de monde à ma chère Cathédrale, et ma bonne Maternité marche fort bien : on y est bon, indulgent pour moi bien plus que je ne le mérite. Seulement mes instructions du dimanche me préoccupent beaucoup et me donnent

un fort bandement de tête qui provient aussi, je
pense, du jeûne. Notre-Seigneur vient à mon aide
cependant d'une manière toute spéciale.

» J'ai parlé, il y a peu de temps, au Carmel et à
une Œuvre de persévérance de jeunes filles retirées
à Montigny, dans l'ancien Sacré-Cœur. Quel bonheur
de n'être pas forcé de passer des journées dans l'oisiveté !... »

Deux mois après l'envoi de cette lettre, M. Risse
peut enfin écrire :

« Priez bien. Les espérances s'accentuent tous les
jours davantage. On m'a dit des paroles consolantes
à la Présidence. Des difficultés existent encore à
Strasbourg ; mais Marie, saint Joseph, saint Vincent
de Paul, l'Enfant Jésus briseront, j en suis assuré,
tous les obstacles... »

A la date du 27 septembre, il envoie au Président
de la Lorraine une lettre qui commence ainsi : « Monsieur le Président, je viens répondre à la bienveillance qui vous a porté à me demander quelques
renseignements rétrospectifs sur la petite Société
dite des Jeunes-Ouvriers... » M. Risse retrace ensuite
l'origine, dit le but de la Société ; fait l'histoire de
son développement ; rappelle sa suspension, donne
l'état actuel de la question et émet le vœu de la réouverture de l Œuvre, dans des conditions d'ailleurs
vraiment trop restreintes. Dieu devait lui accorder
mieux au temps choisi par sa providence.

En attendant ce beau jour, le bon prêtre continue de se faire tout à tous pour les sauver tous. Il
écrit à son Supérieur Général le 13 novembre 1878 :

« Bénissons toujours Notre-Seigneur du plus profond de notre âme. Nos cinq fantassins allemands
ont jeté le froc aux orties, je me trompe, l'uniforme
militaire et endossé avec bonheur de nouveau, au

Séminaire, la chère soutane catholique : pauvres
petits chats un peu échaudés dans la grande mar-
mite de la caserne, mais cependant pleins encore
de foi, de piété, de saint zèle. Monseigneur est bienheureux de leur rentrée.

« Je n'ai qu'un volontaire cette année. Il est engagé au 4e Bavarois. Mais, si les autres étaient bien,
celui-ci est fort bon. Il semble être un religieux :
levé le premier à 5 heures, le premier à l'oraison,
il dit son chapelet avec une ferveur d'ange à la chapelle ; messe à 6 heures aux Récollets ou à la Cathédrale ; exemplaire pour la lecture et l'exactitude au
réfectoire. Il mange avec nous, et nous pouvons
parler avec lui comme avec un vieux curé ou un
vieux missionnaire qui a blanchi en sauvant des
âmes. Son zèle, sa foi, son ardeur toute juvénile
m'édifient beaucoup... »

Faute de militaire, M. Risse peut prendre en pension un jeune homme de 30 ans, riche cultivateur,
qui veut reprendre ses études en vue du sacerdoce.
Il a aussi comme demi-pensionnaire, un garçon de
15 ans, qui est venu avec sa mère à Metz, fuyant
un père débauché. C'est ensuite un pauvre enfant
de 11 ans, orphelin de mère, à moitié délaissé par
un père ivrogne, qui vient chaque jour à la maison
prendre le déjeuner que lui réserve le cuisinier et
puis se récréer en attendant l'heure de retourner à
l'école.

Le saint prêtre se réjouit du prochain mariage
d'un de ses grands jeunes gens avec une fille bien
chrétienne. Mariage modèle qui se prépare sous l'œil
de Dieu. Les fiancés se proposent de garder près
d'eux, après leur mariage, la vieille maman infirme.
« Voilà, dit M. Risse, un ménage qui ne fera pas de
révolutions et qui sera parfaitement heureux ». Et

il s'écrie : « Vivent, vivent les cléricaux, c'est-à-dire les enfants du bon Dieu, quoi qu'en dise Gambetta ! »

Il demande à son Supérieur Général de l'aider à remercier le bon Dieu pour des humiliations et des peines qu'il a à subir de personnes qui devraient plutôt l'encourager. « Que Jésus coupe, dit-il, qu'il brûle, détruise ! pourvu que je l'aime ». Il termine ainsi :

« Adieu, cher et bien-aimé Père. Priez pour notre grosse affaire ! Vous le voyez : Jésus bat en brèche la porte de la Fonderie avec un incessant bélier ; les hommes, les jeunes gens, les enfants affluent. Oh ! que Jésus donne l'assaut vigoureux à Noël, qu'il enfonce les portes et qu'il vienne y régner en Maître. Je chanterai un beau *Te Deum*. J'ai toujours grand espoir ! La police surveille les socialistes, les traque, les écrase. Oh ! qu'on nous laisse les ouvriers : nous toucherons, nous fondrons, nous amollirons leur cœur par la grâce ; nous écraserons dans l'âme les mauvais principes, l'égoïsme, et nous y mettrons avec Jésus l'amour de Dieu, l'amour du prochain, l'amour du travail, l'amour de la vertu et de la tempérance, la résignation dans la peine, c'est-à-dire des germes de salut et de vie, en détruisant en eux le germe même du socialisme. O souverains, comprenez donc une bonne fois, et laissez-nous, malgré vous, vous sauver !

» Adieu. Je n'ai pas le temps de me relire. Priez pour moi. Bénissez-moi et aimez toujours votre pauvre petit avorton qui n'espère rien que du Cœur si compatissant de Jésus, mais qui vous aime, et beaucoup, et tous nos bons Frères, quand même ! »

A Noël, M. Risse offre à son Supérieur Général ses vœux de bonne fête de saint Jean et de sainte année.

« Ah ! dit-il, qu'on nous laisse donc, en 1879, la liberté de sanctifier les âmes et de nous sacrifier corps et âme pour la société civile et pour les gouvernements, en leur formant, non comme leurs doux agneaux et leurs tendres amis les francs-maçons, des démolisseurs, des voleurs et des assassins, mais des sujets et citoyens moraux, honnêtes, travailleurs, soumis, dévoués, des enfants qui craignent Dieu, des chrétiens !

» J'ai passé une nuit délicieuse. Tout un côté de la petite chapelle de la Fonderie était presque rempli de jeunes gens, à notre petite messe de minuit, sans chants, sans harmonium, sans tapage, mais dans un silence religieux et un recueillement parfait. Mon jeune marié a voulu venir me servir la messe avec un de ses anciens camarades, communier avec nous et remplir une fois encore ses fonctions de sacristain, en rangeant l'autel... Il se confesse tous les samedis et communie tous les dimanches et sa compagne... a pris la résolution de communier aussi tous les dimanches avec lui.

» Oh ! quels farouches communards et ennemis des sociétés les infâmes cléricaux engendrent dans leurs sombres tannières de la Fonderie ! ! Les pauvres gens ! ! qui nous appellent presque leurs ennemis.

» Après un charmant et silencieux réveillon, les *ombres* se sont dissipées et éclipsées en silence, vers 2 heures du matin. Car, s'il est permis de prier encore et de communier à la Fonderie, autour du prêtre qui n'a pas encore été interdit de ses fonctions sacerdotales par l'autorité, il n'est plus permis d'y rire, de se récréer honnêtement et de s'y préserver de la contagion pestilentielle du monde ! Respectons, mais attendons et espérons. »

Espérons ! « Si l'Enfant Jésus, ajoute M. Risse,

allait m'envoyer de la Présidence ou du Préfet de la Lorraine un petit pli disant : « Ouvrez les portes à quatre battants... ; et que le flot des jeunes ouvriers ait son cours et inonde la Fonderie ! » Quelle agréable surprise et quel bonheur ! Priez bien, et le miracle s'opérera. On ne charpente pas sans échelles.

» Les détails m'écrasent et, à la fin de l'année, il faut veiller jusqu'à 11 heures, 11 h. ½. Et puis le sang s'échauffe, et puis la face se bourgeonne, et puis les boutons roses, les clous s'épanouissent ; et puis il faut rester au logis, se purger, se couvrir la figure de graisses émollientes et ne plus aller pour quelques jours à la Cathédrale. Quel supplice ! Il vient de Jésus ! Mille fois merci ! Mais il faut un peu enrayer pourtant et suspendre les visites de nouvel an, cesser de mendier son pain. Quelle désolation !...

» Je vais tâcher de reprendre mon petit règlement : 9 h. ½ coucher ; 9 h. 3/4, 10 heures au plus tard, lumière éteinte. *Fiat !*

» Mes pensionnaires me consolent au possible, mon petit séminariste bavarois m'enchante : quel entrain, quelle piété ! Tout ce petit monde a communié à minuit. Je redeviens jeune au milieu de cette florissante et si pure jeunesse ! Oh, que le vif incarnat de ces belles joues, signe de l'innocence, vaut bien les figures de nos jeunes vieillards impies et radicaux de 20 ans, la mort sur les lèvres. Merci !

» Encore une fois, bon Père, une bonne prière, une sainte bénédiction pour votre petit et chétif, mais tout affectionné enfant. Mille souhaits affectueux à nos bons Frères. Vive la Saint-Jean... »

M. Risse, dans une lettre du 12 mars 1879, donne ces détails sur les premiers mois de cette année :

« La grâce souffle déjà dans notre pauvre ville : deux gros poissons viennent de m'arriver, j'en attends d'autres.

» Un bon et pieux Curé m'a invité à venir parler quelques jours dans sa paroisse, pendant la semaine sainte et confesser avec lui.

» Plusieurs enfants et jeunes gens de Metz ou des départements voisins viennent se faire instruire pour la première communion.

» Un nouveau pensionnaire, orphelin et presque sans ressources, vient de nous arriver. Il mange à la Maison. Nous espérons le sauver par ce moyen des dangers du monde.

» Les hommes à la Cathédrale sont toujours nombreux. Espérons que beaucoup viendront profiter des grâces du jubilé.

» Je recommande à vos bonnes prières notre pieuse et sainte Supérieure de la Maternité : elle est fort souffrante et parfois elle nous donne de l'inquiétude. Toute la communauté a communié ce matin en vue du jubilé.

» J'ai été puni de mes veilles indiscrètes et prolongées : une ébullition s'est déclarée au visage ; mais je vais mieux maintenant et je tâche, avec la grâce de Dieu, d'être plus sage ».

Léon XIII, élu Pape après la mort de Pie IX, venait d'accorder à toute la chrétienté, comme don de joyeux avènement un jubilé extraordinaire. Ce fut l'occasion de nombreuses conversions de pécheurs et d'un renouveau de piété chez les bons chrétiens. M. Risse ne fut pas le moins zélé à promouvoir ces fruits de salut. Lisons sa lettre du 22 avril :

« Il y a en ce moment à Metz un mouvement bien marqué vers la religion, parmi les hommes surtout. La parole du prédicateur du jubilé est bénie, et j'ai pu moi-même constater de grands et consolants retours.

» Un bon jeune homme, qui a fréquenté autrefois l'Œuvre, maintenant prêtre et Curé, m'a appelé pour une petite mission dans sa paroisse. J'ai goûté des consolations indicibles. Tous les membres de cette chère société chrétienne ont approché des sacrements avec une ferveur ravissante. Beaucoup de consolants retours : le Maire de l'endroit en particulier. Adoration nocturne de toute la paroisse dans la nuit du jeudi saint au vendredi ; trois pères de famille remplaçant bénévolement et gratuitement, pour Dieu seul, les sonneurs peu exacts et un peu trop amis de la dive bouteille ; jeûne rigoureux pour le jubilé ; des vieillards nonagénaires se rappelant encore les conseils du confesseur de la foi qui leur avait fait faire leur première communion dans une cave aux grands et beaux jours de la liberté du couperet et du sang innocent versé ; les cabarets déserts et moralisés, les mauvais journaux en fuite dans ce bienheureux paradis de la terre ; plus de gendarmes, de garde-champêtre.

» Dieu seul règne et commande ; et, après Dieu, la source de tous ces miracles est un petit prêtre, un calottin bon et dévoué, qui ne profère jamais le mot de fraternité, mais qui la prêche par l'exemple, en donnant tout pour rien aux autres, bien loin de prendre tout aux autres comme les comédiens de liberté et de fraternité de nos jours, en calomniant encore les admirables amis et bienfaiteurs du peuple. Dans cette commune, sans être riche, il n'y a pas un pauvre : si quelqu'un est dans la misère, ses voisins et le Curé s'entendent et se cotisent pour lui venir en aide. Pas de luxe, pas de bal, pas de blasphèmes ; un instituteur chrétien et une Sœur d'école : voilà, je l'ai vu de mes propres yeux, un village avec Dieu pour roi, connu, aimé, servi, obéi. En ce village, transformé en un vrai paradis, tous sont heureux. Oh ! alors, voyant ces prodiges, j'ai maudit une fois de plus les infâmes qui osent vouloir bannir Dieu des assemblées, des gouvernements, des écoles. Ah ! des écoles sans Dieu, des pays où la religion de Jésus-Christ a été, est ou sera persécutée, ne produiront que des nihilistes, des assassins et des lâches qui se suicident après leur coup manqué, c'est-à-dire des bêtes fauves ! Vivent les sociétés modernes ! Je pleure et je prie plutôt pour la conversion de ces pervers, les sauvages ennemis du bonheur et du salut des peuples.

» Je recommande à vos bonnes prières, cher et bien bon Père, la persévérance de mes petits saints. Je suis persuadé que la majorité, avec l'aide de Dieu, va passer l'année, et beaucoup rester jusqu'à la mort, sans péchés graves ! Que Dieu est bon ! Que Dieu est puissant pour ceux qui l'aiment et qui l'invoquent.

» A Metz, beaucoup de retours... à l'hospice Bon-Secours surtout, où j'ai été appelé pour confesser les hommes, sont venus consoler mon cœur sacerdotal. Plusieurs premières communions de jeunes gens de 12, 14, 16 ans ; une autre qui se prépare : Dieu soit loué !... On m'appelle à chaque instant dans toutes les paroisses pour confesser et ramener des dévoyés. La tâche est bien belle... »

CHAPITRE XII

RÉOUVERTURE DE L'ŒUVRE

Depuis bientôt cinq ans l'Œuvre des Jeunes Ouvriers était fermée et le bon abbé Risse n'avait pas cessé d'espérer sa réouverture et de prier pour en hâter l'heureux moment. Son zèle ingénieux et sa charité sans bornes s'étaient adaptés aux circonstances et, malgré l'anéantissement de ses moyens ordinaires d'apostolat, le travail surabondait et continuait d'épuiser ses forces. En même temps sa vie religieuse n'avait subi aucune diminution et toutes les observances régulières continuaient d'être pratiquées à la petite communauté de l'Enfant-Jésus. Si le diable avait demandé à Dieu, comme il le fit autrefois pour Job, de pouvoir tourmenter l'abbé Risse dans ce qu'il avait de plus cher, il pouvait s'avouer vaincu. Si Dieu avait voulu plonger dans la nuit son fervent serviteur, pour éprouver sa fidélité et épurer sa vertu, il pouvait constater que l'épreuve avait fait croître sa foi, son espérance, sa charité et embelli son âme de l'éclat de toutes les vertus.

La lettre de refus du Président de la Lorraine Puttkamer, en date du 20 mars 1876, avait marqué le point culminant de l'épreuve. Depuis, Dieu avait donné à son serviteur des consolations indicibles en fécondant merveilleusement son ministère, tout en les mélangeant de tribulations qui lui perçaient le cœur, comme la réclamation au sujet de l'argent destiné à sa chapelle ; ou bien paralysaient ses forces, comme les indispositions physiques qui l'assaillaient. Une lueur cependant avait percé la nuit, lorsqu'en septembre 1878 la Présidence lui avait demandé quelques renseignements rétrospectifs sur son Œuvre : ce n'avait été qu'une étoile filante dans la nuit sombre.

Enfin voici l'aurore. Le 18 juin 1879, M. Risse peut écrire à son Supérieur Général :

« La grande question de la réouverture de l'Œuvre vient de revenir sur le tapis, nous apportant de nouvelles espérances. Bénissons Dieu ! Les circonstances *semblent* plus favorables : les noces d'or de l'Empereur y sont-elles pour quelque chose ? Peut-être. Dieu, dans sa miséricorde et sa sagesse infinie, peut se servir de tout pour arriver à ses fins ».

Le bon prêtre n'ose croire à la fin de l'épreuve. Il devra d'ailleurs attendre encore un an et demi le jour tant désiré de la réouverture officielle. Voici le fait qui s'est produit et les conditions dans lesquelles on peut espérer de voir lever l'interdit :

« Monsieur le Directeur de l'École normale, ajoute M. Risse, prêtre allemand fort pieux, ancien directeur d'une œuvre d'ouvriers allemands, et qui nous est bien dévoué, m'a fait appeler près de lui hier. Il venait de voir Monsieur le Président de la Lorraine, et il l'a trouvé mieux disposé. Il était chargé par lui de me prévenir et de m'engager à renouveler ma demande.

» Je dois aller à la Présidence aujourd'hui le remercier et entendre les conditions qu'il imposera pour la réouverture de l'Œuvre. Il paraît qu'il voudrait la réorganisation de l'ancien Comité de surveillance ou Conseil d'administration ; c'est-à-dire l'adjonction de quelques membres catholiques, mais allemands, et l'exclusion d'un ancien membre un peu ardent et qui s'est prononcé un peu trop vivement contre le nouveau régime.

» J'en ai parlé à Monseigneur, qui n'y verrait pas d'inconvénient : du reste c'est, (il paraît), une condition *sine qua non*, à laquelle on ne peut se soustraire. Je pourrais ainsi conserver M. l'abbé Willeumier, représentant de Monseigneur, M. l'Archiprêtre de Sainte-Ségolène, président, M. Iager, trésorier, M. Jeandelize, secrétaire et, parmi les nouveaux venus, j'aurais M. Schiller, 1er Président, excellent catholique, bien connu du bon M. B..., M. le Directeur de l'École normale, prêtre allemand, et M. le Docteur Zartmann, bon catholique, célèbre oculiste, allemand d'origine.

» De plus, il faudrait soumettre les statuts ou règlements de l'Œuvre au Comité, puis au Président. Je ne vois aucune difficulté à cela. Seulement il faudra une grande prudence, une grande sagesse et un grand esprit de conciliation pour ne rien compromettre. Ces Messieurs sont susceptibles et une mesure imprudente pourrait les offusquer.

» Je sens toute ma misère et je viens implorer vos bonnes prières au Saint-Esprit, à la T. Sainte Vierge, à saint Joseph et à saint Vincent de Paul pour nous ; de la discrétion aussi, car rien n'est encore définitivement conclu, les négociations seules commencent.

» Il nous faudra, si les choses tournent bien, un personnel d'origine allemande bien choisi, bien sage et bien formé. Nous en reparlerons plus tard.

» Vous voudrez bien me répondre par Pont-à-Mousson, (M. du Coëtlosquet), la voie est plus sûre. »

Avant la fin du mois, M. Risse, en accusant au

P. Lantiez réception de sa réponse, lui apprend
qu'une première réunion du Comité vient de se
tenir et lui annonce l'envoi prochain de sa lettre de
demande et d'une copie des statuts, pour soumettre
ces documents à son approbation.

Le 9 juillet, en faisant cet envoi, M. Risse dit
que le bruit s'est déjà répandu dans Metz de la
prochaine réouverture de son Œuvre, et qu'on l'en
félicite. Mais, ajoute-t-il, le Proverbe a raison de
dire que « mieux vaut quelquefois un ennemi qu'un
dangereux ami » ; on pourrait tout compromettre en
parlant trop vite. Et puis le démon s'agite. Il faut
surtout prier. D'ailleurs l'entente a été parfaite
entre les membres du Comité, dans leur réunion
préparatoire. Ils ont tous signé la demande suivante :

« Metz, le 2 juillet 1879.

» Monsieur le Président,

» J'ai l'honneur de vous écrire pour solliciter de
votre bienveillance la réouverture de l'Œuvre dite
Société des Jeunes Ouvriers, que j'ai dirigée de 1849
à 1874 et qui a pour but de conserver, dans l'esprit
et dans le cœur du peuple, des principes d'ordre, de
religion et de subordination.

» Si vous voulez bien, Monsieur le Président,
accueillir favorablement la demande que je vous
adresse, je puis vous donner l'assurance que notre
Établissement serait dirigé selon vos intentions,
comme le projet des Statuts de la Société que j'ai
l'honneur de vous remettre en fait foi, et que je
suis tout disposé à solliciter l'assistance d'un Conseil d'administration composé de M. l'Archiprêtre
de Sainte-Ségolène, de M. le Président Schiller, de

M. le Directeur de l'École normale, de M. l'abbé
Willeumier, de M. Iager, notaire, de M. Jeandelize
fils, de M. le Dr Zartmann et de M. Guillemin.

» En accédant à mes désirs, Monsieur le Président,
vous procureriez une joie bien vive au cœur de celui
qui, par goût et par vocation, a consacré sa vie au
bonheur de la classe ouvrière, et qui serait heureux
de lui vouer les dernières années de son existence.
Il vous en conserverait, Monsieur le Président, une
bien vive reconnaissance.

» Veuillez agréer, Monsieur le Président, l'assurance de ma très respectueuse considération.

L'Abbé Risse, aumônier.

» Les soussignés, tout disposés à prêter leur concours à M. l'abbé Risse, prennent la liberté d'appuyer sa demande et de la recommander à la bienveillance de Monsieur le Président. »

(Suivent les signatures).

Les mois pourtant s'écoulent et c'est toujours l'espérance qui se prolonge. Le 9 décembre, M. Risse
écrit :

« Pressé par le temps, en ce moment, je remets à
quelques jours une plus longue lettre qui vous an-
noncera plus en détail que nos espérances pour la
reprise de la Société se confirment tous les jours.
Je me suis permis d'écrire un mot au Gouverneur
général Manteuffel, homme loyal, homme religieux,
homme de cœur. Il a daigné me répondre un mot
(deux lignes), que je vous enverrai. Deux jours après,
je recevais un questionnaire que je remplis et que
j'enverrai. On est très, trop formaliste ici. On n'agit
qu'avec poids et mesure... »

La lettre de M. Risse au Gouverneur était ainsi
conçue :

« Metz, le 25 novembre 1879.

» Excellence,

» A votre passage à Metz, où le temps était si
court pour vous,... la discrétion m'a empêché de
vous rendre une visite pourtant bien désirée.

» J'aurais voulu vous entretenir de l'autorisation
que je sollicite depuis quelques mois, d'ouvrir de
nouveau la *Société des Jeunes Ouvriers* que je dirigeais en 1870, et dont les réunions ont été suspendues
en 1874. Je suis un homme de paix et de conciliation, et je sens plus que jamais le besoin d'attirer
par des récréations honnêtes et de moraliser par la
Religion surtout, la jeunesse ouvrière, minée par des
doctrines d'impiété, de désordre et d'insubordina-
tion, et de former de bons et fidèles citoyens, tout
en les rendant bons chrétiens.

» L'autorité supérieure de la Lorraine, M. le Président et M. le Directeur général de la police semblent m'être devenus favorables, et la demande qui
a dû être envoyée à Strasbourg depuis deux mois
au moins, a été aussi favorablement apostillée par le
digne Président du tribunal, M. Schiller, par le digne
et bon Directeur de l'École normale des Instituteurs,
M. Nigetiet, par M. Zartmann, oculiste, et par d'autres membres aussi des plus honorables de la société
messine.

» Excellence, beaucoup m'ont parlé de la droiture
de votre esprit, de votre caractère bon et conciliant,
ami du bien, de l'ordre et d'une sage et impartiale
liberté. C'est un motif puissant pour moi d'oser
prendre la liberté d'attirer votre haute attention

sur mon humble demande, et d'espérer de votre
grand cœur une réponse favorable, qui serait accueillie avec bien de la joie dans notre Ville. »

Le questionnaire émanait de l'Administration de
la Municipalité de Metz. M. Risse y fit cette réponse :

« Metz, le 8 décembre 1879.

« Monsieur et honoré Directeur,

» C'est un devoir pour moi de venir vous remercier de l'envoi que vous m'avez fait, en me demandant quelques indications relatives à mon « Établissement », m'écrivez-vous, situé rue de la Fonderie, 7,
à Metz.

» C'est de votre part un bon souvenir, qui m'a
touché et qui est pour moi peut-être un consolant
espoir d'avenir !

» Hélas ! l'établissement existait plein de vie depuis l'année 1848, date de sa fondation, jusqu'à
l'année 1874, où je dus interrompre et suspendre
jusqu'à nouvel ordre les réunions récréatives de nos
Jeunes Ouvriers le dimanche et, par suite, le Cours
d'adultes qu'ils suivaient régulièrement et en grand
nombre, le soir, dans la semaine.

» Les circonstances difficiles de cette époque ont
inspiré sans doute à l'Autorité une mesure à laquelle
je me suis immédiatement et scrupuleusement soumis... malgré sa rigueur.

» Mais aujourd'hui, en 1879, Monsieur l'Administrateur, les circonstances, (permettez-moi de le re-
marquer), ne me semblent plus les mêmes. Les esprits en ce moment sont plus calmes et moins surex-
cités...

» Je crois donc, Monsieur le Directeur, arrivé le

moment favorable où je puis espérer que l'Autorité qui nous dirige... se relâchera de sa première rigueur.

» De bonnes paroles, pleines d'espérance et d'encouragement, m'ont été données à la Présidence de la Lorraine. Je crois même savoir que, plus haut aussi, on ne verrait pas de mauvais œil, au contraire, que la liberté de faire le bien et de former pour l'État des citoyens honnêtes et inoffensifs, tout en faisant pour la Religion de bons chrétiens ; que cette liberté, dis-je, soit rendue à un prêtre né à Metz qu'il n'a jamais quittée, à un homme de paix et de conciliation qui, par état, par vocation et par attrait même, n'a qu'un désir, celui de continuer jusqu'à la mort à vivre dans l'obscurité et le travail et à seconder les efforts de tous les gens de bien, en luttant, comme prêtre, corps à corps et vivement avec eux contre les doctrines d'impiété, d'anarchie et de désordre que l'on cherche par tous les moyens à inoculer partout dans les veines des masses populaires ; et aussi en moralisant les ouvriers par l'instruction et les cours du soir dans la semaine, par des récréations honnêtes le dimanche, et surtout par des principes religieux solidement inculqués à leurs âmes.

» Je vais faire parvenir incessamment, Monsieur le Directeur, les réponses aux questions que vous m'avez adressées ; et vous jugerez mieux encore, par cette lecture, combien le but que je me proposais était grand, noble, utile à tous et essentiellement moralisateur.

» Je l'espère aussi, Monsieur le Directeur, et j'ose même vous en prier, vous userez de votre bienveillante influence pour hâter le moment heureux où, après un long veuvage de cinq ans, je pourrai encore une fois me retrouver *père* au milieu de mes chers et nombreux enfants de la classe ouvrière de Metz... »

Dans une lettre du 22 décembre au P. Lantiez, M. Risse n'a encore pas d'autre indication à donner que ce simple post-scriptum : « J'attends toujours. Dès que Sœur Anne aura aperçu quelque chose, elle vous en fera part. »

Ainsi se termine l'année 1879. Cependant, M. Risse ne s'est pas laissé absorber par les démarches ni distraire par ses espérances. Il ne s'est relâché en rien dans son zèle apostolique et sa ferveur religieuse.

« Tout va bien ici, à la Maison, avait-il écrit le 18 juin. Nos quelques jeunes gens externes sont exacts et communient aux grandes fêtes. Nos deux pensionnaires mangent à la Maison, nous contentent ; et notre séminariste bavarois volontaire, avec son compagnon, apprenant le latin pour entrer au grand séminaire, mangent avec nous au réfectoire, font la lecture avec nous et nous édifient...

» Notre pieuse Maternité se dévoue toujours corps et âme à la sainte cause de la charité. Et ma Cathédrale m'envoie de temps en temps d'admirables recrues, qui reviennent au bercail avec une ferveur qui confond ma lâcheté personnelle.

» Le jubilé a été fécond en merveilles de grâces : notaires, directeurs d'assurances, banquiers, pauvres égarés ou égarées de 30, 40 ans. Oh ! que la grâce de Jésus est puissante sur les cœurs dociles !

» Priez seulement pour l'indigne directeur qui est si loin des âmes qu'il dirige ! Je sors du Séminaire, où j'ai eu le bonheur de faire ma retraite semestrielle. Bonté, tendresse, générosité du bon M. Juhles, comme à l'ordinaire. De ma part, bien des larmes de repentir, de bons désirs, une grande paix, une grande joie au cœur ! Oh ! quand donc serai-je *fidèle*, parfaitement fidèle, toujours et en tout *fidèle !* Je suis inondé de grâces et je suis si ingrat, si infidèle ! Priez bien ! »

Une lettre du 9 décembre indique un nouvel aliment donné au zèle de M. Risse : « Deux jeunes instituteurs municipaux chrétiens m'ont demandé de prendre leur pension à la Maison, parce qu'on était, disaient-ils, trop libre dans le monde. Belle parole qui m'a édifié. Ils disent avec nous le *Benedicite* et font à table la lecture à tour de rôle. Ils sont exemplaires. Ils continueront, j'espère. »

Le 22 décembre, ces quelques mots résument tout :

« La besogne m'accable ! Et je suis forcé de me coucher tous les jours à 11 h. ou minuit. Je ne vous écris donc qu'un mot pour vous souhaiter santé, moisson abondante d'âmes surtout. »

Nous arrivons à l'année 1880. Le 19 janvier, M. Risse écrit à son Supérieur Général :

« De bonnes nouvelles sont arrivées, dit-on, de Strasbourg à la Présidence. Sous peu j'aurai, je pense, à vous écrire plus au long. Tout semble se préparer pour un heureux résultat. Mais que de formalités ! Priez bien. »

En effet, le 28 février, le Président de la Lorraine envoya la note suivante :

« Metz, le 28 février 1880.

» Monsieur l'abbé, le Ministre d'Alsace-Lorraine désire, en suite de la lettre que vous lui avez adressée, des renseignements plus détaillés sur l'organisation de la Société que vous vous proposez de créer à Metz, sur le nombre présumé et le caractère des membres, sur le montant et la destination des cotisations.

» Le Ministère demande également qu'il lui soit soumis un projet de statuts. A cet effet, les statuts que vous m'avez adressés précédemment, et dont une copie est ci-jointe, pourront servir, avec les modifications suivantes :

» A l'article 2, il convient d'ajouter : « Elle admet les membres, sans distinction de la langue qu'ils parlent. »

» A l'article 3, n° 2, il y a lieu d'ajouter : « Parmi les livres, la littérature allemande notamment sera représentée d'une manière spéciale. »

» Au n° 3 du même article : « l'enseignement sera autant que possible donné en langue allemande. Le plan d'études sera soumis chaque année à l'approbation de l'autorité départementale. »

» A l'article 4, il conviendra d'ajouter : « Le Directeur, ainsi que ses surveillants et le personnel enseignant, devront être agréés par l'autorité départementale. Les surveillants et le personnel enseignant seront, si l'autorité départementale le demandait, immédiatement congédiés. »

» A l'article 8 : « Les membres honoraires devront être indigènes. »

» A l'article 9 : « Ainsi qu'il est dit à l'article 2, l'admission aura lieu sans distinction de la langue que parlent les candidats. »

» D'après ce qui précède, il vous appartient de dresser et de me soumettre un projet de statuts dans les deux langues et de me donner les autres renseignements demandés.

Le Président de la Lorraine,

Signature

» Au Révérend Monsieur l'abbé Risse.

I 1616   Ici. »

Écrite le 28 février, cette communication ne fut remise à M. Risse que le 5 mars. C'est ce qui explique comment, le 3 mars, il pouvait écrire à son Supérieur Général :

« Pas de réponse encore définitive pour la réouverture. Toujours le même espoir cependant et des paroles favorables. Je vais dès demain retourner à la Présidence et rafraîchir la mémoire à qui de droit. »

Le 5, « à 11 h. du soir, en hâte », il écrit au même :

« Il semble que l'Esprit-Saint vous a éclairé d'une lumière toute spéciale. Vous voyez clair dans nos affaires à des centaines de kilomètres de distance.

» Je viens de recevoir du Ministère de l'Alsace-Lorraine de Strasbourg une communication bien encourageante. Ma demande semble accordée en principe : on ne me demande plus que quelques détails, quelques explications et quelques additions insignifiantes à mon avis, par exemple relativement aux jeunes gens parlant la langue allemande que je ne dois pas exclure (mais je ne les ai jamais exclus, au contraire) ; relativement à des livres allemands qui doivent faire partie de la bibliothèque des ouvriers (j'en ai une belle collection) ; relativement à la présentation à l'autorité des surveillants ou professeurs de l'Œuvre (je l'ai toujours fait) ; relativement aux cotisations des jeunes gens et à leur emploi (c'est facile, on n'exige aucune cotisation pour faire partie de l'Œuvre), etc., etc.

» Mercredi [1], l'ancien Conseil se réunit et je préparerai le petit travail que j'élabore en ce moment pour répondre aux questions posées. Je vous l'enverrai aussi à vous, sous peu ; et vous serez assez bon pour me donner vos judicieux avis...

---

1. Le 10 mars par conséquent, le 5 étant un vendredi.

» L'autorité parle aussi, non de ma volonté de reconstituer l'Œuvre ancienne, archicondamnée, mais de ma volonté de créer une nouvelle Œuvre sur de nouvelles bases. Peu importe, pourvu qu'elle vive.

» Dès lors M. S... [1] me serait très précieux et, comme vous le dites si bien, il ne faut pas attendre pour le faire venir que l'Œuvre soit ouverte. Il faudra une grande prudence dans le choix des coopérateurs. Ils veulent des indigènes (Alsace-Lorraine), des Luxembourgeois ou des Allemands de Berlin, de Cologne ou de Trèves. La divine Providence et vous, mon bon Père, vous y pourvoirez.

» ... Que l'enfantement des âmes et d'une Œuvre destinée à sauver tant d'âmes de jeunes gens est long et douloureux ! Mais quelle joie, quand nous aurons mis au monde un homme, des hommes, des jeunes gens par centaines, dans la vie surnaturelle et chrétienne !

» Bénissez le bon Maître avec moi, bon et vénéré Supérieur. Priez toujours pour nous et bénissez le petit enfant de Metz, qui se dit toujours avec bonheur votre enfant tout faible, mais tout aimant en N. S... »

Dès le 6 mars, M. Risse avait accusé en ces termes réception de la communication du 28 février :

« Monsieur le Président,

» Je viens vous remercier du bienveillant intérêt que vous me manifestez, en m'envoyant hier une communication qui m'a mis au cœur une bonne espérance.

» Je vais m'occuper de faire ma réponse aux ob-

---

1. Séminariste luxembourgeois non encore revêtu de la soutane.

servations que vous avez bien voulu me communiquer et je vous la ferai parvenir aussitôt.

» Veuillez agréer... »

Le 10 mars, le Conseil de l'Œuvre se réunit et,
le surlendemain, M. Risse écrivit la lettre suivante
au Président de la Lorraine :

« I 1616.   Metz, le 12 mars 1880.

« Monsieur le Président,

» Pour répondre à la demande bienveillante que
m'a faite, par votre entremise, le Ministère d'Alsace-
Lorraine, d'explications plus détaillées relativement
à l'organisation de la Société que je me propose de
créer à Metz, sur le nombre présumé et le caractère
de ses membres, sur le montant et la destination de
leur cotisation, je ne puis mieux faire que de rappeler d'abord pour le consulter le texte même des
statuts que j'ai eu l'honneur de joindre à la demande
que j'ai adressée, le 2 juillet 1879, à l'autorité présidentielle de la Lorraine. Ils contiennent en principe
la réponse succincte à ces questions.

» Pour préciser encore davantage la pensée qui a
inspiré ma demande, j'ajouterai :

» 1º Que, dans l'organisation de cette société de
jeunes ouvriers, je me propose moins l'instruction
de ces jeunes gens et même moins leur éducation
professionnelle que leur moralisation, en les arra-
chant au milieu mauvais dans lequel ils vivent habituellement, et en les attirant, par des récréations
honnêtes, au local de la Société, où ils trouvent des
conseils sages et religieux, des amis choisis, sûrs et

vertueux, et des délassements qui, occupant utilement leur activité, les préserveront, (les jours fériés surtout), d'une oisiveté toujours si funeste à la jeunesse. Les cours d'études ou de perfectionnement dans la semaine, le plus souvent pour des élèves arriérés, ne seraient donc dans notre pensée que fort élémentaires, comme un accessoire et resteraient entièrement facultatifs pour les membres. (Voir les Statuts, Ch. I, But et avantages de la Société ; et Ch. II, Ses moyens d'action).

» 2º Je dirai que la Société ne se propose d'agir, (comme son nom même l'indique), que sur les jeunes apprentis ou jeunes gens de la classe ouvrière, commerciale ou industrielle de Metz. (Voir Statuts, Ch. V, Personnel actif et participant de la Société).

» 3º Je dirai que le nombre présumé de ces jeunes apprentis ou jeunes gens s'élèvera, je pense, de 100 à 150 environ.

» 4º Enfin, quant à la question du montant et de la destination de leurs cotisations, je n'ai pas à y répondre : car nous nous proposons de n'exiger d'eux aucune cotisation. L'entrée à la Société et aux Cours du soir serait entièrement gratuite, et le dévouement tout désintéressé du Directeur et de ses coopérateurs, secondé par des hommes généreux qui prendraient le nom de Bienfaiteurs, suffirait pour réunir des ressources pécuniaires et faire face, par des sacrifices personnels, à toutes les dépenses. (Voir Statuts, Ch. VI, conditions d'admission, et Ch. VIII, Ressources financières de la Société).

» A la proposition qui nous est faite, de quelques additions au projet des Statuts de la Société, je réponds par l'envoi du premier projet modifié selon les désirs du Ministère, comme il suit : (Ici sont indiquées les modifications faites aux Statuts primitifs).

» Monsieur le Président,

» Le travail que je viens de faire et les modifications que j'ai apportées aux Statuts qui doivent régir notre petite Société, vous prouvent les bonnes intentions et l'esprit de conciliation qui m'animent.

» J'ai donc la confiance que notre amour du bien et l'affection désintéressée que j'ai vouée aux enfants de l'ouvrier, plaideront en notre faveur ; si même j'osais espérer que le jour de la Résurrection du Sauveur pourrait voir s'ouvrir, par votre bienveillante entremise, les portes de notre Maison de la Fonderie, notre joie serait bien vive et je vous en serais à jamais fort reconnaissant.

» Veuillez agréer, Monsieur le Président, la nouvelle assurance de mon respectueux et bien sincère dévouement.

L'abbé Risse, aumônier ».

La lettre était accompagnée des Statuts modifiés selon les désirs du Ministère.

Pâques étant, cette année, le 28 mars, c'était un peu trop de hâte, de la part de M. Risse, de désirer avoir l'autorisation espérée pour cette fête même. Il connaissait pourtant bien les lenteurs allemandes. Le 14 mai, vendredi avant-veille de la Pentecôte, il écrit à son Supérieur Général :

« Toutes les formalités ne sont pas encore remplies, mais la permission est accordée *in se* [1] et les jeunes gens arrivent.

---

1. En principe.

» Je crois le moment venu de nous envoyer un surveillant posé, expérimenté, fort modéré, ferme et doux, pieux, bien à Notre-Seigneur. Il serait bon qu'il passât, s'il est possible, quelques jours dans sa famille, pour qu'il nous arrivât le cœur et la tête reposés.

» La chose presse : on me demande à la Direction le nom de mes surveillants pour ouvrir ostensiblement la Maison...

» Je suis bienheureux ! ! Mais l'ennemi de tout bien hurle, rage, rôde, nous couvre de sa bave immonde ! Dieu soit loué ! Jésus et Marie auront la gloire de lui écraser une fois de plus la tête ! !

» Priez bien pour notre prodigieuse faiblesse personnelle ! Oh : « *cum infirmor, tunc potens sum !* »[1] Que je ne me brise contre aucun écueil ! ! »

Le zélé Directeur était encore trop pressé, comme nous l'apprend cette nouvelle lettre au Président de la Lorraine :

« Metz, le 22 juillet 1880.

« Monsieur le Président,

» J'aurais dû vous remercier plus tôt du bienveillant accueil que vous avez fait à ma dernière visite et de l'attention sympathique avec laquelle vous avez entendu les détails que je vous donnais sur le but et les résultats que se proposait notre ancienne *Société des Jeunes Ouvriers* suspendue en 1874, et que j'ai dessein de réorganiser, de concert avec l'autorité présidentielle et pour la réouverture de laquelle j'ai fait, il y a plusieurs mois déjà, une *demande* accueillie favorablement par la Présidence,

---

1. Quand je suis infirme, alors je suis puissant (S. Paul, II Cor. XII, 10).

envoyée à Strasbourg et apostillée par plusieurs des Membres les plus honorables de notre ville, comme Messieurs Mennessier, Schiller Président, Nigetier Directeur de l'École normale, Willeumier secrétaire de Monseigneur l'Évêque. Monsieur le Baron de Freyberg nous était aussi bien favorable.

» J'aurais voulu aussi vous remercier des espérances que vous avez bien voulu me donner vous-même pour la prompte réalisation de nos désirs.

» Depuis, j'ai cru qu'il était de mon devoir, ces derniers jours, à son passage à Metz, de venir présenter mes respectueux hommages à Son Excellence le Feld-Maréchal Baron de Manteuffel. J'ai été tout heureux du gracieux accueil qu'il m'a fait et des espérances qu'il m'a données.

» Il m'a recommandé, quand je le quittais, de confier à votre zèle la solution de cette affaire, sûr, m'a-t-il dit, de trouver en vous un puissant et bienveillant appui.

» J'obéis avec joie, Monsieur le Président, à cette aimable invitation de sa part, et je viens vous prier de dire ou d'écrire un mot en notre faveur. Ce mot sera efficace, j'en ai la certitude, et vous m'obligerez beaucoup, avec la classe ouvrière de Metz, qui désire vivement pour ses enfants cet asile de récréations honnêtes et de moralisation.

» Votre très respectueux et bien reconnaissant serviteur,

L'abbé RISSE, aumônier. »

Que de marches et de contremarches devait faire le fidèle soldat du bon Dieu pour gagner la cause des âmes des ouvriers ! A combien d'humiliations aussi, peut-on dire, devait se soumettre le cœur si français de M. Risse ! L'aménité apparente du haut fonctionnaire allemand dissimulait mal un mépris soupçonneux que trahissaient ses lenteurs à permettre à un humble prêtre, de race française, de reprendre son ministère de charité et d'apostolat interrompu par la tyrannie protestante et prussienne.

Voici la réponse que fit à M. Risse le Président de la Lorraine :

« Metz, le 13 août 1880.

« Monsieur l'abbé,

» En réponse à votre lettre du 22 juillet dernier, j'ai l'honneur de vous faire connaître que je continue à vouer un vif intérêt à la fondation de la Société des jeunes ouvriers ; et que je ne perds pas cette affaire de vue.

» Il s'agit actuellement d'apporter quelques légères modifications au projet de statuts, déclarées désirables par le Ministère, à qui votre demande avait été communiquée. J'ai chargé M. von Stœphasius, Directeur de police à Metz, des négociations à ce sujet et, dès qu'elles seront terminées, je ferai de nouvelles propositions au Ministère.

» Agréez, Monsieur l'abbé, l'assurance de ma parfaite considération.

» Le Président de la Lorraine,
Signature.

» A Monsieur l'abbé Risse,

I. 6891 à Metz. »

M. Risse alla aussitôt voir M. von Stœphasius et, quelques jours après, il en recevait cette communication :

« Metz, le 17 août 1880.

» Je prie respectueusement votre Révérence de vouloir, conformément à notre convention verbale, hâter autant que possible l'utile refonte des statuts en vue de la fondation de la Société catholique de jeunes gens à effectuer ici, vu que, en haut lieu, on presse l'expédition de cette affaire.

« Le Directeur de la Police impériale,

En son nom,

Signature.

» A sa Révérence Monsieur l'abbé Risse.

F. n° 5486   *Ici.* »

Les « légères modifications », selon l'expression de M. le Président de la Lorraine, étaient devenues, sous la plume de M. von Stœphasius, une « utile refonte ».

En effet, le projet de statuts, retouché par l'autorité allemande, différait considérablement de celui qu'avait déposé M. Risse le 12 mars.

Précisons :

1) La division en huit chapitres est supprimée.

2) Le nombre de 14 articles est maintenu ; mais ces articles sont disposés dans un ordre nouveau et leur texte subit divers changements.

3) Dans ces changements, il y en a de très heureusement faits, au point de vue administratif : on y sent la main de la bureaucratie allemande, dont la compétence est incontestable en ces sortes de matières.

4) Une modification à laquelle l'autorité gouver-

nementale attache grande importance, est l'affirmation de l'établissement d'une société nouvelle, fondée par les membres du Conseil, parmi lesquels se trouve d'ailleurs M. Risse.

5) L'élection du Directeur est faite tous les 3 ans par le Conseil, et M. Risse n'a pas plus de droit qu'un autre à ce titre ; il peut donc être purement et simplement évincé de sa situation acquise avant la suppression de 1874, et c'est logique, puisque la Société est nouvelle.

6) Rien n'est indiqué quant à une intervention quelconque de l'autorité diocésaine (il n'est question que de l'approbation du gouvernement.)

7) La propriété de M. Risse (meubles et immeubles) est bien affirmée ; mais les droits du propriétaire ne sont pas clairement sauvegardés en cas de retraite ou de décès. La société semble en avoir le droit d'usufruit.

M. Risse et ses amis se concertèrent et présentèrent bientôt à l'administration un texte amendé, qui sauvegardait à la fois les droits de M. Risse à la direction, sa vie durant, et, à sa retraite ou à sa mort, ceux de l'autorité catholique dans la désignation de son successeur. Il y avait d'ailleurs nécessité pour M. Risse, prêtre profès de l'Institut des Frères de Saint-Vincent de Paul, de s'affirmer très nettement comme propriétaire légal pour pouvoir conserver à sa Congrégation le droit réel de propriété que les injustes lois modernes refusent trop souvent aux Religieux ; du moins pour pouvoir, à sa mort, du consentement de ses Supérieurs, remettre en mains sûres les biens ecclésiastiques dont il ne pouvait être que l'administrateur et le possesseur nominal.

Il fallut encore plus de quatre mois de pourpar

lers après lesquels M. Risse reçut cette notification du Directeur de la Police de Metz :

« Metz, 10 janvier 1881.

» Dans l'occurrence, j'ai l'honneur de vous envoyer respectueusement la copie des Statuts adressés ici « de la Société d'assistance des jeunes ouvriers de Metz », en y ajoutant l'assurance que, dans leur état actuel, rien ne s'oppose à leur approbation.

» Je vous prie également d'ajouter aux Statuts une traduction en allemand d'une rédaction correcte et exacte, et de me la faire parvenir : après quoi ils seront de ma part munis du visa de l'approbation légale.

» Les Statuts doivent ensuite être imprimés avec la traduction en allemand, et trois exemplaires en seront envoyés ici.

» En outre, au début de l'organisation de la Société et, à l'avenir, annuellement au début de l'année civile, soumission devra être faite ici du règlement, du nom des surveillants et des professeurs, et présentation du projet de budget et du catalogue de la bibliothèque, en vue de rendre compte de tout.

» Le Directeur de la Police impériale,

von Stœphasius.

» A sa Révérence Monsieur l'abbé Risse.

F. n° 10.811   *Ici.* »

La Circulaire suivante fut enfin envoyée par l'abbé Risse, après 6 ans ½ de silence, aux Bienfaiteurs de son Œuvre :

SOCIÉTÉ D'ASSISTANCE DES JEUNES OUVRIERS DE METZ [1]

rue de la Fonderie, 7.

A nos Bienfaiteurs,

Messieurs,

1° C'est un devoir bien doux pour mon cœur de vous faire connaître que la bienveillance de l'Autorité vient de me permettre l'ouverture de l'Établissement des jeunes Ouvriers, fermé en 1874.

2° Je bénis Dieu avec vous d'une faveur qui me rend la facilité d'attirer, comme par le passé, par des délassements honnêtes et modérés, et de grouper autour de moi les jeunes gens de la classe ouvrière de Metz ; d'occuper sagement leurs loisirs, le dimanche principalement, mais aussi durant les soirées de la semaine ; de les arracher par là à tous les dangers qui fourmillent autour d'eux dans une grande ville ; mais surtout en me permettant de semer, comme prêtre, dans leurs jeunes cœurs, en dehors des préoccupations terrestres, la semence des principes de religion, de moralité, d'honneur, d'amour du travail, qui aideront puissamment à les préserver plus tard du naufrage, formeront des enfants de Dieu dévoués, des chrétiens fidèles, des citoyens irréprochables, et assureront ainsi leur vrai bonheur.

3° Des hommes de dévouement ont bien voulu me continuer ou m'offrir leur bienveillant et zélé concours, et, dans un conseil d'administration régu-

---

1. On remarquera ce titre de *Société d'assistance* imposé par 'autorité allemande.

lier, m'éclairer de leurs lumières, dans une œuvre aussi délicate et aussi difficile.

4° Les jeunes ouvriers de Metz, se rappelant les douces et saintes joies de la maison où ils avaient été si heureux, arrivent déjà en très grand nombre et nous amènent leurs camarades. Il faut déjà, en ce moment, arrêter et modérer l'élan de leur zèle. Ils semblent animés des meilleurs sentiments et nous font espérer, pour 1881, une bien riche moisson de vertus solides.

5° Plusieurs salles sont déjà mises à leur disposition, éclairées et chauffées tous les soirs. C'est là que, (pour les apprentis, les jeunes ouvriers et les ouvriers), après les exercices religieux, des jeux, des livres, un peu de musique et, les dimanches, des exercices de gymnastique dans la cour, occupent leurs loisirs.

6° Il faut renouveler tout le matériel, les jeux et les livres de la bibliothèque, bien détériorés depuis ces longues années. Il faut rétribuer, (tout modeste que soit leur traitement), des surveillants qui ne peuvent quitter les jeunes gens un instant, et doivent prévenir, par leur présence, tout accident et tout désordre.

7° Autant de causes, il est vrai, de grandes dépenses, mais qui ne doivent cependant pas effrayer ni altérer notre confiance. Le but à atteindre et l'avenir à conquérir sont si beaux, si consolants, que Dieu ne peut nous abandonner. Nous voulons en effet lui garder des cœurs d'hommes purs, religieux, honnêtes, généreux. Les hommes ne nous abandonneront pas non plus, car ils se rappelleront qu'un jeune homme chrétien, dont la jeunesse a été surveillée et préservée du mal jusqu'à 25 ans, ne saura jamais être un mauvais citoyen.

8º C'est donc le cœur plein d'espoir, qu'après avoir invoqué avec instance l'aide du Dieu Tout-Puissant par d'ardentes prières, j'adresse aux amis de la classe ouvrière notre registre des souscriptions, qui sont la principale ressource de l'Œuvre.

Notre pieux Évêque et quelques Bienfaiteurs insignes ont déjà voulu encourager nos efforts par une riche et sérieuse offrande. Ces dons généreux ne seront pas les seuls, j'en ai la douce confiance. Et, une fois dégagé des soucis et des préoccupations toujours si amers de l'acquisition du pain de chaque jour, nous pourrons nous dévouer tout entiers, corps et âme, jusqu'à la mort, à cette œuvre de moralisation chrétienne et de miséricordieuse assistance. Elle nous dédommagera au centuple par les consolations spirituelles dont elle sera la source, des sacrifices multipliés que va exiger de moi, (je ne me le dissimule pas), ce second et douloureux enfantement de l'Œuvre des jeunes ouvriers, sacrifices qui sont les compagnons inséparables en ce monde de toutes les œuvres vraiment chrétiennes, qui tendent à la gloire de Dieu et au bien réel de l'humanité.

Le Directeur de l'Œuvre,

L'abbé RISSE, Aumônier.

Metz, le 14 février 1881.

Cette Circulaire se termine par la liste des membres du Conseil d'administration :

Président : M. l'abbé Risse, Directeur de la Société.

Vice-Président : M. Jeandelize, Administrateur des Hospices.

Conseillers : MM. l'abbé Libert, Curé-Archiprêtre de Sainte-Ségolène ; Schiller, Président du Tribunal régional ; l'abbé Willeumier, Secrétaire particulier de Mgr l'Évêque ; Iager, Notaire ; l'abbé Nigetiet, Directeur du Séminaire des Instituteurs ; le Docteur Zartmann ; Guillemin.

CHAPITRE XIII

LES DERNIERS COMBATS D'UN BON SOLDAT DE DIEU

L'approbation des Statuts et la réouverture de l'Œuvre des Jeunes Ouvriers était une grande victoire remportée par M. Risse sur le Prussien protestant : ce n'était pas la fin des combats du serviteur de Dieu. Il n'y a pas de paix sur cette terre pour celui que Dieu veut sanctifier.

A la fin de l'année 1881, M. Risse écrit à ses bienfaiteurs, faisant allusion à sa Circulaire du 14 février :

« Je ne vous dissimulais pas les difficultés... les obstacles sans nombre qui ne manqueraient pas de surgir...

» Mais je vous fis aussi part des grandes et belles espérances que j'avais pour la réussite d'une œuvre si utile et même si nécessaire à l'époque tourmentée que nous traversons. Je devais compter que ni Dieu, qui a une prédilection toute spéciale pour la jeunesse, ni les habitants de Metz, au cœur si bon et si dévoué, ne viendraient à nous manquer ; et aujourd'hui je suis heureux de pouvoir vous dire que mes espérances n'ont pas été déçues... »

Il fait connaître les résultats obtenus non sans peine. C'était, il l'avait dit, un « second et douloureux enfantement. » D'une part, plus de 500 ouvriers jeunes gens et enfants s'étaient présentés à lui :

écoliers venant, au nombre de 250, se récréer l'après midi du jeudi ; apprentis et jeunes ouvriers assistant, la semaine aux cours du soir, le dimanche aux offices et aux divers exercices de l'Œuvre ; ouvriers plus âgés, contremaîtres et patrons mêmes prenant part à des réunions plus sérieuses. D'autre part ce sont des défections, des renvois aussi. Une Œuvre ne s'improvise pas par une simple agglomération : la venue en masse d'enfants ou de jeunes gens de provenances diverses forme une troupe sans cohésion. Des éliminations s'imposent et il faut du temps et bien des efforts pour que l'Œuvre acquière l'esprit qui doit l'animer et cimenter l'union de ses membres.

Cet esprit, l'abbé Risse l'avait donné à ses enfants dans les vingt-quatre années qui avaient précédé la suppression de 1874. Le travail du fondateur avait été facilité par l'origine commune des premiers sociétaires, anciens élèves de l'Orphelinat de la Providence. Ce groupe ne s'était développé que peu à peu et l'assimilation des nouveaux éléments s'était faite comme tout naturellement. L'œuvre d'enfants était devenue, avec le temps, œuvre de jeunes gens et œuvre d'hommes. Le grain de sénevé formait un bel arbre qu'un coup de tonnerre frappa, et les oiseaux qui s'abritaient sur ses branches furent dispersés.

Tout était à peu près à recommencer en 1881. Les oiseaux affluent, mais l'arbre n'a pas repris sa vigueur, et ses hôtes d'aventure ne sont pas disciplinés. «Un directeur d'œuvre, dit M. Risse, trouve sur sa route (et je les ai trouvés en 1881) comme ennemis, les illusions si naturelles au jeune âge ; les pensées et les désirs d'une indépendance effrénée,... l'amour excessif de la jouissance et du plaisir, les mauvais conseils,... les mauvais exemples,... les livres impies ou immoraux,... les tentatives de corruption faites par ceux qui se sont fait renvoyer de l'œuvre à cause de leur inconduite ou n'y ont pu être admis à cause de leurs mauvais antécédents. »

« Heureusement, ajoute M. Risse, ceux qui ont été dociles et fidèles à accepter et à accomplir les règlements sont sortis victorieux de ces combats, et pourquoi ne pas dire que c'était le plus grand nombre. » Le Directeur en effet était expérimenté, et il avait pour l'aider ses anciens du vieux temps, qui pouvaient encadrer les jeunes recrues et faire les fonctions de dignitaires et de chefs de divisions.

» Aux souffrances et aux difficultés morales qui accompagnent nécessairement toute œuvre entreprise dans l'intérêt des jeunes gens de la classe ouvrière, il faut, dit encore M. Risse, ajouter le manque des ressources, indispensables pour rendre la maison attrayante par des jeux variés, une bibliothèque choisie et intéressante, des fêtes qui, bien que rares, sont cependant nécessaires pour rompre la monotonie des récréations ordinaires, pour tenir toujours en haleine des esprits légers et occuper sans cesse l'imagination si vive, si vagabonde de cet âge et si désastreuse dans ses suites, quand elle n'est pas bien dirigée.

» Cette souffrance du dénuement s'est surtout fait sentir dans cette année où tout était à reconstituer, à établir et comme à créer. Ces ressources du reste ne sont pas moins nécessaires pour venir discrètement mais efficacement en aide à de pauvres enfants... Pour faire face jour par jour à toutes les dépenses... qui, pour cette année, se montent à plus de 10.000 francs, on comprend sans peine qu'il ait fallu tendre la main, dévorer mille soucis et mille angoisses, frapper à toutes les portes... On a été souvent, oui presque toujours attaché comme le Sauveur Jésus à la croix,... mais... un ange, des anges de la terre, inspirés par ceux du ciel, par Dieu même, sont venus nous consoler, nous aider et nous enrichir. »

Le pieux Directeur cite l'exemple d'un bienfaiteur insigne, dont il veut cacher le nom, qui « n'a pas envisagé seulement l'heure présente, mais,... voyant que la mort et le départ diminuaient tous les jours le nombre des amis de la Société,... a jeté les premières bases d'un fonds de réserve inaliénable. »

Aux bénédictions et aux générosités de Monseigneur l'Évêque de Metz, s'est ajoutée la bienveillance de Mgr Fleck, son Coadjuteur, qui est venu le 27 novembre adresser des paroles d'édification aux jeunes ouvriers réunis dans leur chapelle, et puis « rehausser par sa présence l'éclat d'une petite soirée spécialement réservée aux Bienfaiteurs de l'Œuvre. »

L'année 1882 s'ouvrit, comme jadis, par une visite à l'Évêché, où plus de 300 sociétaires présentèrent leurs souhaits à Mgr Dupont des Loges. Le dimanche de la Quinquagésime, les jeunes gens rivalisèrent de zèle pour faire l'adoration des Quarante Heures. A la Fête-Dieu, il y eut procession dans les locaux de l'Œuvre. Ainsi toutes les vieilles traditions revivaient.

Le compte-rendu de 1882 fait part du projet d'organiser l'année suivante une exposition industrielle, avec concours et distribution de prix, comme cela s'était fait en 1868.

On reprend aussi les grandes promenades à la campagne. Le lundi de la Pentecôte, on a été au château de Sainte-Catherine près de Gorze. M. l'Archiprêtre et son vicaire ont assisté au repas des sociétaires. Un ancien colonel retraité, bon chrétien, a offert le vin d'honneur. Une petite pièce a été jouée en présence du Maire, de l'adjoint et des membres de la Fabrique. Avant tout, les promeneurs avaient été chanter à l'église un cantique avec accompagnement d'orgue. C'était un joyeux lendemain d'une pieuse fête, où les communions avaient été nombreuses.

Mais, dit M. Risse dans une lettre du 15 juin 1882 à son Supérieur Général, « le démon rugit double cette année contre nous. C'est bon signe ! Après les attaques sanglantes du soir à la sortie, sont venus les faux frères, les mauvais, qui ont voulu pénétrer dans l'Œuvre sans avoir les qualités requises pour y rester, et ravager le troupeau. Il faut veiller... Nous avons une société de musique rivale qui attire nos enfants au café sous prétexte d'art. Je crois que nous serons forcés de rétablir notre musique avec une bonne et chrétienne direction. »

En post-scriptum, M. Risse ajoute : « La police nous laisse dans une paix parfaite. Elle nous a protégés et défendus, quand on est venu nous attaquer pendant quatre jours, le soir, à la sortie. »

Ces attaques « sanglantes » étaient faites par « de malheureux jeunes gens que leur conduite forçait à tenir éloignés de la Société ». M. Risse explique, dans son compte-rendu de 1882, que « cédant à des sentiments de vengeance, ils ont eu recours le soir, à la sortie des jeunes gens de la Maison, et sans aucune provocation, à des voies de fait qui ont attristé les cœurs des honnêtes gens. Cependant, ajoute-t-il, ces tristes exploits furent suivis d'une répression aussi prompte que sévère, et le calme ne tarda pas à se refaire autour de nous. »

Pourtant, le 2 juillet, M. Risse écrit encore à son Supérieur Général : « Nos jeunes gens sont toujours nombreux, mais fortement exposés. On cherche à les attirer par toutes sortes de moyens dans d'autres sociétés. Et puis les créatures immondes, attirées par la garnison, pullulent et les guettent comme une proie ! »

La retraite de Noël est aussi ressuscitée en 1882 : « Malgré nos infirmités et nos misères, dit M. Risse [1], le bon Maître continue à nous bénir. Les enfants sont assez nombreux, surtout les jeunes gens du Cercle, et l'esprit de quelques-uns, portés à l'indiscipline, s'améliore. Ils se préparent à leur retraite de Noël : priez bien pour eux... »

Ces deux années de relèvement de l'Œuvre des jeunes ouvriers ont porté des fruits de salut, on le voit, mais non sans combats de diverses sortes.

Il est un genre de lutte spéciale qui n'a pas manqué à M. Risse, lutte d'habileté diplomatique avec une administration soupçonneuse, qui ne voulait ni Français, ni religieux dans la direction de l'Œuvre. M. Risse était religieux et ne se souciait pas d'être délié de ses saints engagements : on n'enlève pas à Dieu ce qu'on lui a donné. En entrant dans l'Institut des Frères de Saint-Vincent de Paul, il lui avait apporté son Œuvre, pour en assurer l'avenir et l'empêcher de subir, dans son esprit, la déformation qui devient un germe de mort dans ces entreprises toutes surnaturelles. Il fallait donc, malgré les Statuts que le pieux fondateur avait dû subir, conserver les liens qui attachaient Metz à Paris, M. Risse à son Supérieur Général. La correspondance devait se faire entre eux par des intermédiaires dont le

---

1. Lettre du 21 décembre à son Supérieur Général.

premier fut M. du Coëtlosquet, de Pont-à-Mousson. Plus tard divers amis de Metz eurent la complaisance de se prêter à cette innocente ruse. On échappait ainsi au « cabinet noir ». Mais il était autrement difficile de dérouter la police dans ses investigations sur la personnalité et les antécédents des collaborateurs de M. Risse.

Durant la fermeture de l'Œuvre, il avait eu d'abord comme compagnon M. Bouchy, natif de Chicourt et ancien sociétaire. Puis ce fut un jeune Luxembourgeois qui était là encore au moment de la réouverture. Ce jeune homme ne pouvait rendre que des services très secondaires. L'aide plus habile que M. Risse obtint alors de son Supérieur Général était aussi un Luxembourgeois, ancien instituteur accueilli par lui, puis envoyé au Noviciat de Paris. Ayant fait ses vœux comme aspirant ecclésiastique, il compléta ses connaissances primaires par des études classiques. En 1880, il était élève de philosophie. On convint qu'il viendrait à Metz, aiderait M. Risse et suivrait comme externe les cours du grand séminaire diocésain.

« Votre excellente lettre m'a bien réjoui, je l'attendais depuis longtemps. La parole et la bénédiction d'un Père sont si précieuses ! » Ainsi s'exprime M. Risse, écrivant au P. Lantiez, son Supérieur Général, le 10 juillet 1880. Il ajoute : « Je vous écrirai sous peu. Aujourd'hui je viens vous dire que j'accepte avec reconnaissance le bon M. S... Je succombe sous le poids de la besogne : Maternité, Cathédrale, Œuvre continuée, Catéchismes de première communion des arriérés, confessions nombreuses. Les forces de l'homme ne suffisent plus : je me couche à 11 h., 11 h. ½ et je me lève à 5 h. Sans une grâce spéciale du bon Dieu, je succomberais. Priez bien pour moi. — Que M. S... passe par le Luxembourg, y réside quelques jours, mette ses papiers en règle et semble arriver du Luxembourg pour venir chez nous comme *locataire*, étudiant en théologie... »

M. S... raconte ainsi au P. Lantiez son arrivée à Metz [1] : « Le petit trajet de Luxembourg à Metz a été heureux et, le lundi soir 8 août, j'ai pu embrasser le bon Père Risse et le prier de m'accepter pour son enfant. La première déclaration à la police s'est faite, contre toute attente, d'une manière très satisfaisante. Sur le désir du chef de la police de me voir, je me suis rendu à son bureau, où j'ai été très bien reçu. Pas une question curieuse. — Cette visite faite, je croyais que tout était terminé ; mais j'avais fait mon compte sans les policiers allemands. Au bout de huit jours, nouvelle invitation de paraître au bureau. Là, j'ai pu constater les ruses et l'insolence de la police, qui soupçonne tout le monde et ne voit partout que des socialistes ou nihilistes. L'honnêteté leur semble bannie de ce monde. On me pose question sur question, concernant ma famille, ma fortune, mes séjours antérieurs avec la date du changement de chacun, le prix de ma pension chez M. l'abbé Risse. Arrivé au moment où j'ai quitté Metz en 1876, le bon Dieu a mis subitement fin à cette curiosité qui aurait pu devenir compromettante : « En quittant Metz, en 1876, me dit-on, vous êtes retourné chez vous ? » Sur ma réponse affirmative, le rusé policier, joué cette fois par le bon Dieu, se déclara satisfait. Et moi, tout content, je repris, en remerciant le bon Maître, le chemin de la Maison... »

Dans la suite de sa lettre, M. S... donne ces dé-

---

[1] Lettre du 29 août 1880.

tails : « Le soir, je suis avec les jeunes gens. Tous attendent avec impatience l'ouverture de la Maison. A la Saint-Louis [1], ils étaient réunis au nombre de 50 pour souhaiter la fête à leur Père bien-aimé. » Il fait cet éloge de l'esprit religieux de M. Risse : « Notre bon Père fait ce qui dépend de lui pour faire de nous de bons et saints religieux, des apôtres qui ne cherchent que le salut des âmes, surtout des humbles et des pauvres. Plût à Dieu que nous sachions profiter de son exemple et copier ce modèle de vertu et de dévouement... » Il ajoute : « Monseigneur l'Évêque de Metz nous a reçus avec grande bienveillance. Sa Grandeur aime beaucoup notre petite Communauté et désire vivement voir l'Œuvre bientôt s'ouvrir. » Puis il parle de l'accueil qui lui a été fait au Séminaire, et de l'organisation de ses études.

Dans une autre lettre, datée du 3 novembre, M. S... écrit : « Nous attendons toujours la réponse de l'autorité pour pouvoir ouvrir au large les portes de la maison à la jeunesse messine. En attendant, notre bon Père Risse travaille à la réorganisation de l'œuvre. Nos jeunes gens sont en ce moment au nombre de 32, divisés en deux sections. La division des jeunes ouvriers compte 22 membres. Pour y être admis, il faut avoir 17 ans accomplis. La section des jeunes apprentis compte 10 membres. A cause de l'instruction obligatoire, les enfants ne quittent l'école qu'à 14 ans, ce qui fait que l'âge d'admission pour les apprentis a dû être fixé à 14 ans... Les écoliers sont au nombre de 15. Nous n'en accepterons pas davantage pour le moment... La fête de la Toussaint était très belle. Pour la première

1. Fête de M. Risse.

fois depuis la fermeture, on a chanté une messe solennelle. La joie était peinte sur toutes les figures, de voir cesser un peu ce triste état de choses qui imposait silence toujours et partout dans la maison. Tous nos jeunes gens ont reçu la sainte communion. Quelques étrangers étaient venus augmenter le nombre, en sorte que nous avions 40 communions. La journée s'est terminée par une petite soirée amusante qui a duré deux heures. La joie était générale. On ne sentait plus le poids de l'interdiction qui cependant pèse toujours sur nous. Les autorités voient et entendent, et se taisent. Nous continuons et, en attendant la réponse, nous réorganisons complètement l'Œuvre, mais en petit. »

Le 2 janvier 1881, M. Risse fait part de sa visite de la veille au Président de la Lorraine et de son autorisation de rouvrir l'œuvre sans attendre les pièces écrites. « Ce n'est, dit-il, qu'une promesse verbale, mais elle vaut de l'or ! Quelle joie dans la chère jeunesse ouvrière, dans toute la ville : les anciens viennent et nous assiègent. Le soir, ils ont voulu un salut à la chapelle et le *Te Deum*. Un ancien a envahi l'orgue : « il rentrait chez lui », disait-il. La chapelle était presque pleine. Je n'ai plus qu'un danger à craindre, le trop grand nombre, la surabondance. Je vais me faire une cuirasse de fer pour mon pauvre cœur qui déborde de joie ! Comme conséquence, il me faut maintenant un homme pour les jeunes ouvriers de 16 à 20 ans (petit Cercle), un laïc pieux, gai, ferme, conciliant, entendu, intelligent, dévoué, tout à Notre-Seigneur, ami du sacrifice. « Où est cette perle ? » direz-vous. Et encore faut-il une perle neutre (Luxembourgeoise, Allemande, ou Alsacienne, ou Lorraine, pas Française)... La décision est pressante... »

Le 28 janvier, M. Risse écrit : « Loué soit à jamais Notre-Seigneur, l'autorisation écrite et signée vient de m'être envoyée... Les jeunes gens affluent... Nous sommes sur les dents. Il me faut, répète-t-il, et le plus tôt qu'il vous sera possible, un auxiliaire de plus, formé, intelligent, ferme et bien pieux, sachant l'allemand autant que possible, capable de conduire écoliers et apprentis... Celui que vous serez assez bon pour m'envoyer, viendrait de son *propre pays*. Il faudrait qu'il respire l'air natal et qu'il ait de chez lui, comme notre bon abbé Luxembourgeois,...un bon certificat du Maire. » Peu de jours après, il dit encore : « Nous sommes aux abois !... Plus de 150 jeunes gens sont arrivés et, sans surveillance, que devenir ? »

C'est un jeune Badois sachant le français qui fut envoyé à M. Risse et, vu sa nationalité, son installation à Metz ne souffrit aucune difficulté. En avril, le pieux Supérieur rend de lui ce témoignage : « M. M... est très doux, très obéissant, très pieux ; il fera, je crois, un bon serviteur de Dieu. Je lui désirerais un peu plus d'autorité et de fermeté. L'Esprit-Saint lui donnera l'esprit de force. Ah ! que nous serions heureux d'avoir un homme formé et entendu aux œuvres ! »

« L'Œuvre nous écrase », dit M. Risse le 5 mai. Et son zèle l'entraîne à de nouveaux projets pour étendre son apostolat ; il ajoute en effet : « Monseigneur a toujours des intentions bien paternelles pour nous. S'il trouvait une maison pour loger et instruire à part les dévoyés de ce monde, les enfants de la rue, les errants, il serait bien heureux, avec un bon personnel de la race des Pères Planchat [1], il

---

1. Des Frères de Saint-Vincent de Paul, martyr de la Commune, après avoir été l'apôtre des faubourgs de Paris ; on en a déjà parlé plus haut.

serait bienheureux. Prions et espérons. Ce serait une œuvre magnifique à faire. »

Le 6 juillet, M. Risse entrevoit que son Séminariste Luxembourgeois va lui manquer au moment où il en a tant besoin : « Le nombre des jeunes gens est grand, dit-il, l'esprit est bon ; mais ils ont besoin d'une main ferme, laborieuse, intelligente et douce et aimable à la fois. Oh ! qu'il est cruel, quand on a vu un homme qui, malgré ses défauts, a tant de qualités et est aimé des jeunes gens ; de le voir, après un an, vous échapper sous le spécieux prétexte d'un plus grand bien ! » Ce séminariste se croyait appelé aux Missions lointaines. « Que l'homme, que le Luxembourgeois surtout est inconstant, écrit encore M. Risse le 4 août. Que le diable est fin pour se transformer en ange de lumière ! N'y a-t-il pas une mission, une belle, une sainte mission et toute providentielle à l'intérieur, dans les œuvres de jeunes ouvriers ? Mais il n'y a pas dans nos maisons le grand vaisseau qui part, la grande mer, les forêts de sapins, le sauvage cuivré, c'est-à-dire la poésie de la vie de mission... » Le lendemain, dans une nouvelle lettre, il dit : « J'espère qu'il ne s'agit pas d'une décision sérieuse et définitive... Le bon M. S... a eu quelques déceptions avec les jeunes gens, quelques humiliations... Tout semble providentiel dans sa vocation : du Luxembourg aux orphelins, des orphelins à la Fonderie, de la Fonderie à Vaugirard, de Vaugirard à Metz. Pourquoi donc de ma part tant de sacrifices personnels ? Il devrait y songer. Et, quand les Pères Jésuites abandonnent les Missions pour les collèges, comment oserions-nous, pourrions-nous, après des vœux, abandonner l'admirable mission des hommes, des jeunes gens d'Europe ? N'ont-ils pas des âmes aussi à sauver ?

Et encore, dans les circonstances si pénibles où nous nous trouvons et dans lesquelles je ne peux recourir qu'à la Lorraine, à l'Alsace, au Luxembourg ou à l'Allemagne, n'y a-t-il pas dans tout cela une manifestation claire, évidente de la volonté divine ? »

Une correspondance de M. S... avec son Supérieur Général lui rendit la paix pour un temps. Il se remit à l'œuvre avec ses deux compagnons laïcs. Mais M. Risse se fatigue. Il voudrait, sans attendre la fin des études du Séminariste, avoir « un assistant réel, un autre moi-même, dit-il [1], sur lequel je puisse me reposer et qui, plus tard, pourra me remplacer dans l'Œuvre. » En effet « le travail est toujours accablant : avec les écoliers, nous comptons plus de 400 membres. Et, comme on nous a permis les cours du soir, il n'y a pas un jour que nous n'ayons plus de 80 jeunes gens à surveiller... L'esprit des jeunes gens devient meilleur. Ils commencent à reprendre les habitudes d'ordre et de régularité du temps passé... Seulement les occasions sont nombreuses et terribles dans cette ville de garnison. Plusieurs des nôtres ont une tendance malheureuse à aller au café en sortant de chez nous : nous luttons avec vigueur pour les en détourner... Je suis toujours noyé dans les occupations. Je me couche toujours fort tard : la tête est bien souvent fatiguée. »

M. Risse répète à son Supérieur Général, le 5 février 1882 : « Quant à moi, la besogne est toujours plus accablante. Je ne puis jamais me coucher encore qu'à 11 h., 11 h. ½ ; le cerveau est fatigué et je n'arrive pas à terminer mes affaires. Aussi je

---

1. Lettre du 12 décembre 1881.

renouvelle avec instance ma demande. J'aurais besoin, comme Monseigneur de Metz, d'un coadjuteur ou, pour parler plus modestement, d'un assistant ecclésiastique, prêtre. Vous me le préparez, je le sais, bon Père. Sera-t-il bientôt libre ? C'est pour un an ou deux. Après cela, peut-être, M. S... sera prêtre... » Dans la même lettre M. Risse dit : « Nous avons rétabli les petites associations de piété de la Sainte Vierge ; les membres sont appelés à communier plus souvent que les autres et à donner partout le meilleur exemple. »

Mais, « avec le printemps, écrit M. Risse le 9 mars au sujet de M. S..., les idées de changement sont revenues. Il aime les pauvres, dit-il, les enfants, les ouvriers ; et il a l'idée toujours fixe, quand le temps de ses vœux sera expiré, de laisser les pauvres, les enfants, les ouvriers de Metz qui lui ont été confiés par des voies toutes providentielles... Infâme Satan qui veut tuer tous les ouvriers des pauvres et du peuple ! Tristes esprits qui, tête baissée, deviennent le jouet de cet esprit infernal !... Oh ! qu'il est rusé ! Toujours l'apparence d'un bien meilleur et imaginaire, pour détruire un bien réel et venant de Dieu, mais avec ses difficultés, qui se rencontrent partout sur la terre... » Cette fois la résolution de M. S... fut inébranlable ; il se fit missionnaire. Mais, comme le pensait M. Risse, le démon se jouait ainsi de lui, car, au bout de peu d'années, il quitta sa mission pour rentrer dans son pays.

M. Risse pense alors à un ancien collaborateur, M. B..., prêtre de son Institut qui, après avoir été ordonné à Metz, y a fait l'apprentissage du ministère. C'est un Allemand de Silésie, fils d'une Polonaise, et ses séjours à Paris, en Belgique et en Angleterre ont pu atténuer le chauvinisme toujours à craindre chez un vrai Allemand. Il est fatigué. M. Risse lui écrit le 25 mai : « Le bon M. Leclerc [1], qui vient de nous visiter, à son retour de Belgique, est parti trop précipitamment pour que j'aie pu lui donner, selon mes désirs, un mot pour vous remettre... Vous savez toute l'affection que je vous ai toujours portée, et je n'oublie pas non plus les sentiments de piété filiale qui vous ont toujours animé, et pour moi et pour notre chère Œuvre de Metz. Je viens en ce moment la recommander à vos bonnes prières... Si vous aviez recouvré un peu de forces et de santé, si vous ne méprisiez pas trop les petites œuvres et la petite Maison de la Fonderie, ah ! j'adresserais une ardente requête au bon Dieu et j'espérerais. Enfin, rien n'est impossible à la puissance de Dieu et il faut toujours espérer, n'est-ce pas, même contre l'espérance... On a conservé ici, à Metz, un bon souvenir de vous. Avant-hier, Monseigneur me parlait encore, de lui-même, avec grand intérêt, de vous et de votre trop court séjour à Metz. J'en ai profité pour lui demander une petite bénédiction spéciale à votre intention. Soignez-vous, fortifiez-vous, sanctifiez-vous. La croix est la vraie route du ciel, vous le savez. »

En écrivant ces derniers mots, M. Risse ne savait pas si bien dire par rapport à lui-même. Tout épris du désir de sauver son œuvre et ému de compassion pour son confrère souffrant, il avait sans doute exprimé au P. Leclerc le désir d'avoir M. B... à Metz où, dans un milieu sympathique et bien connu, il se reposerait et peu à peu, suivant ses forces, se mêlerait au mouvement de l'Œuvre. Et le P. Leclerc,

---

1. Alors assistant général de la Congrégation.

connaissant trop l'état de santé lamentable de M. B..., avait fait une réponse évasive.

Quoi qu'il en soit, M. Risse écrit au P. Lantiez le·30 juin : « Je crains de devenir importun. Mais l'accablement est si grand ! Je crains de succomber à la tâche... J'ai besoin d'un homme sérieux et expérimenté qui me seconde efficacement... M. Leclerc m'avait comme promis M. B... et c'est bien l'homme qu'il me faut, vu surtout la position à Metz depuis l'annexion. Est-il occupé, ou est-il malade ? Oh ! bon Père, venez à mon aide... M. S... est parti depuis quinze jours. »

On a pensé à M. Bouquet, ancien sociétaire de Metz, prêtre depuis 1879 : « Il est du pays et c'est un homme sûr, dit M. Risse le 17 juillet à son Supérieur Général. Mais vous en avez besoin et ce n'est pas encore l'*assistant* ferme, énergique, entendu aux Œuvres, le *préfet de discipline général* que je demande avec instance à Notre-Seigneur et à vous. Les jeunes gens sont bien en l'air. J'espère contre l'espérance : j'espère toujours en notre cher M. B... Oui, Dieu le guérira ; ses nerfs se calmeront ; la Maison de Metz à laquelle il a été habitué, ne le fatiguera pas trop ; je le seconderai de tout mon pouvoir. C'est l'homme qu'il nous faudrait. »

Le 11 août, M. Risse revient à la charge : « Je suis toujours bien seul et écrasé. Quand le bon M. B... sera-t-il libre ? Monseigneur l'Évêque, voyant ma détresse, m'a prêté pour quelque temps un tout jeune prêtre de la dernière ordination, M. l'abbé G... Il paraît pieux, doux et ami des enfants. Mais il est si timide, si jeune, si novice surtout, qu'il ne peut me rendre pour le moment que des services bien restreints et insuffisants... »

Enfin M. B... arrive à Metz et, quelques jours

après, le 26 août, M. Risse écrit au P. Lantiez :
« Notre bon M. B... est toujours souffrant, il y a
des nuits où il dort encore peu. Il a cependant de
temps à autre une bonne nuit et, je l'espère, il se
remettra et nous aidera de tout son pouvoir. Les
jeunes gens semblent tout heureux... Sa présence
à l'Œuvre me permettra de venir à Vaugirard dans
les premiers jours de la semaine prochaine pour la
retraite. J'ai besoin de retremper ma pauvre âme
dans la solitude et la prière... »

Lettre du 25 septembre : « M. B... va mieux,
mais il est loin d'être guéri ; certaines nuits sont
bonnes, d'autres il dort moins. Il ne prend plus de
remèdes et attend de Dieu et du temps plus de
calme et plus de force. Jusqu'à présent, il n'a pu
nous rendre que fort peu de services... Il a voulu
cependant parler deux fois aux jeunes gens, à la
chapelle. Il les a édifiés... Les jeunes gens deviennent plus nombreux en ce moment, leur esprit s'améliore. La présence de notre grand abbé et ses conseils leur font du bien. »

Une crise violente reprend le malade le 30 septembre, et le temps passe dans des alternatives de
calme et de nervosité. Le 29 novembre, M. Risse
peut écrire : « M. B... semble aller mieux tous les
jours. Bénissons Dieu ! Il dort un peu plus, mange
bien, est un peu plus calme et commence à se mettre à la besogne et à nous rendre bien des services... »

Au commencement de l'année 1883, M. Risse
reçut, pour son Œuvre, des étrennes splendides.
La bonne Providence le dédommageait ainsi de ses
peines, récompensait sa charité, encourageait son
espérance, mais aussi lui faisait reprendre des forces
pour supporter de nouvelles épreuves.

« Dieu soit béni ! écrit-il le 28 janvier. M. du Coëtlosquet a acheté pour nous la grande maison du
coin de la rue des Murs, appartenant autrefois à M.
Cuvilier, une maison à côté et une autre plus loin,
vers la salle du théâtre. Les locataires ont disparu
les maisons sont vides. Mais qu'en faire ? On a le
projet d'une chapelle donnant sur la cour de direction, et d'une installation pour les enfants abandonnés de la rue. Mais il me faudrait là encore une augmentation de personnel. Il faut un projet, un plan
d'ensemble. Seul vous pouvez nous guider et décider. » C'est à son Supérieur Général que M. Risse
écrit. Il ajoute : « Cette propriété nous embarrasse
par sa magnificence. »

La même lettre traite d'une grave question mise
à l'ordre du jour par le Conseil d'administration,
lequel « pour assurer l'avenir de l'Œuvre, veut demander au gouvernement, fort bien disposé maintenant, la reconnaissance comme établissement
d'utilité publique, en la léguant ensuite à l'Évêché,
sauf à lui à veiller à ce que la Maison soit affectée
toujours à l'Œuvre des Jeunes Ouvriers, sauf ensuite
à faire un petit écrit signé entre vous (Supérieur
Général) et Monseigneur pour que la propriété et
direction nous restent acquises (acquises à la Congrégation). Vous seul pouvez conclure. »

M. Risse parle aussi de M. B... : « Il se soutient. Il dort toujours mieux, il mange fort bien et
n'est que fort rarement arrêté... Il semble aimer
l'Œuvre, s'y dévoue tout entier et travaille beaucoup... On l'aime et l'estime à l'Évêché, où nous
avons dîné avec Monseigneur, il y a peu de jours.
On l'estime au Séminaire, dans les familles, parmi
les enfants qui convergent vers lui... »

Il y a cependant déjà une petite ombre au tableau : « Une question de détail. Contre nos habitudes, M. B... désirerait faire payer les cartes d'entrée aux séances. C'est peut-être un bien pour la caisse ; mais n'y aurait-il pas d'autres inconvénients graves ? Toute personne ayant payé, même une personne suspecte, ne pourrait-elle pas venir ? Serions-nous aussi libres dans la salle, avec un auditoire non choisi ? Vous me direz votre pensée. »

En février, le P. Lantiez vient à Metz voir les nouvelles acquisitions et étudier avec M. Risse la façon de les utiliser : « Y mettra-t-on des ateliers ? Y mettra-t-on des enfants de la rue ? Y établirons-nous, dit M. Risse dans une lettre du 13 février, quelques cours, en agrandissant par ce moyen nos salles ? Où sera la chapelle ? On trouve un bel emplacement dans notre cour et les cours voisines. Vous nous guiderez. Donc, à bientôt. Je donnerai rendez-vous à M. du Coëtlosquet. »

A la suite de cette visite, M. du Coëtlosquet permet d'acheter aussi un jardin attenant à celui du chalet de l'Œuvre, hors les murs de la ville [1]. Dans la lettre qui l'annonce à son Supérieur Général (27 mars), le zélé directeur fait part de sa joie au sujet des pâques de ses jeunes gens qui « la plupart, après une petite retraite, se sont approchés des sacrements », et dont « la promenade du lundi a été calme et bonne ». Quant à la nouvelle maison, « de petits ateliers s'y forment et bientôt j'espère, dit M. Risse, nous aurons quelques enfants abandonnés que nous pourrons former au travail, à la vertu et à la piété. » Il se plaint de M. B... qui « a une tendance à supprimer tout le monde pour n'avoir plus de contradicteurs et même..., s'il le pouvait, à supprimer aussi le pauvre *petit Supérieur* de la Fonderie. »

---

1. Depuis la mort de M. Risse, chalet et jardin ont été expropriés.

M. B... va, en avril, faire sa retraite à la Maison-Mère de Vaugirard et M. Risse écrit (23 mai) qu'il en est revenu « plus calme, plus rassis dans les principes ». Il ajoute : « Je le crois plein de saints désirs, mais le mal reprend bien vite le dessus. Je l'accepte de la main du bon Dieu et j'espère que Dieu me fera la grâce d'être condescendant, bon, patient, résigné jusqu'à la fin, jusqu'à ce que je sois relevé d'un poste qui devient bien difficile maintenant, avec mon âge, avec mes infirmités, avec la baisse qui commence à se signaler par suite de veilles et de fatigues excessives, par suite de contrariétés incessantes... »

Dans la lettre du 15 juin, ce sont de nouvelles plaintes : « Notre bon M. B... est bien irrité en ce moment... Il a eu encore quelques difficultés avec des jeunes gens qui avaient manqué à des répétitions et avaient été peu polis avec lui... Ils méritaient une punition, mais il me semble que la forme doit toujours être empreinte d'un peu de charité et de douceur... »

D'ailleurs, avec sa nationalité allemande, M. B... tend à transformer l'œuvre, du moins à la scinder. M. Risse ajoute dans la même lettre : « Ne trouvant pas dans notre œuvre assez d'attraits pour les Allemands, des catholiques allemands, des prêtres même allemands, désireraient faire une œuvre soumise aux règlements des œuvres allemandes d'ouvriers, et on voudrait même qu'elle eût son local chez nous, et la direction aussi. Il y aurait beaucoup de bien à faire sans doute. Mais notre local est fort restreint,... nous n'avons pas d'argent ; mais nous avons encore moins d'hommes expérimentés et parlant l'Allemand. » M. Risse aurait pu dire aussi que M. du Coëtlosquet se souciait peu d'établir, par ses lar-

gesses, un nid pour les Allemands. « Si nous ne fai-
sions rien, ajoute-t-il après avoir émis quelques
idées, on me fait appréhender des difficultés de la
part de l'autorité pour notre Œuvre de la Fonderie.
Nous allons consulter Monseigneur. Vous voudrez
bien aussi (c'est à son Supérieur Général qu'il s'a-
dresse), cher et vénéré Père, me dire ce que vous en
pensez. »

Le 15 juillet, M. Risse revient sur le « désir exprimé plus énergiquement par quelques membres
influents, allemands, de voir augmenter le nombre
des Allemands à l'Œuvre, la langue allemande plus
souvent parlée, des exercices spéciaux réservés aux
Allemands, sous peine de... On parlait de former en
ville une nouvelle Œuvre spécialement consacrée
aux jeunes catholiques allemands, ce qui serait un
mal, d'après même Monseigneur le Coadjuteur. D'un
autre côté, ajoute-t-il, il ne faut pas chez nous de
castes distinctes, d'œuvres spéciales et à part, mais
toujours une bonne et sainte union. Nous profitons
de quelques salles... à côté, rue des Murs, pour y
réunir quelquefois, dans la semaine, sous la direction de M. B..., les Allemands pour le chant, la
musique, la lecture des journaux allemands, un peu
de déclamation, etc., mais avec la même entrée par
la rue de la Fonderie. Ce ne serait pas une œuvre à
part, pas même une division à part, mais une section, la section allemande du grand Cercle. »

Le P. Lantiez répondit : « Je vous demanderai de
changer les dispositions prises pour les jeunes gens
de langue allemande dans les salles spéciales de la
rue des Murs. C'est la division que vous introduisez
chez vous. Pourquoi ne pas mettre les journaux
allemands avec les journaux français ? Pourquoi
ne pas faire des cours d'allemand pour les Fran-

çais ? En un mot, pourquoi ne pas mettre vos jeunes gens à même d'être toujours ensemble ? N'apprend-on pas en ville le français aux Allemands comme complément d'éducation ? Il y a tant d'Allemands et d'Allemandes qui l'apprennent pour être plus à même de gagner leur vie, de se faire une position. En continuant ce que vous avez commencé, dans un an vous aurez une Œuvre divisée complètement. Vous pouvez y compter. Consultez Monseigneur. Cela me paraît grave. Vous voilà deux chorales : une française, une allemande. A la première fête, il y aura rivalité à qui fera mieux en musique, en représentation. C'est gros d'orage à mon sens, surtout avec M. B... qui, une fois assez fort, fera comme la lice et sa compagne. Nous allons bien prier. Je ne suis pas assez sur place pour voir précisément la mesure, mais elle me semble en ce moment passer le juste milieu et n'avoir plus qu'un équilibre fictif et instable. »

Le 15 août, M. Risse donne la nouvelle du départ de l'abbé G... prêté pour un an par Mgr l'Évêque de Metz et qui, après avoir été directeur du Cercle pendant cette année, va prendre un poste dans le diocèse. « M. B..., dit-il, veut bien le remplacer, mais il a tant de charges, surtout avec le Cercle allemand, ou la *section* allemande, qu'il ne peut arriver à tout faire et à tout bien faire. »

« Il nous a fallu, ajoute-t-il, nous occuper davantage des Allemands... Mais, selon l'expression même de Mgr le Coadjuteur, comme il a été écrit des Juifs, et des Samaritains, *non contuntur*, ils ne peuvent marcher côte à côte. J'ai donc vu comme un événement providentiel la possibilité de les réunir quelquefois dans quelques salles de la rue des Murs, avec lesquelles nous communiquons par une porte pra-

tiquée dans notre cour. Maintenant il faut des points
de jonction, se voir quelquefois sans se heurter.
Vous me l'avez dit, c'est délicat, c'est difficile...
Ces Allemands deviennent très nombreux et sont
du reste doux, calmes, pieux, tranquilles. Des prêtres allemands, entre autres le Directeur de l'École
Normale, viennent le dimanche soir leur faire des
conférences. Ils se cotisent et ont une caisse pour
subvenir aux dépenses que nécessite leur section. En
ce moment, ils organisent une soirée spéciale pour
eux, où des Allemands surtout seront conviés. Beaucoup de bien se fait déjà et se prépare pour l'avenir. »

Dans la même lettre, M. Risse dit encore : « La
retraite pastorale s'ouvre le 21 août au grand séminaire. J'y suis convié pour aider à confesser les re-
traitants ; elle finit le 28, je serai donc libre pour
venir à Paris le 30 ou le 31, à la fin du mois, pour
ma retraite personnelle à Vaugirard. J'ai bien besoin
de retremper en Dieu ma pauvre âme, de vous voir,
de vous parler plus en détail de toutes nos misères,
j'allais dire de toutes nos *douleurs*... » Il expose les
peines qu'il a à endurer de la part de M. B... Pourtant, dit-il, « j'ai essentiellement besoin de lui. Il
est si intelligent, si actif, si ferme ! Ah ! pour le bien
de l'Œuvre, j'immolerai à Dieu toute ma joie, toute
ma paix et je lui offrirai toutes mes susceptibilités,
toute ma liberté. Ah ! seulement, priez pour nous.
Le pauvre enfant a irrité bien des jeunes gens par
des procédés durs et violents. Il me semble qu'un
peu plus de douceur et de modération dans la forme
n'aurait rien gâté... »

Le 8 octobre, M. Risse écrit : « Je sens tous les
jours davantage les fatigues de l'âge. Je commence
à avoir de la peine à faire la génuflexion. Cependant,

en somme, je ne souffre pas et je puis tant bien que
mal faire ma petite besogne… M. B… se porte mieux…
Fort occupé,… après le tirage de la loterie et la clôture de la petite exposition industrielle, il aura plus
de temps. » Un frère assez expérimenté dans les
œuvres, et jadis déjà employé à la maison de Metz,
a pu y revenir sans difficulté, malgré sa nationalité
française, grâce sans doute à la présence de M.
B… qui enlève toute méfiance à l'autorité allemande.
C'est M. L… « actif, gai, aimé des jeunes gens. »
M. Risse remarque que « la piété laisse toujours bien
à désirer dans l'Œuvre » et qu'on « se confesse et on
communie bien peu. »

Une lettre du 17 décembre dit que M. B… va bien,
« depuis un voyage peut-être un peu long, d'un mois,
qu'il a fait dans sa famille… Aussi, allant mieux et
déployant plus d'activité, trop d'activité à mon
avis, précise M. Risse, il nous taille sans cesse un
formidable travail… Il compte sur les moyens humains, il a raison : il faut beaucoup travailler pour
obtenir le salut des âmes, mais il y a une mesure à
tout. A mon avis, il embrasse trop de choses. Il va
faire paraître tous les dimanches une petite feuille
allemande… Nous allons avoir la retraite de Noël
habituelle. Il a voulu, dans une église (Saint-Eucaire), y convoquer aussi les jeunes gens étrangers,
les ouvriers, les patrons. Il s'occupe plus, maintenant, du *spirituel*, comme aumônier. Il a demandé
au rez-de-chaussée une chambre spéciale pour recevoir les jeunes gens, leur donner les livres de la bibliothèque, entendre leurs confessions et leur faire
la direction. C'est bien, mais que ce ne soit pas
entièrement le centre du mouvement dans l'Œuvre…
Il m'est très utile, comme nécessaire, surtout avec
la section allemande qui grandit et, Dieu soit loué,

marche bien, sans trop de froissements et de difficultés... On voulait quêter pendant la retraite. Mais
j'ai craint que la quête ne fût un repoussoir pour
beaucoup de jeunes gens et d'ouvriers. Je ne l'ai pas
permise. Monseigneur le Coadjuteur a bien voulu
accepter la présidence de la première soirée. » La
lettre se termine par l'annonce que « le Conseil muni-
cipal, à l'instigation de Monsieur l'Administrateur
de la Mairie, allemand pourtant, mais catholique,
a voté pour l'Œuvre une somme de 500 marks. »

Le 13 février 1884, M. Risse « décharge son pauvre cœur » dans celui de son Supérieur Général :
« Je ne murmure pas, dit-il, je ne me plains pas
puisque le bon Maître permet mes épreuves pour
mon plus grand bien et pour le bien de l'Œuvre.
Mais je souffre, et beaucoup, et presque toujours.
Vous en savez la cause, vous me l'aviez prédit... »
Après des remarques plus particulières sur les obstacles mis à la régularité religieuse par trop d'activité extérieure, M. Risse dit que, chez M. B... « la
tendance à favoriser les siens et leur section se prononce de plus en plus. » Il donne ces précisions :
« On veut m'imposer à la porterie ou comme domestiques, ou pour autre chose, presque toujours des
hommes étrangers à la ville. On rêve une auberge
publique où l'on recevrait, (rue des Murs, 1), les
voyageurs étrangers de passage. Mais il n'y a pas
de place, ni de personnel pour surveiller... Le Cercle des Messins est bien négligé... Qui trop embrasse, mal étreint... J'ai demandé un petit compte-
rendu de ce qui se passe à la section allemande :
on ne m'en parle qu'avec une extrême réserve...
Dans la grande séance allemande, M. B... semblait
vouloir affecter de paraître comme prêtre allemand,
surtout en attachant à sa soutane une rosace rouge

et blanche avec cordons... Il m'en a remis une que
je me suis bien gardé d'exhiber. Le clergé et les
anciennes familles de Metz souffrent un peu de tout
cela... »

Peu après Pâques, M. B... va faire sa retraite
à Paris. Il en profite pour parler au P. Lantiez du
projet de demander à l'administration allemande la
reconnaissance d'utilité publique, qui était encore
en suspens. Le Supérieur Général lui répond évasi-
vement, mais écrit à M. Risse pour lui demander son
sentiment. Le Conseil Supérieur de la Congrégation,
dans lequel se trouvaient encore les deux premiers
compagnons du P. Le Prevost, MM. Clément Myionnet et Maurice Maignen, rappelle « l'antipathie »
qu'avait pour cela le Père Fondateur et les événements ne sont pas pour le contredire : on se jette
par là dans la gueule du loup en faisant connaître
aux gouvernements persécuteurs la proie qu'ils
auraient pu ignorer et laisser échapper. De plus, M.
B... a parlé, non à son Supérieur Général, mais à
d'autres de ses frères, « d'aller au Congrès des Œuvres ouvrières d'Allemagne [1]. » M. Risse répond, le
30 mai, qu'on va écrire au directeur des Œuvres de
Cologne, « homme sage, prudent et éclairé » pour
avoir la « solution vraie et pratique » et savoir « clairement si la reconnaissance a plus d'inconvénients
que d'avantages ».

Le P. Leclerc, Assistant général, avait écrit à M.
Risse, le 24 mai, pour lui dire « un mot d'affection
et de consolation à l'occasion de la mort de... M.
Bouquet », Supérieur de la Maison de Vaugirard,
ancien sociétaire de l'Œuvre de Metz, décédé le 11
mai dans les circonstances que nous avons déjà dites.

---

1. Lettre du 9 mai.

Il l'appelle « notre bien-aimé et saint frère » et continue ainsi : « Les sentiments si vifs de son cœur pour votre personne, la mort les a encore purifiés et fortifiés. Son affection, sa reconnaissance filiale pour vous se donneront plus librement et plus efficacement carrière et, au milieu de tant de peines, de douleurs, de travaux qui vous accablent, il m'est doux de penser que ses pieuses assistances apporteront à votre âme un peu de consolation, de rafraîchissement, de paix et à vos œuvres un nouvel épanouissement de fruits, de grâce : c'est mon espérance et mon désir. »

Le 17 juillet, c'est une lettre du P. Lantiez : « Plus les choses avancent, dit-il, et moins je crois que le pauvre M. B... puisse convenir à Metz. Où le mettre ? Par qui le remplacer ? Deux questions que je ne sais comment résoudre et par lesquelles je suis arrêté... Il faut qu'il se repose. Il continue à se surmener et toutes les conséquences de ce travail déréglé se produisent de plus en plus intenses. Vous pouvez lire la lettre que je lui écris. Ayez soin de la cacheter et de ne la lui remettre que lorsqu'elle sera bien sèche. Il s'irriterait autrement. Je vous recommande instamment cette précaution. Je ne puis lui conseiller une visite dans sa famille, puisqu'il en a fait une depuis peu. Dans nos maisons, je ne sais où l'envoyer en vacances. S'il pouvait rester en paix quelque part :... J'essaie donc une lettre d'observations paternelles. Prions et voyons ce qu'elle fera. Il aura encore une épreuve dans quelques jours, qui certainement l'humiliera. En conseil, nous avons cru nécessaire de le rayer des listes des éligibles (au Chapitre). Comment acceptera-t-il cela ? Ne lui en dites rien surtout. »

Le Chapitre général de la Congrégation allait se

tenir au mois d'août. M. Risse en était membre de droit et dut s'y rendre. Le Chapitre accepta la démission du P. Lantiez et élut en sa place, comme Supérieur Général, le P. Leclerc, le 20 août 1884. C'est à lui désormais que seront adressées les lettres de M. Risse.

Dès le 24 août le nouveau Supérieur Général ne manque pas de « souhaiter une bonne fête » à M. Risse, de l'assurer « d'un fervent memento » au Saint Sacrifice de la messe, de lui redire sa « tendre affection. Que Notre-Seigneur, ajoute-t-il, soit votre patience et votre consolation. »

Le 5 septembre, nouvelle lettre : « Il me semble indispensable, dit-il, que M. B... soit remplacé au plus tôt. Mon choix s'est arrêté sur M. K... qui a de sérieuses qualités de régularité et de zèle apostolique, et aussi de prudence. Je crois que son concours vous serait vraiment précieux. Mais il y a un obstacle qui peut être facilement levé, paraît-il. Il a été expatrié à la suite des lois de mai, mais il est convaincu qu'il serait facile d'obtenir pour lui du Gouverneur la permission de résider une année en Lorraine. On mettrait à profit ce temps pour faire des démarches afin d'obtenir que l'arrêt d'expulsion fût rapporté... »

M. K... était un Rhénan, du diocèse de Trèves. Expulsé d'Allemagne, à la suite du Kulturkampf, il avait exercé du ministère à Paris, sur la paroisse Saint-Georges, puis était entré chez les Frères de Saint-Vincent de Paul. Les négociations avec l'administration allemande traînèrent en longueur et, quand elles aboutirent, M. K... avait fini par se retirer à la Chartreuse de Montreuil, où il fit profession.

M. Risse devait souffrir encore plusieurs mois de la présence de M. B... Le 26 février 1885, il écrit

que **M.** B... devient de plus en plus insupportable,
« voulant la direction absolue de tout, sans aucun
contrôle... Même, pour le Cercle allemand, il sem-
blerait, dit le bon Directeur, que je n'ai pas le droit
d y mettre les pieds... On voudrait, pour les sociétaires allemands, s'engager en cas de décès à verser
à la veuve 125 frs pour les frais d'enterrement. Le
projet est beau, mais il me semble irréalisable...
La grande, l'essentielle question est, aussi d'après
M. Juhles et même Monseigneur, le départ de M.
B... et son remplacement par un prêtre de notre
Congrégation, sachant l'allemand et le français, de
la Lorraine, du Luxembourg ou d'ailleurs, mais non
de la France, pour n'éveiller aucune susceptibilité,
et cela le plus tôt possible. Allant à la retraite, M.
B... serait gardé par vous... » Dans la suite de la
même lettre, M. Risse dit : « M. B... prend toutes
les habitudes des prêtres allemands. Il boit le dimanche la bière avec les sociétaires, et ce sont eux qui
la lui offrent... » [1]

Le 17 mars, M. Risse exprime cette pensée au
sujet du remplacement de M. B... « J'ai réfléchi,
(après de sérieuses consultations), que je n'avais
pas besoin d'un *prêtre*, puisque tous les Allemands
vont dans les paroisses et ont de bons prêtres à
leur service... C'est un bon *laïc* allemand que je
demanderais après Pâques. »

---

1. Au sujet de ces mœurs allemandes, dans une lettre précédente
(17 juillet 1884), M. Risse avait rapporté le fait suivant : « Dimanche
dernier, la section allemande a été au jardin ; mais, d'après, dit-on,
les coutumes allemandes, les maris, plusieurs du moins, étaient
accompagnés de leurs femmes, de leurs enfants, de leurs jeunes
filles. J'en ai été fort peiné. Ces usages ne sont pas acceptés à Metz : on
scandalise et, tous étant réunis dans un local restreint, il peut y avoir
là une occasion de vrais désordres. Bientôt des violons pourraient
intervenir, et alors nous serions loin de notre Société des *Jeunes
ouvriers*. Je ne crois pas être trop sévère dans mon appréciation.

Enfin une « querelle d'Allemands » survint qu
rendit nécessaire le départ de M. B... même aux yeux
de ses compatriotes. « Le bon M. B..., écrit M. Risse
le 12 avril 1885, s'est brouillé avec son concierge
allemand. On s'est dit des sottises. On l'a accusé à
faux, je crois, de vol. M. B... a fait arrêter, et sans
me prévenir, le concierge. Le juge d'instruction ne
l'a pas trouvé coupable et l'a renvoyé chez lui, en
parlant d'affaire *civile* et non *criminelle*, d'arrangements à l'amiable. C'était bien ma pensée... Plusieurs hommes du Cercle allemand ont défendu le
concierge : injures, petite bousculade. C'est triste...
J'espère que M. B... pourra partir pour la retraite... »
Il y alla et n'en revint pas.

CHAPITRE XIV

MORT SUR LA BRÈCHE

C'est au commencement de février 1885 que M. Risse fut touché sérieusement par la maladie ; sa lettre du 26 de ce mois nous l'apprend : « J'ai été obligé, dit-il, de garder le lit, puis la chambre près de trois semaines, menacé d'une fluxion de poitrine que l'on a prévenue par des moyens énergiques, affection sérieuse de poitrine qui n'est pas encore passée et qui demandera longtemps encore de grands ménagements. Fatigué outre mesure par les courses de souscription à la ville et à la campagne, revenant à 6 h. du soir, récitant mon bréviaire, absorbé ensuite par les jeunes gens jusqu'à 10 h., je devais régler les affaires de la journée, écrire les lettres, etc., jusqu'à minuit, 1 h. du matin. Levé ensuite le lendemain à 5 h., les forces m'ont abandonné avec la respiration ; un mal de tête violent et permanent s'est déclaré et, sans les soins d'un bon médecin, je ne sais ce que je serais devenu. Le bon Maître m'a sauvé, je reprends mes occupations. Mais je sens plus que jamais qu'il y a une foule de choses de détail que je ne puis plus faire par moi-même et qu'à 63 ans, après la vie active que j'ai menée, je ne puis plus garder que la direction de l'ensemble... »

Là-dessus le P. Leclerc lui répond le 2 mars : « J'ai été tout ému en voyant que vous avez été trois semaines malade, gardant le lit, souffrant de la poitrine, sans qu'un mot de nos Frères m'ait averti... J'ai donné la nouvelle à nos frères du Conseil et, malgré la joie de vous savoir mieux, notre affection si vive pour vous nous fait nous inquiéter du travail trop au-dessus de vos forces auquel vous vous livrez ; mais quelle prière vous adresser pour vous conjurer de vous ménager ?... »

Et le bon M. Risse d'excuser ses Frères : « J'avais l'intention, dit-il le 5 mars, de vous écrire pendant ma maladie, ou mes bons Frères au moins à ma place. M. L... me l'avait même proposé. Ne leur parlez donc de rien. S'il y a eu faute, j'en prends sur moi toute la responsabilité. Je craignais de vous inquiéter et, au vrai, le mal a été enrayé promptement, et n'a pas augmenté. Je suis *à peu près* rétabli. Mais le Docteur m'ordonne les plus grands ménagements... »

Un mois plus tard se produit une rechute : « Je devais avoir la consolation d'aller à Vaugirard à la retraite de Pâques et de vous voir, écrit M. Risse le 14 avril à son Supérieur Général ; mais un incident douloureux est survenu, une rechute, une crise nouvelle d'asthme, qui m'a privé jeudi soir presque entièrement de la respiration. Je me croyais arrivé à ma dernière heure [1]. Le médecin, à son arrivée, a calmé le mal ; mais je suis bien faible et il me faut bien des précautions : crise de fatigue et refroidissement... »

---

1. L'entourage de M. Risse eut la même crainte, et Jacques Roncard, son fidèle serviteur, courut chercher un prêtre du voisinage pour l'administrer, car M. B... était déjà parti pour la retraite. Mais, ô douceur du régime allemand ! une patrouille arrêta le jeune homme au moment où il frappait à la porte du prêtre, et, comme celui-ci avait ouvert sa fenêtre et se penchait pour voir qui le demandait, on le coucha en joue. Ceci se passait le soir du 9 avril, jeudi de Pâques.

Le 2 mai, il écrit de nouveau : « Je ne vais pas
encore bien. Le Docteur m'ordonne même de me
reposer entièrement pendant un mois. J'ai choisi
le Sacré-Cœur de Montigny près Metz, qui est assez
éloigné de la ville et jouit de bon air, d'un jardin
et de la présence de Sœurs de Charité. Je pense que
vous ne le trouverez pas mauvais. »

Le 18 mai, M. Risse parle de son installation et
de sa vie à Montigny : « J'ai dû quitter ma chère
Fonderie, mes chers enfants. Mais Dieu est si bon !
Tout est providentiel. Il m'a fait trouver au village
de Montigny, près Metz, l'ancienne maison du Pen-
sionnat des Dames du Sacré-Cœur, un vrai petit
paradis terrestre : une chambre au rez-de-chaussée,
petite comme une cellule, mais un plafond élevé, à
grande fenêtre à air vivifiant, comme dans une
cathédrale ; et là, tout réuni, sept chambres en
une : près de la fenêtre, une petite table, c'est ma
salle à manger ; à côté, un grand bureau du moyen-
âge avec casiers, c'est mon cabinet de travail ; à
côté, un vieux prie-Dieu avec armoire dans le bas,
1er rayon la pharmacie, 2e rayon le garde-manger ;
dessus, un crucifix, une statue de la Sainte Vierge,
un buste de mon bon saint Vincent de Paul et sa
Vie, une image du bon Père Planchat pour me donner du courage, une image de Satan terrassé au désert
par Notre-Seigneur, mes petits livres de piété ; je
suis heureux de prier... là où l'on est si calme, si
recueilli ; plus loin, mon petit lit, ma chambre à
coucher ; le long des murs, 3 beaux fauteuils rouges,
autrefois luxueux, c'est mon salon de réception ;
et même une chambre à donner, dans le petit tambour qui précède ma chambre, où est plié le lit de
mon fidèle Roland, je me trompe, de mon bon et
dévoué domestique Nicolas qui, tous les soirs, vient

déplier et, le matin, replier son petit lit de fer, sa tente, afin de veiller sur les accidents de la nuit, s'ils survenaient. » La description est minutieuse et charmante d'ingéniosité.

Le cher malade continue à énumérer les précieux avantages qu'il trouve à Montigny : « Bien mieux, la belle et admirable chapelle, avec le Saint-Sacrement à deux pas de moi (côte à côte avec Jésus-Christ !) et puis un vaste et pieux jardin, pour y respirer l'air et le soleil (quand il y en a) ; des allées plus pieuses les unes que les autres, comme à Issy : dans le bas, belle statue de la très sainte Vierge ; un peu plus haut, la grotte de saint Joseph ; plus haut encore, sur la hauteur où l'on est toujours seul (les vieux pensionnaires de la maison ne pouvant monter jusque-là), une magnifique et spacieuse allée avec gigantesque statue du Sacré-Cœur. C'est là où je passe tous mes moments libres : lire, prier (Bréviaire et Rosaire) ; prendre en même temps de l'exercice, un peu souffrir. D'une pierre faire trois coups : n'est-ce pas une nouvelle et admirable gâterie du bon Dieu ? Là, seul, Dieu parle si vivement au cœur : les larmes jaillissent quelquefois du cœur et des yeux. Jésus est si bon ; et on a été, et on est encore si mauvais. » Repos du corps, repos de l'âme, ou plutôt travail de sanctification personnelle : doux travail, qui est un repos en Dieu, prélude du repos actif et non oisif du ciel.

« Je crois être en retraite, ajoute le saint prêtre. Le gazouillement seul des oiseaux vient vous dire : « Loue notre Céateur commun avec nous. » N'est-ce pas, par la miséricorde de Dieu, comme un mois de noviciat du 3ᵉ an des Révérends Pères Jésuites, que je n'ai pas encore pu faire ?

» Et puis, quels ravissants exemples de piété,

vigilance et dévouement : 9 Sœurs de Saint-Vincent
de Paul de Strasbourg pour gouverner ces deux ou
trois cents personnes de la Maison, vieillards ou
malades pensionnaires, avec une centaine de pieuses
orphelines qui chantent comme des anges les offices
à la chapelle, et cent jeunes filles de 14 à 20 ans,
en persévérance ou exposées dans le monde, au
visage si gai, si pur, si empreint de la grâce du bon
Dieu...

» Une Supérieure et des Sœurs discrètes qu'on
ne voit presque jamais, seulement quand le devoir
commande, et qui s'échappent aussitôt, comme un
petit papillon poursuivi sur une fleur par un enfant.

» Et puis mon cher petit règlement ; pas de visites
du monde, je suis invisible ; mon courrier et des
nouvelles de ma chère Maison de la Fonderie deux
fois par jour. J'ai retrouvé un saint, un petit, un
délicieux paradis, la Solitude d'Issy. L'air me fait
du bien. Je n'ai eu ici, la nuit, qu'une seule crise, il
y a dix jours ; la toux est moins forte, mais les forces
reviennent bien lentement. J'étais exténué, l'anémie
a été et est encore très profonde en moi... »

Plus loin M. Risse ajoute : « Maintenant, du plus
sérieux. Prions et réfléchissons !... Monseigneur se
préoccupe de *l'avenir* de l'Œuvre et veut me donner
un coadjuteur, peut-être avec future succession, car
je ne me fais pas illusion : cinq, six ou sept ans
encore au plus, et je serai mort ou incapable. Et
l'autorité allemande guette ce moment et notre
Œuvre comme une proie. A la réouverture de la
Maison, on nous a fait accepter des *Statuts* draco-
niens : il a fallu passer, sous peine de mort, sous
les fourches caudines. Je voulais les modifier, mais
l'Évêché ne croit pas que ce soit prudent ni possible
actuellement. Il faudra donc en tirer le meilleur

parti possible. Monseigneur désire vivement, je le sais de bonne source,... votre petite visite et bien *incognito*... »

Ici M. Risse parle d'un excellent prêtre de Metz qui le supplée en son absence. Tandis qu'un prêtre de la Congrégation serait Supérieur de la communauté, cet ecclésiastique du diocèse de Metz serait, aux yeux des Allemands et du public, le Directeur de la Société des Jeunes Ouvriers. « Alors, continue-t-il, notre maison, nous devrions la donner à l'Évêché ou à la Caisse des retraites des prêtres du diocèse, pouvant posséder, avec un petit engagement secret à côté, et qui serait à notre avantage. L'Œuvre serait alors bien presque comme une œuvre diocésaine, et inattaquable. Nous unirions nos forces pour le bien et nous serions tranquilles pour la transmission des biens. »

Le bon Directeur remarque : « Nous sommes dans un pays exceptionnel, dans une situation impossible... » Il ajoute : « Un bon Monsieur, très riche et déjà très généreux pour nous, s'engage à tout faire pour nous, à calmer les scrupules de Monseigneur, qui a peur des charges de l'Œuvre... Il fera pour nous des sacrifices généreux, on a dit le mot, des sacrifices *princiers*, comme il l'a déjà fait à Metz dans d'autres œuvres... Quel bonheur d'être entre les mains de notre saint Évêque plutôt que, par une *reconnaissance civile* dont on parle aussi, entre les mains de l'autorité allemande et plus tard, si nous déplaisions, dans des *serres* qui nous confisqueraient tout et nous étoufferaient.

» Je termine. Jésus continue à nous bénir. Vous me l'aviez prédit, grâce au zèle et à l'activité aussi de M. L..., l'Œuvre n'a jamais si bien marché. Je dirige un peu tout de haut, à Montigny. Il vient de temps en temps me voir... » M. Risse aurait pu ajouter : « Et je lui écris presque journellement », car on ne possède pas moins de 30 billets envoyés par lui à M. L... durant son séjour à Montigny.

Plus loin, M. Risse fait part à son Supérieur Général de sa satisfaction au sujet de sa communauté : « Tous les cœurs, à la Fonderie, se sont émus, se sont dilatés, se sont rapprochés à la pensée de ma mort. On s'aime, on s'aime beaucoup en ce moment, et le *quam bonum... fratres in unum* [1] est devenu une vérité, une réalité. J'ai pleuré d'attendrissement ! Vous avez été bon prophète. Quel trésor que la charité : des cœurs qui s'aiment, s'oublient eux-mêmes dans une abnégation parfaite et ne veulent que se sacrifier les uns pour les autres, en écrasant sous les pieds toute sorte de personnalité, tout moi humain. Demandez pour moi cette grâce ! Que j'en suis encore loin ! »

La lettre se termine par une de ces expressions pittoresques à l'adresse du démon, dont M. Risse était coutumier. Il dit, à propos d'un excellent Frère, jeune, intelligent et actif que ses Supérieurs lui destinaient et que les exigences de la bureaucratie allemande tenaient encore éloigné de Metz : « M. F... est toujours à Luxembourg. Son affaire marche, on a confiance. Un peu de patience encore et Satan éprouvera une centième défaite. Ce ne sera pas la dernière, avec nous toujours, j'espère ! Que saint Michel Archange écrase cette odieuse et nauséabonde *punaise !* Amen. »

La citation est longue, mais non dénuée d'intérêt.

M. Risse voulut écrire « aux apprentis, jeunes ouvriers, sections du cercle et membres honoraires

---

1. Comme il est bon pour des frères d'être unis (Ps. CXXXII, 1).

de la Société des Jeunes Ouvriers de Metz » une lettre qu'il fit imprimer. Elle est datée de « Montigny-lès-Metz (Maison du Sacré-Cœur), jeudi, 14 mai 1885, au beau jour de l'Ascension ». La voici :

« Bien chers et bons Amis,

» J'ai appris avec une bien douce joie que vous m'aimiez toujours, que vous pensiez à moi et que vous aviez prié avec ferveur pour ma conservation et le rétablissement de ma pauvre santé si fortement ébranlée au milieu de vous. Je me croyais perdu pour le corps !

» Merci, merci ! Si j'étais à bout de voix et brisé par la fatigue, oh ! mon cœur n'était pas mort et il battait toujours pour vous et pour votre bonheur

» Merci ! Vos prières ont été déjà exaucées en partie. Je vais mieux : les crises de la poitrine sont moins fréquentes et moins violentes la nuit ; mais ma faiblesse est extrême. Je puis travailler de la main et de la plume tout le jour ; mais on me défend de parler et les visites me fatigueraient beaucoup : il faut me soumettre.

» Remerciez donc avec ferveur le bon Dieu pour moi et avec moi, mais continuez cependant encore à prier beaucoup : c'est la persévérance qui sauve.

» Restez fidèles à l'Œuvre, bons chrétiens, dociles et soumis à tous ces bons Messieurs qui se sacrifient avec tant de zèle et de courage pour vous. Remerciez bien de ma part l'excellent abbé Laurent [1], notre apôtre de la Fonderie, mon ami et le vôtre.

---

1. Plus tard chanoine et « grand contre » de la cathédrale de Metz ; même avant la fermeture de l'Œuvre, il avait déjà prêté son concours à M. Risse pour les confessions et, à l'époque où nous sommes, il le suppléait près des jeunes gens. — A Metz, on donne ce titre de *grand contre*, au Recteur de la Cathédrale, laquelle n'est pas le siège d'une paroisse.

» Espérons que le saint Enfant Jésus de la Société des Jeunes Ouvriers sera content de vous et vous bénira ; qu'il me guérira, que j'aurai encore, je l'espère, six ou dix bonnes années pour vous aimer, pour sanctifier vos âmes et vous faire du bien. Et, quand je n'en pourrai plus, épuisé tout à fait, et que Dieu m'appellera à lui tout de bon, je serai heureux de mourir sur la brèche, au milieu de vous, en vous bénissant encore, en vous aimant toujours en vous disant un dernier mot d'encouragement et de salut.

» Je vous envoie de loin et du plus profond de mon cœur une paternelle bénédiction, à vous tous et à vos bonnes familles. Dites-le leur de ma part.

» Votre père et votre ami, toujours affectionné et dévoué à ses chers enfants, les apprentis et les ouvriers de la Fonderie.

L'abbé RISSE, prêtre.

Directeur. »

Le séjour de M. Risse à Montigny se prolongea plus de trois mois. M. l'abbé Laurent, malgré tout son dévouement, ne pouvait suffire au ministère si fécond de l'Œuvre ; l'Évêché désigna bientôt un jeune prêtre du diocèse, zélé, pieux et intelligent, M. l'abbé Léglise [1], qui s'installa complètement à la rue de la Fonderie, de manière à procurer aux Sociétaires le bienfait de la présence constante du prêtre.

Cependant, on s'inquiétait de la prolongation de l'éloignement de M. Risse et du peu d'espoir qu'on pouvait conserver de le voir reprendre son poste. On envisageait surtout l'éventualité de sa mort. Et

---

1. Devenu le R. P. Léglise, O. M. J.

il devenait nécessaire de prendre toutes mesures utiles pour assurer la transmission de la propriété et la continuation de l'Œuvre. A cet effet, le P. Leclerc, Supérieur Général, vint à Metz avant la réunion du Conseil d'administration qui eut lieu en juillet, et il descendit à l'Évêché, sur l'invitation de Mgr Dupont des Loges, pour détourner l'attention de la police allemande. Il alla voir le cher malade à Montigny. Dans une lettre du 8 août, M. Risse lui en dit : « Merci mille fois » ; il ajoutait : « Vous avez charmé tous nos cœurs. »

Le 10 août, M. L... donne ces nouvelles au P. Leclerc : « La santé de M. Risse se soutient. Les crises sont moins fréquentes, mais ne cessent de le fatiguer beaucoup. J'ai vu hier M. Haas, son médecin, qui appréhende le retour de M. Risse à sa maison de la Fonderie. Ce jour tant redouté est cependant fixé au 22, veille de sa fête [1]. Les membres de l'Œuvre vont lui offrir, comme cadeau de fête, sa photographie, magnifique épreuve qu'un de nos meilleurs photographes de la ville a pu obtenir la semaine dernière en se rendant à Montigny... A l'Évêché, on paraît content et rassuré pour l'avenir de l'Œuvre... M. l'abbé Léglise est en voyage... En attendant le retour de M. Risse et le sien, je continue, comme par le passé, à aller chaque semaine, pour ainsi dire, à la recherche d'un bon prêtre qui puisse nous assurer la messe du dimanche et... entendre quelques confessions, soit le samedi soir, soit le dimanche matin... Les membres de la section allemande commencent à se calmer. C'est tout naturel : M. l'abbé Risse. paie si tranquillement leurs dettes ! ... »

---

1. On la célèbre, cette année, le dimanche 23 août, avant-veille de la Saint-Louis.

Revenu à Metz au jour fixé, M. Risse s'est remis au travail. Le 2 septembre, il remercie le P. Leclerc de son « excellente lettre » et de ses « bonnes prières » et lui dit ensuite : « Le bon Maître m'a accordé une grande faveur. Quoique non guéri et encore bien faible, je vais bien mieux pourtant et j'ai accepté la proposition de M. Julhes d'entendre les confessions des prêtres au grand séminaire : Notre-Seigneur me soutiendra. Priez bien pour moi, comme je prie pour vous et pour la retraite de Vaugirard. »

M. L... écrit, le 14 novembre : « Le bon M. Risse est toujours dans un état de santé assez inquiétant. Sans être alité, il se traîne péniblement dans la maison et lutte le plus qu'il peut contre son mal. Il se lève ordinairement pour la messe de 7 h., mais il ne préside plus, comme exercices communs, que la lecture spirituelle que nous allons faire chaque soir à sa chambre. La coulpe se fait aussi régulièrement. Mais que ne souffrons-nous pas de cette triste situation ! — M. l'abbé Léglise va bien. Son rôle dans l'Œuvre est celui d'un véritable aumônier de patronage... Nos cours du soir sont très brillants cette année ! nous avons chaque soir de 110 à 120 présences... M. du Coëtlosquet, notre bienfaiteur insigne, est enfin venu voir M. Risse et visiter l'Œuvre. La maison où s'était réfugiée la section allemande lui appartenait, et il apprit avec tant de peine que les Allemands s'y étaient installés, qu'il avait renoncé depuis à continuer ses secours pour l'Œuvre. Sa joie fut si grande en voyant là l'établissement de nos Cours du soir, que vite il a fallu commencer à rouler les moëllons de manière à réunir les deux maisons pour n'en faire qu'une. Dans la crainte que la place nous manque, il a même acheté encore des maisons voisines pour l'emplacement de notre future chapelle... »

Le 5 novembre, M. Risse commence ainsi une lettre à son Supérieur Général : « Que de fois ai-je voulu vous écrire, et toujours l'accablement des petites affaires courantes m'a ravi tout mon temps, surtout qu'il faut obéir au médecin qui vous retranche les deux tiers de votre journée, qui défend toute occupation suivie et sérieuse, qui prohibe tout travail depuis 5 h. du soir. Et cependant que de choses seraient à vous dire ! » La lettre s'interrompt là et n'est reprise que le 15 novembre. Elle est très longue : 6 pages ½ de l'écriture encore assez régulière de M. Risse, mais toujours si fine qu'il faut parfois se servir de la loupe pour la déchiffrer. Il y donne ces nouvelles de sa santé : « J'ai à bénir Dieu d'abord. Je ne suis pas encore entièrement guéri : l'anémie, suite de fatigues excessives et une bronchite caractérisée ne se guérissent pas en quelques mois. Il me faut prendre bien des précautions, surtout avec ce temps froid et ces brouillards. Mais je ne vais pas plus mal... Je puis me lever à 5 h. ½, me coucher à 9 h. ½, dire la sainte messe, suivre à peu près ma correspondance, dire le bréviaire ; suivre tous les exercices de communauté, quelquefois de ma chambre seulement ; confesser mes Frères, recevoir quelques visites, confesser quelques personnes. Malgré ma langueur qui demande de mes Frères et de tous un peu d'indulgence, je suis occupé tout le jour et je ne perds pas une minute. Je vous dois la vérité vraie, exempte des exagérations de la charité ; je le répète, malgré mes malaises et ma lassitude, j'ai mille raisons de dire : Bénissons Dieu ! »

M. Risse parle ensuite de ses collaborateurs et de la marche de son Œuvre.

Il s'intéresse à un prêtre de la Congrégation, encore jeune et pourtant malade comme lui. Ce prêtre, dont nous avons déjà parlé plus haut, devait mourir le 5 février 1886 des suites d'un mal contracté à l'ambulance de Metz, en 1870. « J'ai appris, dit M. Risse, l'état de souffrance de notre bon et bien cher P. Pradeaux. Nous prions bien pour lui. Dites-lui mille choses de ma part ; il m'a rendu tant de services à l'ambulance. Je ne puis l'oublier. »

La dernière lettre de M. Risse, parmi celles que possèdent les archives de la Congrégation, est datée du 22 novembre et adressée au P. Lantiez qui avait tant de fois fait la visite canonique de la Maison de Metz, soit comme Assistant du Père Fondateur, soit comme Supérieur Général de 1874 à 1884. Elle est d'une écriture moins régulière et contient quelques incohérences. On nous permettra d'en faire de larges extraits, malgré quelques retours sur le passé :

« Bon et bien cher Père toujours,

» Mon cœur souffre de ce long silence, car vous êtes toujours mon bon et bien cher Père comme autrefois. Je vous ai toujours aimé et grandement estimé. Vous m'avez toujours encouragé et consolé. Vous m'avez fait beaucoup de bien. Je ne l'oublierai jamais !

» La raison de mon silence est l'épreuve, cruelle par la nature, mais douce du côté du Cœur de Notre-Seigneur, qui est venue fondre sur moi depuis un an à peu près. Fort jusque-là, travaillant beaucoup et sans trop de fatigue, sans une maladie ni un accroc jusqu'à 63 ans, je me suis refroidi au mois de janvier en allant chercher à Sery le pain de mes enfants et le mien. J'ai forcé le jeudi suivant la parole dans les salles, aux avis, et une bronchite sérieuse s'est déclarée, accompagnée de crises d'asthme et d'anémie. Forcé de m'arrêter par ordre du médecin, qui voulait même arrêter mon travail intellectuel et ma plume, on m'a relégué à la Maison et l'Orphelinat du Sacré-Cœur à Montigny, où j'ai trouvé de la solitude, du calme, du repos, Notre-Seigneur dans son tabernacle, une grande charité dans les Sœurs de Saint-Vincent de Paul de Strasbourg, enfin un peu d'amélioration dans la santé.

» De retour à la Maison le 25 août [1], j'étais mieux, mais non guéri, quoique parfaitement secondé par le bon M. L... et le jeune aumônier donné par Monseigneur, M. Léglise, pour la partie spirituelle...

» Et puis, vous me l'aviez bien prédit : l'abandonnée, la lice, recueillie avec ses petits dans la loge, a montré ensuite les dents et voulu chasser le propriétaire . « Nous n'obéirons pas, ont-ils dit, à un chef français, M. l'abbé Risse. Nous ne reconnaissons que notre chef allemand... » Il a fallu sévir, fermer les portes (rue des Murs, 1) au Cercle allemand, composé en grande partie d'hommes mariés... Que d'angoisses ! que de douleurs ! que de causes d'irritations et de malaises physiques !... Le bon Maître m'a soutenu. Je ne suis pas mort. Qu'il en soit béni !

» L'Œuvre unie maintenant et unique, (Messins et petits et grands Allemands, dociles, soumis au règlement, se fusionnant de concert, dans le même local et sous le même direction) : l'Œuvre, dis-je, nous console beaucoup. Près de 300 sont réunis et ils mordent à la piété : à la Toussaint, communion presque générale. Dieu soit béni ! Il a tiré le bien du mal...

---

1. C'est-à-dire pour la fête de saint-Louis célébrée le 23, comme on l'a vu.

» Priez bien pour nous, bon Père, et pour moi en particulier, le plus pauvre et le plus misérable de tous. La main puissante de Dieu nous sauvera !...

» Oui, bénissez une fois encore, bon et excellent Père, votre petit et bien débile, mais tout affectionné enfant en saint Vincent de Paul.

L'abbé RISSE.

» Je puis encore me lever à 5 h. et me coucher à 9 h. ½, 10 h., et ne pas perdre une minute dans le jour ; suivre à peu près mon règlement. Que Dieu est bon ! »

Voilà le cri du cœur de M. Risse, religieux et apôtre : régularité, travail, bonté de Dieu.

Il devait travailler jusqu'à son dernier instant : *mourir sur la brèche*, selon l'expression de sa lettre du 14 mai, expression qui lui était familière.

« Votre mot : « mourir sur la brèche » me revient souvent, lui avait écrit du fond de l'Afrique un de ses enfants devenu missionnaire. Comme vous, j'y mourrai. »

Évidemment, en parlant ainsi, M. Risse n'exprimait que son désir très ardent de mourir ainsi et ne savait pas si bien dire. Ce désir datait d'au moins 25 ans. On le trouve en effet exprimé dans une lettre intitulée : « Un mot du cœur à nos chers amis, les jeunes ouvriers de nos Œuvres de France», envoyée de « Metz, le 20 octobre 1860 », et destinée à la revue intitulée « Le Jeune Ouvrier », que publiait à Angers M. l'abbé Le Boucher, Directeur de l'Œuvre de N.-D. des Champs.

Nous en extrayons le seul passage qui nous intéresse en ce moment : « Comprenez-vous maintenant, chers amis, nos Œuvres et nos Sociétés ? Comprenez-vous qu'on s'y attache de tout cœur, qu'on y consacre son temps, ses sueurs, son argent, toute son existence ; et qu'on n'ait qu'un désir, celui de mourir un jour au poste, sur la brèche, un dimanche soir, au milieu des salles, les armes à la main, en vous adressant encore une parole de salut et de vie ! »

Telle fut à peu près la mort de M. Risse le dimanche 6 décembre 1885. Il avait célébré la sainte messe au milieu de ses enfants. Fier d'avoir fait quelques jours auparavant une longue promenade à pied, il s'était montré, dans la matinée, plein d'entrain et de gaieté. Après le repas de midi, se sentant un peu fatigué, il se retira dans sa chambre, mais n'y resta pas inactif. Il y préparait une conférence, dressait un règlement, recevait un de ses Frères pour sa direction spirituelle et le congédiait en ces termes : « Courage, mon Frère, nous nous reverrons au ciel. » Il avait aussi écrit, sur une carte de visite, au-dessous de son nom, *L'abbé Risse*, ces mots : « *prie Dieu de tout son cœur* », cela pour consoler un ami frappé le matin même d'un deuil intime.

« O admirable testament d'un saint ! s'écrie M. l'abbé Jacques dans l'éloge funèbre de M. Risse, la prière, la charité, le rendez-vous au ciel et, pour dernier mot sur la terre, son cœur : c'est l'abbé Risse tout entier. »

Comme il tardait à venir à une réunion qu'il devait présider, un jeune homme frappa à sa porte, entendit des plaintes, entra et le trouva étendu à terre. On lui donna en hâte l'extrême-onction et, à six heures, son âme s'envolait vers Dieu. En bon soldat il mourait à son poste, sur la brèche.

Ce fut un cri de douleur, quand on apprit dans l'Œuvre cette mort soudaine. Spontanément 70 jeunes gens s'offrirent à passer la nuit près du corps de leur père et, jusqu'au matin, ils ne cessèrent de réciter le chapelet. Le même geste de piété filiale fut renouvelé chacune des deux nuits suivantes par une trentaine de Sociétaires. Le Supérieur Général des Frères de Saint-Vincent de Paul et son secrétaire [1] étaient arrivés de Paris le lundi soir et avaient pu contempler une dernière fois le visage de celui qu'ils avaient appris à vénérer depuis bien des années. Ils virent une foule nombreuse défiler devant le corps du prêtre que tout Metz regardait comme un autre saint Vincent de Paul. L'émotion était à son comble. Prêtres, ouvriers, enfants, religieuses, pauvres, riches, tous accouraient éplorés et unis dans les mêmes sentiments de regret et de vénération.

Monseigneur Dupont des Loges avoua au Supérieur Général que ce deuil était une des grandes douleurs de son épiscopat. A la demande des autorités de la ville, il accorda que les obsèques se fissent à la Cathédrale.

Le mercredi 9 décembre, dès le lever du jour, toute la police de Metz était sur pied, en grande tenue. Vers dix heures, le cortège se mit en marche. En tête venaient les orphelins de la Providence, dont M. Risse fut si longtemps l'aumônier, puis se succédaient les députations de divers établissements de Charité, suivies de la Société de musique de l'Œuvre. Le Clergé en habit de chœur précédait le corbillard, autour duquel douze Sœurs de la Maternité portaient des cierges. Elles pleuraient en M. Risse un directeur spirituel dont la vertu, la sagesse et le dévouement avaient imprimé à l'esprit de leur communauté un caractère ineffaçable.

Le T. R. P. Leclerc, Supérieur Général, conduisait le deuil, avec M. l'abbé Julhes, Vicaire général et

---

1. L'auteur de cet ouvrage.

Supérieur du grand séminaire et un groupe de Frères de Saint-Vincent de Paul. Devant eux, huit ouvriers portaient deux immenses couronnes. Derrière eux, les membres de l'Œuvre marchaient le chapelet à la main. Puis venaient les membres du Conseil d'administration de la Société, la plupart des Conseillers municipaux, beaucoup de notabilités de la ville et de la campagne, le Président de la Lorraine, l'Administrateur de la Mairie, plusieurs hauts fonctionnaires, beaucoup d'ecclésiastiques, une foule immense.

La cérémonie fut présidée par M. l'Archiprêtre de Sainte-Ségolène (paroisse du défunt), en présence du Chapitre de la Cathédrale.

Après l'office, le cortège se dirigea vers le cimetière. Les marches funèbres, exécutées par l'Orphéon de l'Œuvre, alternaient avec la récitation du chapelet, dit en français à haute voix.

La population, sympathique et émue, se pressait sur tout le parcours. Depuis longtemps Metz n'avait pas vu pareille manifestation.

« Ah ! disait l'un des assistants, si M. Risse pouvait parler, comme il protesterait ! — Oui, lui répondit-on, mais c'est la réalisation de cette parole de l'Évangile : *Celui qui s'abaisse sera élevé.* »

ÉPILOGUE

M. Risse était mort sans avoir pu mettre à exécution son projet de compléter sa belle œuvre par une chapelle monumentale. Dieu avait d'autres vues.

M. l'abbé Chaler, digne successeur immédiat de M. Risse, réalisa son dessein d'une manière très délicate. Conservant la chapelle qui fut tant d'années témoin de la piété et du zèle de cet apôtre des ouvriers, il l'agrandit et la transforma. C'est merveille d'avoir fait d'une grande salle, située au premier étage d'un bâtiment, dont les murs d'ailleurs étaient solides, un édifice de beau style du XIIe siècle. Le chœur seul a été ajouté à l'ancienne chapelle ; occupant la place de la chambre de M. Risse, il consacre le lieu même où il a rendu sa belle âme à Dieu.

C'est le 21 décembre 1889 que M. l'abbé Chaler y célébra pour la première fois la sainte messe.

L'architecte était M. George, ami de l'Œuvre, qui fit ses plans à titre gracieux. La décoration est l'œuvre de M. Jaeg, de Lixheim, et fut exécutée par les soins de M. l'abbé Becker, depuis Chanoine, à son tour Directeur de l'Œuvre des Jeunes Ouvriers.

Transportons-nous au 24 août 1919. On fête le 70e anniversaire de la fondation de l'Œuvre. Metz est redevenu ville française. Le 1er assistant du Supérieur Général des Frères de Saint-Vincent de Paul, officier combattant de la grande guerre, est là, entre deux de ses Frères, l'un prêtre, l'autre laïque, tous deux aussi soldats de l'armée libératrice

Il remet à la Société des Jeunes Ouvriers, pour être déposée dans sa chapelle, l'épée du Commandant Risse, qu'on n'avait pas voulu laisser à Metz durant l'occupation allemande ; il y joint la décoration de Chevalier de Saint-Louis, que portait fièrement le père de l'abbé Riss.

Dans la même   …elle, le … …   1923, M. l'abbé Chaler est à l'autel et le R. P. Léglise fait l'éloge de celui dont il fut le collaborateur et à qui il donna les derniers sacrements. C'est le 38e anniversaire de la mort de ce prédestiné, et l'on est au centenaire de sa naissance et de son baptême. L'assistance est nombreuse et comprend beaucoup de solides chrétiens formés par l'abbé Risse. L'orateur expose comment

« Il aima les pauvres, les ouvriers

Il se sanctifia

Il se fit tout a tous

Il s'attacha a la croix

Pour les gagner tous a Jésus-Christ. »

comme le dit son épitaphe.

Puis l'on va au cimetière en grand silence et l'on y rejoint le général Mangin, neveu à la mode de Bretagne de l'abbé Risse, accompagné de Madame Mangin, née Cavaignac. On prie surtout.

Ensuite, à la Cathédrale, le chanoine Becker célèbre la sainte messe et Mgr Pelt, Évêque de Metz, fait l'homélie. Il y parle du « grand ami et bienfaiteur de la jeunesse... qui occupera, dit-il, une place d'honneur parmi les hommes de notre cité ». Il fait sienne la voix populaire qui a proclamé l'abbé Risse

« le saint Vincent de Paul de Metz ». Après avoir
salué « les représentants de toutes les autorités civiles, militaires, municipales et parlementaires », il
associe aux hommages rendus « au saint abbé Risse,
le nom du glorieux soldat qu'est son neveu, le général Mangin ».

Je ne parle pas du banque[...] suivit, présidé
par Mgr [...] mentionne la nomination de chanoine honoraire de M. l'abbé Thirion, Directeur
actuel de l'Œuvre des Jeunes Ouvriers.

La journée se termina par une soirée où M. Hélie,
docteur en droit, donna une conférence sur « l'abbé
Risse, le saint Vincent de Paul messin ». Le dernier
mot fut au général Mangin, pour dire les remerciements de la famille du héros du jour et féliciter
les Messins de leur fidélité à la tradition française
et au souvenir de ceux qui ont fait la gloire de leur
ville.

La chapelle de Jésus-Ouvrier et la Maison de
l'Enfant-Jésus conservent le souvenir de l'abbé
Risse, ainsi que l'ancienne rue de la Fonderie, devenue, à l'occasion du centenaire, par décision de la
Municipalité messine, la « Rue de l'abbé Risse ».

L. J. C. et B. V. M.

TABLE DES MATIÈRES

On peut se mettre en rapport avec les Frères de Saint-Vincent de Paul, en écrivant :

A. M. l'abbé Garnier, 27, rue de Dantzig, Paris XVᵉ, ou directement aux Supérieurs des établissements suivants :

Maison Henri Planchat, 26, via Palestro, Roma 21 (Italie),

Maison Saint-Vincent de Paul, 12, rue Frinoise, Tournai (Belgique),

Patronage Saint-Vincent de Paul, 62, Côte d'Abraham Québec (Canada),

École apostolique Saint-Vincent de Paul, 44, rue du Saulchoir, Kain-La-Tombe (Belgique).

IMPRIMÉ BAR DESCLÉE, DE BROUWER & Cⁱᵉ
BRUGES

9 782329 564050